La vie dans L'AU-DELÀ

Le voyage d'un médium
dans l'après-vie

Sylvia Browne

avec Lindsay Harrison

Traduit de l'anglais par Nathalie Guillet

Copyright ©2000 Sylvia Browne
Illustrations des pages 279, 280 et 281, copyright © 2000 Christina Simonds
Illustrations des pages 282, 283 et 284, copyright © 2000 Kirk Simonds
Photo de la couverture : Jan Cobb
Titre original anglais : Life on the other side : a psychic's tour of the afterlife
Copyright ©2001 Éditions AdA Inc. pour la traduction française
Cette édition est publiée en accord avec Dutton, une division de Penguin Putnam Inc.Tous droits réservés.
Aucune partie de ce livre ne peut être reproduite sous quelle que forme que ce soit sans la permission écrite de l'éditeur sauf dans le cas d'une critique littéraire.

Révision linguistique : Véronique Vézina
Révision : Denise Pelletier, Nancy Coulombe, Suzanne Turcotte
Traduction : Nathalie Guillet
Typographie et mise en page : François Doucet
Graphisme de la page couverture : Carl Lemyre
ISBN 10 : 2-89565-009-8
ISBN 13 : 978-2-89565-009-6
Première impression : 2001
Dépôt légal : deuxième trimestre 2001
Bibliothèque Nationale du Québec
Bibliothèque Nationale du Canada

Éditions AdA Inc.
1385, boul. Lionel-Boulet
Varennes, Québec, Canada, J3X 1P7
Téléphone : 450-929-0296
Télécopieur : 450-929-0220
www.ada-inc.com
info@ada-inc.com

Diffusion
   Canada :   Éditions AdA Inc.
   France :   D.G. Diffusion
              Z.I. des Bogues
              31750 Escalquens – France
              Téléphone : 05-61-00-09-99
   Suisse :   Transat - 23.42.77.40
   Belgique : D.G. Diffusion - 05-61-00-09-99

Imprimé au Canada
Participation de la SODEC.
Nous reconnaissons l'aide financière du gouvernement du Canada par l'entremise du Programme d'aide au développement de l'industrie de l'édition (PADIÉ) pour nos activités d'édition.
Gouvernement du Québec - Programme de crédit d'impôt pour l'édition de livres - Gestion SODEC.

Catalogage avant publication de Bibliothèque et Archives nationales du Québec et Bibliothèque et Archives Canada

   Browne, Sylvia

      La vie dans L'AU-DELÀ : le voyage d'un médium dans l'après-vie

      Traduction de : Life on the other side.
      ISBN 2-89565-009-8
      1. Vie future. 2. Spiritisme. I. Harrison, Lindsay. II. Titre.

      BF1311.F8B7714 2001   133.9   C2001-940893-5

La vie dans
L'AU-DELÀ

Le voyage d'un médium
dans l'après-vie

DÉDICACES

de Sylvia :

À mes Anges sur la terre,
Angelia, Willy et Jeffrey

de Lindsay :

À Chance,
et à Sylvia,
pour m'avoir enseigné qu'il n'est pas
parti, j'en ai désormais la certitude

TABLE DES MATIÈRES

Remerciements 9

Préface 11

1. L'AU-DELÀ :
   comment ai-je appris ce que je sais ? 15

2. La religion et L'AU-DELÀ :
   plus de questions et plus de réponses 49

3. La mort :
   le début de notre voyage vers L'AU-DELÀ 65

4. Au bout du tunnel :
   l'arrivée dans L'AU-DELÀ 91

5. À quoi ressemble L'AU-DELÀ ?
   Une description de son climat, de ses
   architectures et de ses paysages 117

6. Par-delà l'entrée :
   le lieu où nous vivons, travaillons, nous
   divertissons et faisons nos dévotions 135

7. Les locaux :
   qui sont les habitants de L'AU-DELÀ ? 147

8. Vivre dans L'AU-DELÀ :
   carrière, recherches et loisirs 201

9. Le retour :
   revenir sur terre depuis L'AU-DELÀ 225

10. Le départ 247

Pour clore 255

Appendice 261

REMERCIEMENTS

Ma famille, mes amis (es), mes employés (es), mes pasteurs et mes collègues connaissent déjà la profondeur de l'amour que je leur voue, par conséquent, ils savent déjà qu'ils ont toute ma gratitude. C'est pourquoi j'en profite pour remercier ici trois personnes très spéciales : ma bru, Nancy Barteletti Dufresne, qui m'a fait partager sa très belle poésie, ainsi que Christina et Kirk Simonds, deux ministres du culte de mon église, dont les exquises illustrations ornent les pages de ce livre.

PRÉFACE

Je suis dans l'infinité de marbre blanc du Palais de la Justice, dans ce lieu empreint de gratitude qui contient toute la sagesse du vénéré Concile. Cet endroit a su satisfaire ma curiosité et répondre à l'une de mes questions concernant un principe théologique, c'est pourquoi j'y reste pour étudier encore un peu. Encore une fois, je me sens exaltée, je suis au meilleur de ma forme, je respire profondément, l'air est pur et sucré. Je sens mon cœur se vivifier et se remplir d'amour. Je chéris chacun des mots dont le Concile nous a gratifiés avec tant de patience et de liberté et j'ai l'impression que mon cœur n'a jamais touché d'aussi près le divin.

La connaissance qu'ils m'ont léguée trouve une fois encore son écho en moi à travers les propos d'un philosophe aristotélicien qui parle du temps comme d'un continuum. Je bois ses mots, je me sens en éveil et je souris en pensant à la femme que j'ai été, à celle qui ne s'intéressait pas à ces questions, trop préoccupée par sa survie.

J'ai à m'acquitter d'une requête, une de mes proches bienaimée s'inquiète pour un membre de sa famille qui est malade. Un profond sentiment d'engagement me lie à elle, je me précipite dans le Palais des Archives pour trouver les plans de vie associés à ces événements. Je peux la rassurer, la maladie est sans gravité, je lui en donne la cause et je lui indique les traitements les plus efficaces. Pour une fois, elle ne conteste pas ce que je dis, elle suit mes directives et me remercie.

Comme à l'habitude, une part de ma conscience reste avec elle comme je m'arrête devant le centre de recherche où je travaille. Mon équipe cherche à isoler une enzyme qui servira à éradiquer le SIDA, la sclérose latérale et la sclérose en plaques ainsi que d'autres maladies qui s'attaquent au système immunitaire. Nous sommes tout près de la solution, bientôt, nous pourrons infuser cette découverte sur terre. Cette nouvelle idée se fraiera un chemin à travers les esprits de ceux qui la cherchent, de sorte que la solution sera à leur portée.

J'ai rendez-vous avec un ami, je le rejoins au scanographe dans le Palais de la Sagesse. Il observe une de nos proches bien-aimée, elle vit une crise en ce moment, et nous voulons l'aider à s'en sortir. Afin de mieux l'orienter, nous consultons les plans de vie des esprits qui ont rencontré les mêmes difficultés avec des thèmes semblables aux siens. Nous établissons ensuite le plan d'action qui sera le plus profitable pour chacune des personnes impliquées. Nous aimerions que toutes les personnes concernées se souviennent de La Maison, ne serait-ce que vaguement. De tels souvenirs leur feraient entrevoir la fugacité de leur souffrance. Nous savons, pour avoir nous-mêmes vécu sur terre, que cette amnésie temporaire fait partie intégrante d'un plan dont les desseins nous dépassent.

En compagnie d'un groupe d'amis, David (mon âme sœur) et moi assistons à un fabuleux concert de jazz dans un immense et magnifique stade à ciel ouvert. Après le concert, je pars seule pour méditer silencieusement. Je suis assise sur un banc non loin d'une cascade, je suis en plein cœur des somptueux jardins du Palais de la Justice. Dieu et moi sommes éternellement liés ; je suis seule avec Lui dans cette paix qui exalte l'amour, un amour absolu et total. La personne bien-aimée dont je vous ai parlé écrit un livre en ce moment et elle a besoin de mon aide. Je lui ai promis la vérité, sachant bien que la vérité ne peut venir que de Dieu. Je Lui ai adressé mes prières le plus clairement possible afin qu'elle puisse fidèlement restituer Ses paroles à tous ceux et celles qui viendront à elle pour trouver le réconfort, la joie et l'espoir qui émanent de La Maison, de ce lieu animé, de ce paradis parfait qui s'appelle L'AU-DELÀ.

— Une « journée » dans la vie de mon Guide Spirituel, Francine

Chapitre 1

L'AU-DELÀ : COMMENT AI-JE APPRIS CE QUE JE SAIS ?

Je crois en l'existence de L'AU-DELÀ et au caractère éternel de l'âme. Je crois que nous choisissons de faire de nombreux allers et retours entre notre monde et L'AU-DELÀ dans le but d'acquérir de nouvelles connaissances et de faire les expériences utiles aux progrès de notre âme, ce cadeau que nous avons tous reçu de Dieu. Je crois qu'un mince voile sépare notre dimension terrestre de celle de L'AU-DELÀ. Je crois que L'AU-DELÀ est notre Maison. Je crois que nous conservons au plus profond de notre nous le souvenir de ce lieu de notre origine vers lequel nous retournerons tous un jour. Je crois aussi que nous ne sommes jamais aussi vivants que dans L'AU-DELÀ, dans cet entre-deux qui sépare ce que nous appelons nos vies.

Toutes ces croyances ont pour moi un caractère absolu. Étant issue d'une longue lignée de médiums, cela fait plus de trois cents ans que l'histoire de ma famille est liée à la médiumnité ; certaines personnes pensent que je suis génétiquement prédisposée à croire la première fantaisie venue, du moment qu'elle concerne le surnaturel.

En vérité, il faudrait aussi dire que je suis née dans l'État du Missouri, l'État dont la devise est *Show-me*, et sur une terre qui a accueilli des luthériens, des épiscopaliens et des juifs. J'ai fréquenté l'école catholique et j'y ai appris beaucoup en ce qui concerne L'AU-DELÀ et l'itinéraire des âmes, mais si j'avais cru tout ce que l'on m'a raconté sans me poser la moindre question, j'ose à peine imaginer dans quel état de confusion je serais aujourd'hui. Heureusement, il y avait peu de chance que cela arrive. Il se trouve que je suis une des personnes les plus sceptiques de nature que vous aurez l'occasion de rencontrer ; tout ce qui concerne la recherche me passionne. Ma foi en Dieu a toujours été inébranlable, mais je devrai d'abord goûter, sentir et éprouver par moi-même tous les éléments du fonctionnement de la création divine avant de tenir quoi que ce soit pour établi et de cesser ma quête.

C'est pourquoi je n'oserais jamais vous faire perdre votre temps à lire un livre qui regorge de fantaisies et d'illusions. J'adore les contes de fée autant que quiconque, mais seulement lorsque leur caractère fictif est clairement admis et qu'ils constituent un moyen agréable et inoffensif de fuir la réalité. Il ne faut pas s'y tromper, L'AU-DELÀ *est* la réalité : il est aussi réel que le sol sur lequel nous marchons, que nos corps, réceptacles de nos âmes ou que l'air que nous respirons. Et la vérité concernant L'AU-DELÀ est plus stimulante, plus réconfortante, plus aimable et passionnante qu'aucun conte de fée ne saura jamais l'être.

Je ne vous demande pas de tenir tout ce que je dis pour acquis, au contraire, j'estime que vous êtes aussi sceptiques que je le suis. Aussi ai-je choisi de vous raconter mon histoire, de vous faire voir tous les dédales de mon cheminement vers la vérité, de sorte que nous puissions explorer ensemble L'AU-DELÀ dans la confiance, la joie et la sérénité.

Je suis née un 19 octobre dans la ville de Kansas City dans l'État du Missouri ; ce jour-là, j'ai reçu un cadeau divin : le don de la médiumnité. Mon père, William L. Shoemaker et ma mère, Céleste, ne possédaient pas ce don. Ce cadeau a « sauté » une génération puisque je le tiens directement de ma grand-mère maternelle, Ada Coil, une brillante médium et une femme que j'adorais. Mamie Ada était mon mentor et ma source d'inspiration, c'est elle qui m'a rassurée et qui m'a fait comprendre que je n'avais pas hérité d'un cadeau empoisonné comme je le croyais. Elle avait l'habitude de me dire : « Tu es le seul membre de notre famille qui se soit jamais rebellé contre ce cadeau. » Elle n'avait pas tort. Heureusement, j'ai fini par découvrir qu'il m'était possible d'utiliser ce cadeau pour aider les autres, mais avant que j'en prenne conscience, j'avoue que je me serais bien passée de lui.

Dans les familles de musiciens, le don pour la musique peut prendre différents visages, ainsi certains deviendront compositeurs tandis que d'autres seront chefs d'orchestre ou joueront d'un instrument de musique. Il en va de même dans notre famille, le cadeau que nous avons reçu s'est exprimé de différentes façons au fil des générations. Certains des membres de ma famille étaient capables d'entrer en transe ou de sortir d'eux-mêmes pour permettre à une entité spirituelle de parler, de voir et d'entendre à travers eux, tandis que d'autres, dont ma grand-mère Ada et mon fils Christopher, n'ont pas hérité de cette habileté. Quelques-uns de mes ancêtres avaient des pouvoirs psychokinétiques dont ma petite-fille Angelia a hérité ; il lui est possible de déplacer des objets par la seule force de son esprit. Je ne possède pas cette habileté, pas plus que Christopher, le père d'Angelia. Si notre héritage a pris différents visages au fil des générations, il est toutefois une chose qui nous unit : avant d'être en âge de comprendre ce qui nous arrivait, il ne faisait aucun doute que nous avions tous eu d'innombrables contacts avec L'AU-DELÀ.

Durant mon enfance, la plus grande partie de mes expériences parapsychiques relevaient du sens de la vision. À l'âge de cinq ans, alors que toute la famille dînait tranquillement, j'ai aperçu les visages de mes deux arrière-grands-mères qui filaient le long de leurs cous comme une coulée de lave, ne laissant derrière elle que leurs deux squelettes. Deux semaines plus tard, elles étaient mortes. J'étais convaincue d'être responsable de leurs décès, jusqu'à ce que ma grand-mère Ada m'explique que j'avais reçu des informations visuelles de nature parapsychique. C'est à cette époque que j'ai découvert que j'étais capable de voir à l'intérieur des gens. Cette inquiétante faculté qui me donnait une vision rayon X tridimensionnelle et qui plus est, en couleur, se manifestait bien malgré moi. Vous comprendrez qu'il n'était pas facile d'avoir une enfance normale avec ce genre de visions. Imaginez qu'un réparateur ou qu'un ami de la famille passe chez vous et que vous aperceviez un foie malade ou un poumon ravagé par une tumeur flotter au beau milieu du salon.

La seule pensée d'être aux prises pour le reste de mes jours avec des visions d'organes malades ou de visages en train de se liquéfier me consternait. Aussi me suis-je décidée à en parler à ma grand-mère Ada, la seule personne en mesure de comprendre ce que je vivais. Elle m'a appris que notre don était un cadeau de Dieu, et qu'Il était en mesure de m'aider à le maîtriser : « Demande-Lui de te montrer les choses que tu es capable de supporter. » m'a-t-elle dit. J'ai suivi son conseil et mes prières d'enfant terrorisée ont été exaucées. Mes visions conservaient la même intensité et la même force qu'au début, mais elles devinrent plus appropriées à mon âge.

Quelques mois plus tard, une semaine avant la fête de l'Halloween, Pam, une de mes petites copines de classe, vint me visiter à la maison pour me montrer le costume de sorcière, fabriqué en papier, qu'elle prévoyait porter pour la cueillette des bonbons. Au moment où elle franchit le seuil de la porte, j'aperçus des flammes qui dansaient autour d'elle comme si son aura était en feu. Je n'étais pas certaine de comprendre la signification de tout cela, mais je préférais, et de loin, avoir reçu cette vision floue que de voir ma copine en train de se carboniser au milieu d'un brasier. Pam tournoyait dans la chambre parée de ses atours de sorcière en papier lorsqu'elle s'approcha trop près de la grille de l'âtre et sa robe de papier prit feu. J'eus le réflexe de la jeter par terre et de l'enrouler dans la carpette de la chambre, si bien que le feu s'éteignit avant que mes parents n'aient le temps de se précipiter dans ma chambre, alertés par les cris de terreur de Pam. Ma vision s'était avérée juste, même si elle s'était présentée à moi sous une forme moins violente que les précédentes. Le fait de ne pas avoir été exposée à des images terrifiantes telles que des visages qui fondent sous la chaleur ou des organes malades a permis à mes sens de s'aiguiser, sans compter que j'ai pu garder mon sang-froid quelques minutes plus tard, soit au moment de devenir réalité.

Adolescente, j'ai « vu » ma copine Joan se frapper violemment la tête contre le tableau de bord d'une voiture bleue. Je lui ai fait part de ma vision et je lui ai conseillé de ne pas monter à bord d'une automobile de cette couleur. Quelques jours plus tard, Joan avait rendez-vous avec son petit copain dont la voiture était tombée en panne, aussi le garçon avait-il entrepris d'emprunter celle de ses parents, or leur voiture était bleue. Heureusement, Joan me connaissait depuis assez longtemps pour prendre mon avertissement au sérieux ; ce soir-là, alors qu'elle s'apprêtait à monter dans la voiture avec son petit copain, elle changea brusquement d'avis, elle savait qu'elle ne devait pas monter avec lui. Quelques heures plus tard, le petit copain de Joan percuta un lampadaire. Le côté du passager fut totalement écrasé sous l'impact, tandis que le côté du conducteur ne subit que de légères avaries. Quant au copain de Joan, il s'en tira avec des blessures mineures.

Je ne crains pas de voir des esprits, ils font partie de ma vie depuis maintenant soixante-trois ans. Je n'étais encore qu'une toute petite fille lorsqu'ils ont commencé à me rendre visite durant la nuit. Je n'oublierai jamais ces images, je me vois encore étendue sur mon lit, dans le noir, en train de contempler les ombres qui, l'une après l'autre, prenaient forme devant moi tant et si bien que la pièce finissait par être pleine d'esprits. On aurait dit qu'ils s'étaient donné le mot : « Si tu veux être vu, va chez Sylvia, elle donne une réception. » Ils ne m'ont jamais fait de mal, en fait, ils s'intéressaient peu à moi, ils prenaient ma chambre pour un lieu de rencontre et ils s'affairaient entre eux tant qu'il n'y avait pas de lumière. À partir du moment où j'allumais, ils se dérobaient rapidement à mes visions clairvoyantes nocturnes. Une fois encore j'allai trouver ma grand-mère Ada pour me plaindre, sur quoi elle me tendit une lampe de poche en me conseillant de la garder auprès de moi durant la nuit. Dieu merci, son astuce porta ses fruits ! À partir de ce jour, je n'ai jamais pu dormir dans l'obscurité totale ; toutes les fois que j'ai osé le faire, il s'est formé un attroupement dans ma chambre. Enfant, ce phénomène me terrorisait, à l'âge adulte, il m'agace. Imaginez votre désarroi si toutes les fois que vous posiez la tête sur l'oreiller, une assemblée importune d'ombres évanescentes se réunissait autour de vous !

Mon fils Christopher et moi avons emmené ma petite-fille, Angelia, elle aussi médium, voir le film intitulé *Le Sixième Sens*. Il va sans dire que nous étions tous les trois bien placés pour apprécier ce film qui décrit avec une grande fidélité une réalité que nous connaissons bien, pour être tous trois en contact quotidien avec le monde des esprits. Tout au long du film, nous espérions tous que le petit garçon fasse comprendre aux fantômes qu'ils étaient morts désormais et qu'il leur fallait aller vers la lumière pour entrer dans L'AU-DELÀ. Enfin… il s'agit là d'un autre problème que nous ne manquerons pas d'aborder dans un autre chapitre. Tout ça pour dire que ce film a fait remonter en moi un souvenir enfoui depuis très longtemps. En visionnant le film, je me suis souvenue d'un événement qui avait eu lieu alors que je n'étais encore qu'une enfant. Un jour, ma grand-mère Ada avait perdu une boîte en métal remplie de papiers personnels importants. Elle l'avait cherchée partout sans succès, avant de venir me consulter. À cet instant, j'aperçus une petite femme plutôt vilaine – il s'agissait de mon arrière-grand-mère – qui pointait du doigt l'arrière d'un grand bureau dans la chambre de ma grand-mère. Je racontai immédiatement ma vision à ma grand-mère Ada qui était tout enthousiaste à l'idée que j'aie pu voir un esprit qu'elle n'avait pas vu, fait plutôt rare. Elle se rappela avoir placé le coffre-fort en lieu sûr derrière l'immense bureau avant que les déménageurs ne déplacent le meuble contre le mur. Pour ce souvenir qu'il a fait remonter à ma mémoire et parce qu'il dépeint avec justesse ce qu'est la vie d'un enfant médium, je remercie *Le Sixième Sens*.

Je vous entends me dire : « Mais quel enfant n'a jamais vu d'ombres tournoyer dans sa chambre durant la nuit ? » Et ma foi, vous avez plutôt raison, il ne s'agit pas là d'une chose inhabituelle. Par contre, il est inhabituel de voir des parents prendre au sérieux les terreurs nocturnes de leurs enfants. La majorité des parents ouvrent plutôt la lumière de la chambre et tentent de rassurer le pauvre enfant tremblotant en lui disant : « Tu vois ? Il n'y a personne ici. Arrête de te faire des idées et dors. » La prochaine fois que votre enfant vous fera part de terreurs nocturnes, vous auriez avantage à vous rappeler ce qui suit. Tout d'abord, je tiens à rapporter les paroles de mon Guide Spirituelle, Francine, à ce sujet. (Je vous la présenterai en bonne et due forme un peu plus loin) Francine pense que le mot le plus regrettable de notre langue est le mot *imagination*, et qu'on utilise ce mot pour classer une foule de phénomènes qui mériteraient qu'on les examine de plus près. En second lieu, sachez que les êtres les plus doués en termes de pouvoirs parapsychiques sont les enfants et les animaux. La prochaine fois, plutôt que de ne pas prendre au sérieux ce que votre enfant prétend avoir vu, faites-le parler et écoutez-le. Vous risquez d'être surpris, les enfants ont beaucoup à nous apprendre au sujet du monde spirituel et de L'AU-DELÀ, mais encore faut-il que vous les laissiez parler.

Peu de temps après, et à mon grand regret, j'étais capable de voir les esprits en plein jour aussi clairement que je pouvais les voir durant la nuit. Il m'arrivait d'apercevoir leurs tourbillons joyeux au beau milieu d'une pièce bondée, sans que personne ne semble remarquer leur présence. Deux dimensions se superposaient l'une sur l'autre, toutes deux aussi réelles l'une que l'autre, si bien que j'ai fini par accepter ces visions comme un fait et que je cessai d'importuner mes parents et ma sœur avec cette question : « Est-ce que tu vois ceci et cela ? » Ils me répondaient toujours non, alors pourquoi insister ; ce faisant, je participais moi-même à l'idée que j'étais une enfant anormale et je renforçais cette pensée chez mes parents. Seule ma grand-mère Ada me comprenait, je me sentais comme une étrangère avec les autres et tout naturellement je me taisais.

Un jour, alors que toute la famille était au salon et discutait des membres de la famille qui étaient décédés, une forme humaine, apparemment de sexe masculin, se dessina derrière ma grand-mère. J'étais assise sur le sol à ses pieds, ce qui me permit de lui chuchoter : « Grand-maman, qui est cet homme derrière toi ? »

À la différence des autres membres de ma famille, ma grand-mère sut donner suite à mon interrogation, elle ne me répondit pas : « Mais quel homme ? » Ou encore : « Sylvia je t'en prie, cesse de raconter des bêtises. »

Non, elle m'a demandé calmement : « De quoi a-t-il l'air ? »

Je lui répondis qu'il était grand, que ses cheveux étaient roux, qu'il portait de petites lunettes rondes et qu'il avait une sorte de corne autour de son cou qu'il utilisait pour écouter ce qui se passe dans la poitrine des gens.

Le sourire de grand-maman Ada s'illumina aussitôt, elle avait reconnu l'oncle Jim, un médecin mort lors de l'épidémie de grippe de 1917, soit trente-sept ans plus tôt. Elle était très heureuse d'apprendre qu'il était parmi nous et j'étais ravie de constater que j'avais permis à ma grand-mère de faire ces heureuses retrouvailles. Ce jour-là, j'obtins enfin la confirmation que j'attendais : mes visions étaient justes. C'est ainsi qu'à partir de ce moment je commençai à considérer toutes ces choses « parapsychiques » comme un cadeau plutôt que comme un fardeau, puisqu'elles m'avaient permis d'apporter un sourire à une personne que je chérissais.

Ma curiosité allait croissante, tous ces esprits autour de moi m'intriguaient, je voulais savoir d'où ils venaient et c'est dans ce contexte que ma grand-mère Ada commença à me parler de L'AU-DELÀ. Elle me dit d'abord que lorsque notre vie sur terre prenait fin, notre esprit, qui est éternel, quittait notre corps et retournait vers La Maison, autrement dit vers Dieu, dans un lieu d'une inimaginable beauté, plein de couleurs, de musique, où règne un amour pur empreint d'une infinie compassion. Les esprits ne nous voulaient aucun mal, ils nous rendaient tout simplement visite de L'AU-DELÀ, et il se trouvait que ma grand-mère et moi avions reçu le même cadeau : nous pouvions les voir tandis qu'ils demeuraient imperceptibles pour la plupart des gens.

Les histoires que me racontait ma grand-mère au sujet de L'AU-DELÀ m'enchantaient, mais d'un autre côté, je pensais que tout cela était trop beau pour être vrai. Je me disais qu'elle m'avait présenté une image plaisante et rassurante du monde des esprits et de la vie après la mort afin de me réconforter, de tranquilliser l'esprit confus de sa petite-fille, une jeune médium qu'elle adorait. Je l'admirais trop pour ne pas l'écouter, de toute façon, j'étais encore trop jeune pour prendre conscience du fait que la vérité qui émanait de chacune de ses paroles trouvait peu à peu écho dans mon âme.

À vrai dire, je n'ai jamais prêté une grande attention à L'AU-DELÀ ou au caractère éternel de l'âme lorsque j'étais fillette. Il faut dire que j'étais une enfant hyperactive dotée d'une curiosité intarissable et d'un franc-parler équivalent, de sorte que j'étais bien trop occupée à aimer mon papa et ma grand-maman, à essayer de comprendre les problèmes de ma mère pour m'arrêter à ces questions. Par-dessus le marché, je passais mon temps à apprendre des « choses » que je ne souhaitais pas toujours connaître. Je savais qui appelait avant même que le téléphone ne sonne et je savais qu'il y avait une personne à la porte avant même qu'elle ne frappe. J'ai avisé mon entourage de la mort de mon grand-père paternel – décédé subitement – quelques instants avant que mon père ne se précipite pour nous annoncer la nouvelle. Un après-midi, j'ai désespérément poussé mon père hors d'une salle de cinéma, au beau milieu de la projection par mes hurlements parce que je savais que ma petite sœur Sharon allait très mal. Heureusement, nous sommes arrivés juste à temps pour l'amener à l'hôpital où l'on a diagnostiqué une double pneumonie. J'avais été avertie de ces événements, bons ou mauvais, je connaissais les faits marquants qui surviendraient dans la vie de mes amis (es) et de mes professeurs. Je connaissais même l'apparence physique de cette jolie blonde que mon père appelait en catimini au beau milieu de la nuit, convaincu que nous étions tous profondément endormis. (Loin de moi l'idée de le blâmer.) Encore aujourd'hui et bien que mon père ne se soit jamais résolu à quitter ma mère, je vois toujours cette « autre femme » comme un membre de notre famille.

J'avais sept ans lorsque L'AU-DELÀ entra dans ma vie d'une manière beaucoup plus intime et transforma mon existence à jamais. J'étais au lit et je brossais mes cheveux tout en jouant avec ma lampe de poche, histoire d'ignorer cette certitude que j'avais d'être observée par une personne que je ne pouvais pas voir. Tout à coup le faisceau de lumière de ma lampe de poche s'aviva au point de devenir aveuglant. L'éclairage ne cessait de s'intensifier et bientôt une lumière blanche et pure embrasa toute la pièce. Soudain une voix féminine émergea du cœur de la lumière et dit : « Je viens de la part de Dieu, Sylvia. N'aie pas peur. »

Si une voix immatérielle vous dit de ne pas avoir peur, croyez-vous sincèrement que le fait d'en connaître l'origine suffirait à apaiser vos craintes ? Non. Eh bien moi non plus ! Terrifiée, je me suis précipitée hors de la chambre et j'ai descendu les marches quatre à quatre pour aller retrouver ma grand-maman Ada. Je me suis littéralement heurtée à elle dans la cuisine où elle lavait les légumes qu'elle avait cueillis dans son jardin de la victoire. Malgré mes pleurs et mes tremblements, je parvins à lui expliquer ce qui venait d'arriver. Elle me serra dans ses bras et caressa mes cheveux, puis comme si elle savait déjà ce que je m'apprêtais à lui raconter, elle me dit : « C'est ton Guide Spirituel, ma chérie. Elle est là pour t'aider. Tiens, passe-moi les carottes. »

Comme toujours, ma grand-mère Ada avait raison, il s'agissait bel et bien de mon Guide Spirituel et à partir de cette fameuse soirée, je n'ai pas passé une journée sans elle. Son vrai prénom est Iéna, personne ne se souvient de ce qui m'a poussée à l'appeler Francine, mais c'est ainsi que je l'ai tout de suite appelée.

Durant son unique séjour sur terre, elle était une Azthèque-Inca et elle habitait un petit village en Colombie. Elle est morte, tuée par une lance en 1520 alors qu'elle essayait désespérément de protéger ses enfants durant une violente invasion espagnole. Elle est ma meilleure amie, ma compagne de tous les instants, ma patiente confidente, mon professeur, mon « expert à domicile » pour tout ce qui concerne L'AU-DELÀ et mon infatigable protectrice qui sait que l'on ne peut apprendre sans faire des erreurs. Lorsqu'elle voulait me parler, sa voix prenait peu à peu des accents stridents et flûtés au moment où elle passait de sa dimension à la nôtre. Si je lui en donnais la permission, elle parlait à travers moi, plus précisément, elle utilisait ma voix lorsque j'étais en transe. Je n'avais jamais conscience de ce qui se passait à moins que l'on me rapporte ses paroles ou que l'on enregistre ses paroles. Elle mesure 1m74, elle est mince comme un fil, elle a de longues mains très gracieuses et de longs cheveux noirs qu'elle coiffe en une longue et épaisse natte qui descend jusqu'à sa taille. Ses grands yeux noirs lui donnent un regard de biche et son teint olivâtre lui confère un air vaguement exotique, presque égyptien. Pourtant, dès qu'elle apparaissait, je me détournais pour ne pas la voir et j'allais même jusqu'à fermer les yeux.

J'ai fait des études en littérature et en enseignement au *St. Theresa's College* et j'ai choisi la théologie comme matière secondaire dans le but de devenir professeur. J'ai également suivi un cours d'hypnose à l'université de Kansas City. À cette époque, Francine me rendait régulièrement visite depuis déjà onze ans et le film *Les Trois Visages d'Ève*, un drame mettant en scène une femme dotée de plusieurs personnalités, faisait un tabac. J'ai suivi un cours de psychopathologie dans le cadre de ma formation régulière. J'avais toujours cru que j'étais anormale et voilà que je tombais sur un manuel qui dressait la liste des huit symptômes de la schizophrénie, quatre d'entre eux s'appliquaient à moi. Au fur et à mesure que je lisais et que j'étudiais, tout s'éclairait, et bientôt je me rendis à l'évidence : j'étais folle, du moins trop folle pour enseigner à des enfants. Notre grande lignée familiale de médiums, dont les origines remontaient à plus de trois cents ans, n'était qu'une illusion, elle était le fait d'une longue et tragique histoire familiale de maladie mentale. Je me demandai comment j'avais pu être aussi stupide pour croire en l'existence de Francine, un être que personne ne pouvait entendre à part moi. Elle n'était pas mon Guide Spirituel pour la simple et bonne raison qu'elle n'était pas réelle. Il s'agissait à l'évidence d'une seconde personnalité, une affligeante manifestation imaginaire issue d'un esprit dérangé, conséquence d'un mauvais héritage génétique.

Cette explication me semblait d'une logique implacable, si bien que j'étais presque fière de lui faire mes adieux en lui annonçant que je souffrais de démence depuis plusieurs années, plus exactement depuis que je la connaissais. Fidèle à elle-même, elle m'a sagement écoutée sans tenter de se défendre de quoi que ce soit. Elle m'a toutefois demandé de lui accorder une dernière chance avant de la condamner à l'irréalité : pour la première fois depuis notre première rencontre, elle souhaitait se matérialiser devant moi.

Il pleuvait cette nuit-là. Ma mère, mon père et ma sœur étaient à mes côtés ; tous étaient très excités à l'idée de voir enfin cette femme avec laquelle je conversais depuis des années. Pour ma part, je dois dire que j'étais à la fois apeurée et anxieuse, mais aussi résignée. S'il ne se passait rien, je saurais sans l'ombre d'un doute que j'étais complètement timbrée. À sa demande, nous avons tamisé les lumières afin de ménager ses yeux, puisqu'elle n'avait pas fait de voyage physique dans notre dimension depuis plusieurs siècles. Puis, nous avons attendu.

Pas très longtemps.

Tout près de moi, il y avait une berceuse. Lentement et avec une grâce silencieuse, les plis d'une robe bleu pâle se dessinèrent, et bientôt toute la chaise fut drapée du siège jusqu'au sol.

Puis, une main aux longs doigts fins apparut, elle reposait sur ses genoux dans les plis de sa robe soyeuse.

Mon père, dans un élan extatique, lança : « Que personne n'ouvre la bouche avant qu'elle n'ait quitté la pièce, nous risquerions d'influencer nos observations. » Cela ne posait pas trop de problèmes, puisque ma mère et Sharon étaient en proie à un sentiment d'effroi mêlé d'admiration qui les laissait muettes.

Lentement, un bras, dont on pouvait percevoir la couleur café au lait, vint se greffer à la main et une longue tresse de cheveux noirs s'y posa.

C'en était assez pour moi. Tandis que ma famille surveillait avec enchantement la scène, je m'en détournai et ne jetai plus un seul regard.

Ma réaction face à la matérialisation de Francine étonna le psychiatre John Renick, mon professeur et confident. Il ne comprenait pas pourquoi je ne m'étais pas montrée plus enthousiaste : « Je te connais depuis suffisamment longtemps pour savoir que tu es assez bien intégrée à ton milieu et trop forte pour souffrir d'un désordre psychologique grave, oublie ces histoires de schizophrénie », me dit-il. « Ta famille et toi avez vu Francine à travers tes yeux. Elle est réelle, ce qui signifie que tu es parfaitement saine d'esprit. Pourquoi te détournes-tu d'elle ? »

Je n'ai pas l'habitude de pleurer, mais à ce moment, des larmes coulèrent le long de mes joues. « Parce qu'il faut que je vive dans ce monde, Dr Renick. J'entends et je vois trop de choses que les autres ne perçoivent pas et n'ont pas à supporter. Je ne veux pas devenir un animal de cirque. Je veux être professeur. Je suis assez dingo comme ça, je n'ai pas envie de l'être encore plus. »

Il souriait, et il me dit en me regardant droit dans les yeux : «Voilà une pensée tout à fait saine. » Ce qui me fit sourire à mon tour. J'ai toujours conservé la feuille sur laquelle il avait rédigé son diagnostic : « Normale, mais possédant des dons paranormaux ? » Même si j'avais encore des doutes, ces paroles d'un éminent psychiatre avaient une grande valeur à mes yeux, et depuis ce jour, je n'ai jamais plus remis en question ma santé mentale, du moins en ce qui concerne mes habiletés de médium.

À ce propos, je dois dire que dès que Francine a quitté la pièce cette nuit-là, mon père, ma mère et ma sœur ont minutieusement comparé leurs observations et il s'est avéré qu'ils avaient tous trois vu la même entité. Bien que je refusasse encore d'admettre l'existence de ce phénomène, une partie de moi était furieuse de m'y être dérobée. Comment aurais-je pu prévoir un telle manifestation ?

Je sais, et ce, depuis sa naissance, que ma petite-fille Angelia est sans doute la plus douée de tous les médiums jamais issus de ma famille. Aussi, je n'ai pas été surprise de l'entendre dire, un jour qu'elle entrait dans ma salle de bain d'un pas nonchalant : « Bagdah (elle me surnommait ainsi), qui est cette femme aux cheveux noirs qui te tourne autour ? » Malgré tout, je suis toujours surprise que des gens tout à fait « ordinaires » me demandent pourquoi je ne leur ai pas présenté cette grande dame aux cheveux noirs qui se tenait derrière moi lorsque je m'adressais à l'audience.

Maintenant que j'ai pleinement accepté l'existence de Francine, et au risque de passer pour une ingrate, je me suis plainte des sons stridulés qu'elle émettait lors de ses visites, bruits aigus qui s'apparentent aux couinements d'un tamia. Je lui ai demandé de les abaisser de quelques octaves afin que nos communications soient plus agréables. Une fois encore, elle m'expliqua qu'elle ne contrôlait pas ces bruits, puisqu'il s'agissait d'une distorsion qui se produisait au moment où sa voix passait de sa dimension à la mienne. Elle m'avait déjà proposé une solution lorsque je lui en avais parlé la première fois : si je me mettais en état de transe, elle pourrait utiliser ma voix et parler à travers moi. Je perdrais conscience pendant qu'elle parlerait, mais ce n'était pas grave puisque je pouvais enregistrer nos échanges et les écouter par la suite.

Ce genre de pratique ne me plaisait guère, tu peux toujours attendre, pensais-je. L'idée qu'un esprit puisse occasionnellement se servir de mes cordes vocales ne s'accordait pas avec ma volonté de garder au moins un pied dans le monde de la rationalité. Elle m'assura que la transe était tout à fait inoffensive et elle ajouta que je pourrais sortir de cet état et retrouver le contrôle de moi-même à volonté. Je m'en fichais, et je lui donnai pour réponse un « non » retentissant. Elle me suggéra alors d'essayer lorsque l'occasion se présenterait d'elle-même, histoire de voir de quoi il s'agissait, mais je mis fin à notre entretien avant qu'elle n'eût terminé ses explications.

Quelques jours plus tard, j'assistai à un cours d'hypnose donné par le Dr Royal, en compagnie de mon amie Mary Margaret que je connais depuis l'école maternelle. Je me souviens d'avoir fait mon compte à rebours, comme j'en ai l'habitude, à mon réveil. Étant particulièrement souple, je me réveillai dans une drôle de posture, j'étais littéralement pliée en deux, le dessus de ma tête reposant sur le sol entre mes pieds. Tout le monde dans la pièce me regardait d'un air hébété. Intimidée et très confuse, je me suis redressée et j'ai demandé qu'on m'explique ce qui s'était passé.

Tout le monde dans la pièce était très excité et ils parlaient tous en même temps, le Dr Royal y compris. J'arrivai tout de même à attraper au vol quelques phrases au travers de ce brouhaha : « Tu ne t'es pas entendue... ! » ou « Tant d'informations... ! » ou « D'où cela peut-il bien venir ? » ou encore cette phrase qui attira tout spécialement mon attention : « On aurait dit que tu étais quelqu'un d'autre. » Puis, Mary se pencha vers moi et me chuchota discrètement à l'oreille : « Francine était ici, elle a parlé à travers toi. »

Je persistais à affirmer qu'il devait s'agir d'une erreur et ce, malgré le fait que Mary Margaret comptait parmi mes meilleures amies depuis longtemps et qu'elle connaissait l'existence de Francine depuis des années. Non seulement Francine avait profité de mon « absence » pour se présenter à ma classe, mais tout ce que Mary Margaret avait entendu : de sa façon de s'exprimer à son vocabulaire et son débit, ne me ressemblait pas. Aussi était-elle persuadée – et les autres aussi – que Francine avait profité de cette transe hypnotique volontaire pour se glisser en moi et prendre ma place. Soit dit en passant, toute la classe l'a adorée et tous émirent le souhait qu'elle revienne les visiter prochainement.

J'étais furieuse. Cette nuit-là, je l'ai confrontée aux faits : comment avait-elle osé me trahir ? lui ai-je demandé. Elle me rappela calmement qu'elle m'avait informée de son intention. Ne m'avait-elle pas avertie ? Elle m'avait dit qu'elle attendrait qu'une occasion se présente pour faire du *channeling* à travers moi. Et après tout, n'étais-je pas entrée dans cette transe hypnotique de mon plein gré ? Elle n'avait pas menti, elle ne s'était pas glissée en moi contre ma volonté. Elle voulait simplement me faire comprendre que le *channeling* constituait un moyen de communication très sûr, étant donné que je pouvais à tout moment y mettre fin. À ses yeux, il s'agissait du meilleur outil de communication qui soit, puisqu'il lui permettait de s'adresser à des personnes qui seraient incapables de l'entendre autrement.

Francine a toujours eu le dernier mot avec moi, sans exception. Elle parvint à me convaincre que le *channeling* valait bien que je me donne la peine de faire un petit essai. Elle assortit sa proposition de quelques serments qu'elle jura, dur comme fer, de respecter. Elle ne me surprendrait jamais plus comme elle l'avait fait. Autrement dit, je n'aurais pas à m'inquiéter, elle ne se glisserait pas en moi sans avertissement. Je n'aurais pas à m'en faire lorsque je suis dans une classe, devant des clients ou parmi une audience, je garderais le contrôle de moi-même et elle ne parlerait pas à ma place. Jamais, au grand jamais, elle ne me mentirait, pas plus qu'elle ne causerait de mal à qui que ce soit, moi y compris. Et, plus important encore, elle utiliserait ma voix à des fins strictement humanitaires ; elle souhaitait simplement transmettre son savoir au sujet de L'AU-DELÀ et de l'amour de Dieu, un amour éternel et inconditionnel. Si pour une raison ou pour une autre, il m'arrivait de penser qu'elle était en train de briser ses promesses, je pourrais rompre la séance de *channeling* sur-le-champ, voire décider de ne plus jamais entendre sa voix.

Il y a déjà quarante ans qu'elle m'a fait toutes ces promesses, et je dois dire qu'elle les a toutes tenues. Elle ne parle jamais à travers moi sans ma permission, et elle a rendu d'inestimables services à un nombre incalculable de gens. Le fait d'avoir à écouter ce qu'elle disait après coup, plutôt que de l'entendre directement, m'a toujours un peu déplu, mais j'ai en banque des milliers d'enregistrements de ses lectures. D'un point de vue purement mécanique, je reconnais le timbre de ma voix, mais les inflexions de cette voix ne sont pas du tout semblables aux miennes. Son débit est beaucoup plus lent et posé que le mien, son érudition et son vocabulaire excèdent largement mes connaissances et elle ne dit jamais rien à la blague (au contraire de moi, il faut bien l'admettre). Je n'ai jamais pris ce qu'elle me dit au pied de la lettre, à sa plus grande déception. Je dois aussi avouer que j'ai beaucoup travaillé pour la prendre en défaut, pourtant, plus j'étudiais et plus je faisais des recherches pour lui prouver qu'elle avait tort, et plus je comprenais à quel point elle était sérieuse et qu'elle tiendrait sa promesse : elle m'avait toujours dit la vérité et elle me la dirait toujours.

Mon fils Christopher, lui aussi médium, est incapable d'entrer en transe – ce qui ne l'empêche pas de comprendre les mécanismes liés à cet état – aussi quitte-t-il toujours la pièce lorsque Francine se glisse en moi. Il l'aime et il l'apprécie, toutefois, il ne supporte pas que je sois « absente » à moi-même, alors que mon corps est tranquillement assis dans la pièce. Ce qui m'amène à vous dire que Francine ne s'est jamais mêlée de mes cours, de mes conférences ou de mes apparitions à la télévision. Honnêtement, je dois dire que j'ai souvent espéré qu'elle le fasse. J'aurais pu lui faire porter la responsabilité de certaines de mes erreurs ! Une chose reste sûre : s'il nous arrive un jour de discuter ensemble, vous n'aurez pas à vous demander si vous me parlez ou si vous parlez à Francine. Si vous ne me connaissez pas suffisamment pour faire la différence, vous pouvez compter sur le fait qu'elle annonce toujours sa visite.

J'avais dix-neuf ans lorsque je décidai d'accueillir officiellement Francine dans ma vie. À ce moment, je venais d'être diplômée de l'université, et parallèlement, bien que je le fisse par amusement, j'étais en voie d'obtenir un diplôme me permettant de pratiquer l'hypnose. Je pensais qu'il s'agissait d'un outil précieux pour aider les gens à arrêter de fumer ou à perdre du poids. Je n'aurais jamais cru que l'hypnose serait porteuse des plus formidables expériences de ma vie, qu'elle m'ouvrirait les portes de L'AU-DELÀ, tout en me donnant le courage et la confiance dont j'avais besoin pour y faire mes premiers pas.

LA RÉGRESSION HYPNOTIQUE ET L'AU-DELÀ

Mon premier mariage, malgré tous ses écueils, m'a gratifiée de deux événements heureux : la naissance de mon fils Paul et mon départ du Midwest des États-Unis pour le nord de la Californie. À partir de ce moment, je commençai à donner des conférences de manière professionnelle et à faire des lectures en état de transe par l'entremise de Francine ; toutes ces activités se déroulaient toujours dans des salles bondées, sous le regard médusé de la foule entassée. Parallèlement, je poursuivais des études de maîtrise à l'Université de San Francisco.

J'ai rencontré Bob William à l'Université de San Francisco où il était mon professeur dans un cours de techniques d'écriture. L'influence de cet homme sur ma vie a été si profonde qu'il m'est impossible d'en prendre toute la mesure. Nous avions l'habitude de discuter très tard durant la nuit, nous parlions de la place du tarot dans *Ulysse* de James Joyce ou de métaphysique et nous ne manquions jamais d'aborder le thème du paranormal. Puis, un jour, il fit une déclaration qui surprit tous les étudiants de son cours, moi y compris. Il annonça que « Mme Dufresne (mon nom d'épouse) allait leur démontrer ses habiletés parapsychiques, plus précisément, elle ferait une lecture aux étudiants qui se porteraient volontaires. » Il y avait cinquante étudiants dans la classe, tous levèrent la main. Merci au bouche à oreille ! Depuis ce jour je n'ai jamais manqué de travail !

Une autre fois, il m'a emmenée dans une petite librairie, il m'a montré les livres d'Edgar Cayce, guérisseur, de Mme Helena Blavatski, théosophe, de Jean-Paul Sartre et de Bertrand Russel, tous deux philosophes et de quantité d'autres auteurs « comme toi », me dit-il. Il ajouta que mon prochain « devoir » consisterait à les lire. Je lui répondis que c'était déjà fait. Il me sourit et dit : « Alors relis-les en essayant d'en faire quelque chose. Étudie, enseigne, explore de nouveaux horizons. Acquiers une connaissance profonde de ces ouvrages, surplombe-les. Ouvre un centre de recherche afin d'attirer de plus en plus de personnes, arrange-toi pour que ton travail soit connu à travers le monde. Il se pourrait même qu'il devienne plus important que le travail de ces auteurs, si tu t'en donnes la chance. »

Nous étions amoureux Bob et moi, c'est pourquoi je lui fis immédiatement remarquer qu'il manquait incontestablement d'objectivité en me comparant au grand Edgar Cayce et aux autres.

Il me répondit simplement : « Je crois en toi. Fais-le, je t'aiderai. »

Il n'en a pas eu l'occasion. J'avais pressenti qu'il ne reviendrait pas vivant de ce voyage en Australie, malgré tout, il a choisi de partir. Il est revenu à la maison dans une boîte en pin. En vingt-cinq ans, il ne s'est pas passé un jour sans que je pense à lui, tous les jours je le remercie de ce qu'il a fait pour moi et je lui dis que je l'aime.

Peu après la mort de Bob, quelques-uns d'entre nous avons assisté à une lecture donnée par un médium très célèbre, du moins à l'époque. Je tairai son nom étant donné qu'il est toujours vivant. Plus le temps passait, plus j'étais furieuse, on aurait pu voir la vapeur s'échapper de mes oreilles. Mes amis avaient dû me menacer de m'attacher sur mon siège tellement je ne tenais pas en place.

Lorsque nous sommes sortis pour manger, mes amis en ont profité pour me demander quelle mouche m'avait piquée ? J'explosai.

« Je vais vous le dire ce que j'ai. La moitié de ce que l'on nous a raconté n'est qu'une collection de demi-vérités, quant à l'autre moitié, il s'agissait tout simplement de faussetés. Ce n'est pas mon opinion, c'est un fait. Toutes les malheureuses personnes qui ont assisté à cette lecture cherchaient sincèrement des réponses à des questions importantes, et on leur a menti. »

Un autre de mes amis répliqua : « Bon, d'accord, mais que comptes-tu faire ? »

Je regardais mon ami sans le voir, je voyais Bob William aussi distinctement que s'il avait été assis à mes côtés, d'ailleurs il y était sans doute. Puis, en un éclair, je compris ce qu'il fallait que je fasse.

Voici comment j'ai décidé de mettre sur pied la *Nirvana Foundation for Psychic Research*. Je l'ai fondée à la mémoire de Bob en 1974, avec en tête deux objectifs principaux : transmettre le fruit des dernières recherches en matière de phénomènes parapsychiques et explorer la question de la survivance de l'esprit après la mort, et prouver sa réalité.

J'ai inscrit ma fondation au registre des organismes à but non lucratif de l'État de Californie. Puis j'ai placé une petite annonce dans un journal local pour offrir des cours traitant des phénomènes parapsychiques. Vingt-deux personnes ont répondu à mon annonce, elles se sont entassées dans mon petit salon pour assister au premier cours du mardi soir. Ces vingt-deux personnes ont amené vingt-deux autres personnes, qui, à leur tour, ont amené vingt-deux personnes. Bientôt, je n'eus d'autres choix que de réunir la somme nécessaire à la location d'un bureau avec une vitrine donnant sur la rue. À partir de ce moment, je pus enfin recevoir tout le monde.

Entre-temps, mes parents et ma sœur avaient déménagé en Californie. Je m'empressai donc d'engager Sharon et mon père ; mon équipe se composait maintenant de sept personnes. Ensemble nous avons créé la *Nirvana Foundation for Psychic Research*, dans l'espoir d'en faire un organisme poursuivant des objectifs humanitaires. Je partageais mon temps entre mes conférences quotidiennes, les lectures de Francine, l'enseignement de mes cours du soir, tout en faisant de mon mieux pour accorder du temps à mes deux jeunes fils.

Et pour finir le tableau, je poursuivais ma formation en hypnose. Heureusement, je finis par obtenir mon certificat, j'avais accumulé assez d'heures de pratique pour avoir droit au titre de « maître hypnotiseur ». Cette qualification me permettait d'entraîner et d'habiliter de nouveaux hypnotiseurs, et pour mon plus grand plaisir, je découvris que plusieurs membres de notre équipe étaient des étudiants talentueux et passionnés. C'est à ce moment que ma curiosité me poussa à explorer la régression hypnotique, je voulais me donner les moyens de faire régresser mes clients jusqu'au jour de leur naissance. Toutefois, je dois dire que la question des vies antérieures ne faisait pas partie de mes préoccupations. Je n'avais pas d'opinion sur la question, j'avais beaucoup d'autres choses en tête pour m'y arrêter sérieusement.

Pourtant, peu de temps après la création de la fondation, et par un morne après-midi alors que j'étais au beau milieu d'une séance d'hypnose, je fus de nouveau confrontée à cette réalité.

Parler de mon étonnement dans ce cas est un euphémisme, j'étais renversée, je ne m'attendais pas du tout à ça. J'étais au beau milieu d'une séance d'hypnothérapie avec un client qui souhaitait perdre du poids, quand tout à coup, j'eus l'impression qu'il perdait l'esprit. Il me parla – il parlait au présent de l'indicatif – de sa vie lorsqu'il était constructeur de pyramides en Égypte. Il m'expliqua dans le détail le fonctionnement d'un fascinant dispositif anti-gravitationnel, malheureusement, je n'y compris pas grand-chose. Puis, il entama un interminable monologue qui m'apparut être une suite de syllabes dépourvues de sens. Étant persuadée qu'il était en proie à un épisode psychotique, je ne le réveillai pas. Je savais que cela pouvait être dangereux pour lui. Aussi, je l'écoutai sagement, j'essayais de garder mon calme tout en le suppliant silencieusement de faire de même et de ne pas devenir violent. Puis, et aussi soudainement qu'il s'était emporté, il retrouva son état normal. Sa voix était douce, il était redevenu aimable comme si rien ne s'était passé durant les dernières trente minutes.

Avec son consentement, je fis parvenir un enregistrement de la séance à un de mes amis, professeur à Stanford, afin qu'il l'évalue objectivement. Si ce client avait besoin d'aide psychiatrique, j'étais prête à lui fournir une référence, quitte à conduire moi-même le pauvre homme. D'un autre côté, s'il s'agissait d'un phénomène du type Bridey Murphy, je tenais à ce que quelqu'un d'autre en témoigne.

En 1952, un hypnotiseur du nom de Morey Bernstein enregistra plusieurs séances d'hypnose avec une femme nommée Virginia Tighe. Lors de la séance, elle se présenta en tant que Bridey Murphy, une Irlandaise vivant au XIXe siècle. En tant que Bridey Murphy, Virginia Tighe parlait avec un fort accent irlandais, elle chantait des chansons irlandaises et elle racontait des histoires très étoffées concernant sa vie dans le Cork, il y a une centaine d'années. Le livre de Bernstein intitulé *The Search for Bridey Murphy* s'est hissé au rang des best-sellers, et les enregistrements de ses séances d'hypnose ont été traduits en plusieurs langues. L'histoire de Bridey Murphy me fascinait, mais je ne savais pas encore si elle méritait que j'y crois.

Trois jours après que j'eus envoyé l'enregistrement, le téléphone sonna et la voix à l'autre bout du fil me dit : « Où as-tu pris cet enregistrement ? » Je n'avais jamais vu mon ami et professeur aussi enthousiaste.

Je lui répondis avec détachement : « Pourquoi me demandes-tu cela ? »

Pendant ces trois jours, il avait étudié l'enregistrement, il l'avait même présenté à ses collègues, qui l'avaient étudié à leur tour. Tous en étaient arrivés à la même conclusion : cette suite de syllabes insensées était en fait un obscur dialecte assyrien datant du VIIe siècle av. J.-C., dialecte que plusieurs constructeurs de pyramide parlaient avec aisance.

Je souhaitais obtenir quelque éclaircissement, aussi n'ai-je pas résisté à l'envie d'appeler mon client pour lui demander : « Par hasard, vous ne connaîtriez pas l'assyrien ? » À la fin de notre entretien, je sentis qu'il commençait à douter de ma santé mentale, comme je l'avais fait à son égard quelques jours plus tôt.

Cette expérience m'obligea à étendre mon approche, je ne pouvais plus confiner la régression hypnotique à « cette vie seulement ». Dorénavant, j'aurais à prendre en compte les vies antérieures, tout en respectant ma règle d'or qui consiste à ne jamais influencer mes clients. Je croyais que la régression sous hypnose vers les vies antérieures était un phénomène peu courant. Je me trompais, j'étais même très loin de la vérité. En fait, je ne compte plus les clients – sans doute des milliers – qui, après avoir lentement régressé jusqu'au jour de leur naissance, ont commencé à me raconter des détails concernant une vie antérieure à la leur. L'équipe de la Fondation Nirvana a vérifié ces informations à maintes reprises à la banque d'archives de

San Bruno Archives, et, chaque fois, toutes les informations concordaient. J'en veux pour exemple cette dame qui disait s'être appelée Selena Franklin et avoir vécu à Peoria, dans l'État de l'Illinois, en 1943. Elle disait vivre là-bas avec ses deux enfants, Margaret et Marion et son mari Willy, un fermier qui avait des terres à blé. Nous avons pris en notes toutes les séances de régressions hypnotiques et nous les avons ensuite validées. Le fruit de nos recherches se trouve dans un classeur de mon bureau.

L'aspect le plus gratifiant de la régression hypnotique est sans conteste son potentiel de guérison. Certains de mes clients qui souffraient de phobies inexpliquées ou de maladies chroniques ont ressenti une nette amélioration de leur état. Dans plusieurs cas, ils ont même été complètement guéris après avoir découvert que la source de leur problème était enfouie dans la mémoire subconsciente d'une autre vie. Cette découverte m'incita à poursuivre mes recherches. Je me disais que ce phénomène méritait mon attention, à vrai dire, il m'était bien égal qu'il s'agisse de réincarnation ou d'une girafe à pois mauves, à partir du moment où cette technique pouvait améliorer la santé physique et mentale des gens, elle méritait que je m'y attarde.

Je discutais de mes découvertes avec plusieurs de mes collègues, dont le Dr Bill Yabroff qui enseignait la psychologie à l'université de Santa Clara. Comme moi, il était un chercheur infatigable, un sceptique doté d'une grande ouverture d'esprit qu'il appliquait à l'étude du phénomène des vies antérieures. Peu importe la théorie, l'enregistrement ou le cas que je lui soumettais, il ne m'a jamais répondu : « C'est ridicule ! ». Au contraire, il semblait toujours très intrigué et il me disait : « Regardons cela de plus près ».

En un sens, on peut dire que j'étais « absente » lorsque Bill décida de « regarder de plus près ». Ce jour-là il réalisa l'une de ses observations les plus intéressantes. Francine l'intriguait, il avait déjà assisté avec attention à plusieurs de ses lectures qui portaient sur la théologie et L'AU-DELÀ. Un jour, il me demanda si j'accepterais d'entrer en transe afin qu'il puisse la tester. Je passais moi-même beaucoup de temps à tester Francine et à la provoquer, aussi j'accueillis très bien cette idée, d'autant plus qu'il s'agissait d'un observateur en qui j'avais confiance. Je savais également que cet exercice serait fait dans le respect.

Ce soir-là, alors que nous étions dans mon bureau, Bill alla s'asseoir à côté de Francine sans toutefois m'en informer. Il avait en main une liste d'anciens patients, tous décédés. Ces noms avaient été tirés au hasard parmi des centaines de dossiers issus des fichiers de ses collègues. Un par un, il lut tous les noms à Francine, puis sans rien ajouter de plus, il lui demanda de lui indiquer la cause de leurs décès. Il s'était dit que si Francine nous parlait bel et bien de L'AU-DELÀ, elle pourrait s'informer directement auprès des patients décédés. S'il s'agissait d'une imposture, elle n'aurait d'autres choix que de s'en remettre au hasard et elle échouerait lamentablement le test.

Francine identifia avec précision dix-neuf causes de décès sur vingt. Ses réponses étaient loin d'être floues, par exemple : dans un cas de blessure par balle, elle ne se contentait pas de dire « coup de feu » ou « coup de feu à la tête ». Elle disait plutôt : « Coup de feu tiré par la victime elle-même, il a touché la tempe droite et la balle est ressortie sous l'oreille gauche. »

Bill n'en revenait pas. La probabilité qu'elle tombe par hasard sur la bonne réponse était infime. Il n'était pas non plus question qu'elle ait pu lire ses informations dans son esprit. Bill y avait pensé et il avait pris soin de ne pas prendre connaissance des causes de décès en dressant la liste (il n'avait même pas posé ses yeux sur la liste). Aussi, elle n'aurait pas pu trouver ces informations dans son esprit puisqu'elles n'y étaient pas, pas plus que dans son subconscient.

La vingtième cause de décès, celle que Francine n'avait pas trouvée, était une mort par overdose. Elle avait mentionné que trois substances étaient impliquées. Le premier rapport d'autopsie en relevait deux. Poussé par la curiosité, Bill appela les parents du patient. À sa grande surprise, il apprit que la famille avait demandé une autre autopsie, le second rapport indiquait que trois substances, et non pas deux, avaient provoqué la mort de leur bien-aimé parent.

Bill se plaisait à raconter cette histoire à l'occasion de conférences ou de lectures et il ne manquait jamais d'ajouter : « Sylvia a fait un énorme bond en avant, je dirais même un genre de bond quantique. » J'ai eu beau lui dire maintes et maintes fois que tout le crédit revenait à Francine, je n'ai jamais réussi à l'en convaincre.

À cette époque, de nombreux psychiatres, psychologues et médecins effectuaient leurs propres recherches sur la réincarnation ; nous étions en communication étroite avec ces chercheurs. Aussi avons-nous eu l'idée de nous réunir pour débattre de la question ensemble ; la salle était bondée, malgré le fait qu'il n'y avait aucune place assise. Au début, je ne me sentais pas à ma place. Considérant l'invitation et l'accueil auxquels j'avais eu droit, je me pris à penser que ma présence était inutile, comme si notre équipe se composait de cinq brillants médecins … et de Sylvia. Mais j'avais en main assez d'enregistrements de régression hypnotique, et j'avais tellement confiance en la validité de mon travail que je mis ma timidité de côté.

Juste avant de commencer, nous avons discuté de la possibilité de faire une régression hypnotique sur la scène en faisant appel à un volontaire dans la salle. Mes collègues étaient hésitants. Pour ma part, je pensais – comme à l'habitude – que l'on ne sait jamais ce qui va arriver avant d'essayer, je me disais : si ça marche, tant mieux, sinon, tant pis.

De nombreuses mains se levèrent, j'arrêtai mon choix sur un beau jeune homme élégant, qui, manifestement, ne prisait guère toutes ces histoires de réincarnation, mais qui était tout de même assez patient pour nous écouter et nous donner une chance de prouver que nous avions raison.

Avant de débuter la séance d'hypnose, je lui ai demandé s'il souffrait d'une quelconque maladie physique ou affective et s'il avait des phobies. Il me répondit qu'il souffrait de douleurs chroniques au pied droit qui résistaient aux traitements des podiatres. Il me fit également part de sa grande phobie : il craignait et ce, peu importe son succès, que les gens lisent à travers lui, qu'ils découvrent à quel point il est médiocre et qu'ils rient de lui dans son dos.

C'était un bon sujet, il faisait preuve de bonne volonté tout en ne montrant pas trop d'empressement, sans compter qu'il était facile à hypnotiser. Je le fis régresser lentement afin que l'auditoire voit comment fonctionne l'hypnose. Je voulais qu'il se sente à l'aise et surtout, je souhaitais prouver que je n'avais aucun contrôle sur lui, que toutes les informations venaient de lui et non pas de moi. Patiemment, je l'ai fait régresser jusqu'aux jours de sa naissance et de sa conception, puis jusqu'à sa mort dans une autre vie.

Soudain et sans aucune incitation de ma part, nos regards se tournèrent vers son pied droit qui se distordait vers l'intérieur comme s'il était déformé. Au même moment, il perdit toute contenance. Cet homme assuré s'était transformé en un être timide et triste qui semblait toujours prêt à se confondre en excuses.

Je lui ai demandé quel jour nous étions. Il m'a répondu une date de l'année 1821, il y avait de cela 154 ans.

Il s'est présenté sous un nom différent de celui qu'il avait donné quelques minutes auparavant, et en autant que je le sache, nous nous trouvions dans une petite ville de Virginie plutôt que dans une grande ville de Californie. Sa courte vie avait été marquée par la tristesse. Il était né avec un pied bot, ses parents le considéraient comme un fardeau tandis que ses camarades de classe le tenaient à l'écart et se moquaient de lui.

Jamais dans ma vie je n'ai participé à une arnaque ou à une fraude, mais je dois bien admettre que je n'aurais pas pu engager meilleur candidat pour démontrer l'influence de nos vies antérieures sur notre vie présente, si, bien entendu, telle avait été mon intention. L'existence de ce phénomène est attribuable à ce que j'appelle « les cellules de mémoire », c'est elles qui gardent en nous le souvenir des peurs et des souffrances que nous avons vécues dans nos autres vies. Le fait d'en retracer la source permet à notre esprit de nous en délivrer une fois pour toutes. Plusieurs mois plus tard, j'eus des nouvelles du sujet que j'avais hypnotisé, non seulement il n'avait plus mal au pied, mais il ne craignait plus que les autres se moquent de lui.

Si, comme moi, le plus sceptique des scientifiques avait fait des milliers de fois la même expérience en obtenant toujours le même résultat, il ne pourrait que se rendre à l'évidence, à moins qu'il ne soit complètement fou. Or, je suis tout sauf folle. J'ai personnellement entendu le récit de milliers de clients qui parlaient avec clarté de leurs vies antérieures et qui plus est, il existe des preuves tangibles de la véracité de leurs propos. Ces faits m'ont convaincue, une fois encore, Francine avait raison : la réincarnation fait partie de la logique de Dieu, tel est son dessein pour nous, un dessein d'amour et de compassion à travers lequel notre esprit accomplit son itinéraire éternel. Je n'ai pas fait mienne cette idée par caprice, autrement dit parce que je voulais bien y croire. Au contraire, j'avais en main trop de preuves de sa validité pour ne pas y croire.

Je n'avais plus de doute, les souvenirs des vies antérieures que j'avais entendus étaient bel et bien réels. Comment aurais-je pu douter de la réalité de tous ces autres souvenirs remplis de joie que m'avaient racontés un nombre incalculable de clients au sujet de ce qui passe entre la mort dans la vie passée et la renaissance dans une autre vie ?

J'ai pratiqué des régressions sur des milliers de gens qui provenaient des cinq continents, des personnes de toutes races, cultures et religions. Des méthodistes aux bouddhistes, des juifs aux islamistes, des taoïstes aux shintoïstes, tous, avaient une expérience semblable de la mort et de L'AU-DELÀ. À la différence près que certains ont entendu de la musique dès leur arrivée à La Maison, tandis que les autres l'ont entendue plus tard. Tout bien considéré, je ne crois pas que ce détail vaut vraiment la peine qu'on s'y attarde. La preuve est éclatante : nous venons tous du même endroit et nous y retournons à la fin de notre vie. Les clivages sociaux et les préjugés que nous rencontrons sur la terre sont attribuables aux êtres humains ; ils nous apparaîtront tout à fait ridicules lorsque nous aurons l'occasion de les examiner de plus près dans L'AU-DELÀ.

Tout comme je disposais des Archives San Bruno et de plusieurs autres sources impartiales pour évaluer la véracité des faits racontés par mes clients au sujet de leur vie antérieure, je dispose de sources impartiales pour évaluer l'exactitude des faits qu'ils me racontent au sujet de leur vie dans L'AU-DELÀ.

- Je dispose du savoir de Francine : elle vit dans L'AU-DELÀ et depuis que j'ai l'âge de sept ans, elle répond avec patience aux innombrables questions que je lui pose.
- Je dispose de ma propre expérience puisque j'ai moi-même fait une expérience au seuil de la mort. (Je décris cette expérience en détail au chapitre 3.) De plus, j'ai fait des voyages astraux dans L'AU-DELÀ, autrement dit, mon esprit s'est séparé de mon corps et il est parti seul en exploration.
- Je dispose d'innombrables récits d'expériences au seuil de la mort que mes clients m'ont racontées.

- Je dispose des récits de dizaines de milliers de clients concernant leurs voyages astraux. Soulignons à ce propos que plusieurs d'entre eux ne savaient pas ce qui leur était arrivé et ils hésitaient à m'en parler de peur que je ne les croie fous.
- Je dispose d'une tonne d'informations détaillées sur L'AU-DELÀ provenant des personnes les plus crédibles que je connaisse : de ma grand-mère Ada à mon fils Christopher en passant par ma petite-fille Angelia, les membres de mon personnel et les pasteurs de mon église, la Novus Spiritus. Un peu plus loin dans ce livre, vous pourrez voir leurs superbes dessins qui illustrent le lieu qu'ils ont découvert lors de leur retour à La Maison.
- Plus évocateur encore que l'existence de Francine, je dispose d'un enregistrement sonore de L'AU-DELÀ. Je ne sais pas si j'y aurais cru, si je n'en avais été moi-même témoin.

C'était il y a vingt ans. Je pratiquais une régression hypnotique sur Susan, une femme à la fin de la quarantaine. Comme toujours, j'avais démarré le magnétophone. Elle avait régressé jusqu'à l'intervalle qui séparait sa vie présente de sa vie passée, autrement dit jusqu'à son séjour dans L'AU-DELÀ. Elle parlait d'un bel édifice en forme de dôme avec une nef tapissée de rayonnages pleins de manuscrits, le tout semblait s'élever jusqu'à l'infini. Comme vous le lirez dans les chapitres suivants, je connaissais bien ces édifices et je reconnus immédiatement la Salle des Archives.

Plus elle s'enfonçait dans cet univers et plus ses descriptions étaient détaillées. De mon côté, j'avais de plus en plus l'impression d'être plus qu'une observatrice passive du voyage de Susan dans la Salle des Archives. Cela ne m'était jamais arrivé auparavant, d'ailleurs je n'ai jamais revécu une telle expérience. J'étais bel et bien là-bas en sa compagnie. J'étais à la fois très bouleversée et très enthousiasmée. Dès que je compris ce qui m'arrivait, je réussis, malgré mon énervement, à m'imposer le silence afin de ne pas influencer les événements.

Lorsqu'elle s'aperçut de ma présence, je n'eus pas besoin de dire quoi que ce soit. D'un air étonné elle me dit : « Tu es ici avec moi ! ». Je n'ajoutai pas un mot.

Je la suivis en silence tandis qu'elle poursuivait sa visite à travers la Salle des Archives en décrivant à haute voix tout ce que je voyais. Puis nous sommes arrivées dans une autre nef pleine de manuscrits, dans laquelle j'aperçus une très belle femme s'avancer vers nous, ses cheveux étaient noirs et elle portait une robe bleue dont l'étoffe avait la légèreté du fil de la vierge. Je savais qu'il s'agissait du Guide Spirituel de Susan et je savais même qu'elle s'appelait Rachel.

Une fois encore, je restai muette. De toute façon, c'était inutile puisque Susan annonça : « Quelqu'un est avec nous ».

Je demandai avec un calme apparent – j'étais moins calme que j'en avais l'air – « Qui est-ce ? »

« C'est une femme », répondit-elle. « Ses cheveux sont noirs. Je ne saurais trop dire pourquoi, mais j'ai l'impression qu'il s'agit de ma Guide Spirituelle. »

Au même instant, Rachel nous aperçut et elle s'écria : « Susan ! ».

Bien avant que j'aie le temps de réagir, Susan dit d'une voix haletante : « As-tu entendu ? »

« Entendu quoi ? » Tout ce que j'entendais, c'était mon cœur qui battait à tout rompre.

« Elle a dit mon nom », chuchota-t-elle d'une voix à la fois respectueuse et intimidée.

Mais ce n'était rien en comparaison de l'effroi que nous avons ressenti en écoutant l'enregistrement de la séance.

Nous avons entendu une voix (la mienne) qui disait « Qui est-ce ? ».

Puis la voix de Susan qui disait : « C'est une femme, ses cheveux sont noirs. Je ne saurais trop dire pourquoi, mais j'ai l'impression qu'il s'agit de mon Guide Spirituel ».

Quand soudain une troisième voix dit : « Susan ! ».

J'ai conservé cet enregistrement, ainsi que quelques autres sur lesquels on peut entendre des voix de L'AU-DELÀ qui ont rejoint notre dimension. Ces appels voulaient tout simplement attirer notre attention et nous fournir une preuve irréfutable de l'éternité de notre esprit.

Certains sceptiques à l'esprit étroit prétendent que les expériences au seuil de la mort ou toutes autres expériences ayant trait à L'AU-DELÀ sont attribuables aux hallucinations qui résultent d'un manque d'oxygène au cerveau. Je souhaiterais seulement que ces personnes consentent à me rencontrer, je pourrais leur expliquer de quelle manière je m'y prends pour priver d'oxygène des milliers et des milliers de clients, y compris mes employés, certains pasteurs, mon fils et ma petite-fille sans qu'ils s'en aperçoivent.

La religion peut aussi servir de support au scepticisme, cela m'a toujours fascinée. La plupart des grandes religions du monde ne prônent-elles pas que l'esprit survit à la mort ? Alors pourquoi penser qu'il est impossible d'entrer en communication avec eux ? En quoi cette idée est-elle si absurde ?

Pour ma part, je dois dire que mon intérêt croissant pour la spiritualité et les religions m'ont confortée, à jamais, dans mes croyances.

Chapitre 2

LA RELIGION ET L'AU-DELÀ : PLUS DE QUESTIONS ET PLUS DE RÉPONSES

Sans doute croirez-vous qu'une femme dont l'éducation est marquée par l'influence des religions luthérienne, épiscopalienne, juive et catholique n'a pu croire en L'AU-DELÀ et en la réincarnation sans avoir d'abord renié une bonne partie de son héritage religieux. Pourtant, il n'en est rien, ma démarche n'avait rien à voir avec un quelconque désaveu. Bien au contraire, elle faisait partie intégrante d'un processus d'apprentissages et de recherches exhaustives qui m'ont fait grandir spirituellement, si bien que ma relation avec Dieu est devenue l'inébranlable et l'impénétrable fondation de ma vie.

J'ai découvert le catholicisme à l'âge de cinq ans, une rencontre qui n'était pas le fait de la religion mais plutôt de la discipline. Je m'explique. Si on ne peut prétendre que j'étais une enfant méchante ou brise-fer, je n'étais pas non plus ce que l'on appelle poliment une enfant de « tout repos ». Aussi, ma grand-mère Ada décida de m'inscrire à l'école catholique de mon quartier dans l'espoir que les religieuses parviennent à canaliser, ce que je préfère maintenant appeler, mon « exubérance toute juvénile ».

Je me suis toujours démarquée de mes camarades de classe et ce, dès mon arrivée ; cela ne m'a pas nui, bien au contraire. Peu avant le début des classes, on m'avait fait subir un test de classement dont le résultat me plaçait en deuxième année plutôt qu'en maternelle, comme mes cinq ans l'auraient voulu. Je fus bientôt connue dans le quartier comme l'étrange fillette qui « sait des choses ». J'avais également droit à l'attention des religieuses pour lesquelles je constituais un beau cas de conversion récente. Aussi avais-je droit à plusieurs honneurs, comme celui de marcher à la tête des processions ou de placer la couronne de mai sur la tête de la Sainte Vierge. Toutes ces attentions finirent par me persuader, si bien que je parvins à convaincre ma grand-mère ainsi que le reste de ma famille de me faire baptiser dans la foi catholique. Néanmoins, ma passion devait retomber avant que mon souhait n'eût le temps de se concrétiser.

Il y a toujours eu des catholiques parmi les gens que j'aime. Enfant, j'admirais les religieuses pour la profondeur de leur engagement envers Dieu. Je trouvais réconfort et émerveillement dans les rites sacrés empreints de mysticisme de la religion catholique. Nos professeurs vénéraient les anges et j'avais la chance d'avoir une grand-mère (Ada) qui m'avait enseigné tout ce qu'il importait de savoir sur le sujet. Mais par-dessus tout, il régnait dans cette école une atmosphère d'acceptation inconditionnelle qui m'enchantait. On nous racontait toutes sortes d'histoires concernant la vie des saints ou encore d'enfants de contrées lointaines qui avaient eu des visions et entendu des voix dans des endroits nommés Lourdes et Fatima. Je n'ai jamais aspiré à la sainteté, même lorsque j'étais enfant, ces histoires m'enchantaient parce qu'elles démontraient que les personnes qui ont des visions et qui entendent des voix sont bien accueillies entre ces murs empreints de silence et de dignité.

Toutefois, un événement me fit réviser quelque peu ma position. Ce jour-là, sœur Mary Stephanie nous parlait de nos anges gardiens. Avec l'empressement d'une petite fille de neuf ans, je levai ma main pour dire : « Mon ange me parle. »

« Bien sûr » répondit-elle avec un sourire, « ils nous parlent tous ».

Je secouai la tête en signe de désapprobation. « Non, je l'entends vraiment et tout le temps. » En ce temps, la voix de Francine était devenue ma fidèle compagne.

Sœur Mary Stephanie me scruta pendant un moment, puis elle me dit d'un air maussade que j'aurais largement le temps d'y réfléchir, étant donné qu'elle me gardait après la classe. Je me doutais vaguement que le fait de rester après la classe constituait une punition, malgré tout je n'arrivais pas à comprendre pourquoi.

À la fin de la classe, Sœur Mary Stephanie vint me demander ce que j'avais en tête en déclarant que j'entendais mon ange gardien, puis elle me demanda de lui décrire avec précision cette voix. Je lui répondis que cette voix était très aiguë et flûtée et j'ajoutai en guise d'explication : « Elle me met en garde contre certaines choses et elle me parle de Dieu. »

Elle m'obligea à lire un texte austère ayant pour thème les gens qui ne peuvent s'empêcher de fabuler et les problèmes qu'ils suscitent dans leur entourage. Non seulement je n'avais aucune envie de me repentir, mais j'étais furieuse. Elle affirme que nos anges nous parlent, je confirme ses dires en lui racontant que le mien me parle, et elle me gronde sous prétexte que je cause des problèmes ? Enfin, pourquoi les anges se donneraient-ils la peine de nous parler si nous sommes incapables de les entendre ? C'était stupide !

Bien entendu, cet après-midi-là, je rentrai à la maison en retard. Je m'empressai de raconter toute l'histoire à grand-maman Ada pour savoir ce que j'avais bien pu faire de mal. Sans un mot, elle se précipita hors de la maison, et se dirigea vers l'école où elle eut une longue conversation avec sœur Mary Stephanie. Je ne connais pas le contenu de cet échange, je sais seulement qu'à partir de ce moment on ne m'a plus jamais mise en retenue pour avoir entendu des voix.

En sixième année, nous avons abordé pour la première fois les questions du diable et de la possession. Tout à coup, cette religion rassurante, miséricordieuse et peuplée d'anges prenait un nouveau visage : celui des tourments dont sont faits les pires cauchemars. À vrai dire, je n'y croyais pas trop, je me disais que toutes ces histoires n'étaient pas vraies, qu'elles devaient faire partie d'une stratégie pour que nous nous tenions tranquilles. Cela n'avait aucun sens : comment ce Dieu qui nous avait créés et qui nous aimait d'un amour parfait pouvait-il être aussi cruel, froid et haineux ? Comment pouvait-il nous condamner à l'enfer éternellement pour avoir mangé de la viande un vendredi ou, dans le moindre des cas, nous inciter à nous sentir coupables d'en avoir eu envie ? (Bien entendu, il n'en est plus ainsi aujourd'hui, toutefois, on peut se demander ce qu'il est advenu de toutes ces pauvres âmes condamnées à l'enfer pour un péché qui n'en est plus un aujourd'hui. Est-ce que Dieu s'est dit : «Oh là là ! » et les a admises au paradis ? Ce qui reviendrait à penser que Dieu a commis une erreur, ce qui à mon sens est impossible et personne ne me convaincra du contraire.)

Lorsque je n'arrive pas à saisir le sens de quelque chose, je retourne la question et je l'explore avec acharnement jusqu'à ce que je trouve ce sens. C'est vrai aujourd'hui, et cela l'était déjà lorsque j'étais en sixième année de l'école primaire. Une fois encore, j'ai levé la main et j'ai demandé en quel Dieu devrions-nous croire : en un Dieu aimant ou en ce Dieu méchant que l'on venait de nous présenter ? Et, une fois encore, je fus chaleureusement invitée à rester après l'école. Dès mon retour à la maison, ma grand-mère Ada remonta la rue jusqu'à l'école pour faire un brin de causette avec les religieuses. En tant que spiritualiste et médium, elle pensait que l'enfer et les histoires de possession par le démon n'ont rien à voir avec Dieu, et tout à voir avec les humains. Elle n'en pensait pas moins du diable, créature qui, à ses yeux, ne constituait pas une plus grande menace pour les enfants que le père Fouettard. Pourtant, ce jour-là, ma grand-mère Ada ne s'était pas précipitée à l'école pour défendre ses croyances, mais pour s'indigner de ce que l'on ait grondé une enfant qui avait posé une question.

Puis vint le temps de la confession, je devais entrer dans une sorte d'isoloir et confier mes péchés à un prêtre que je ne pouvais voir. Son rôle consistait à m'inciter à être désolée de mes péchés, puis il me disait ce que Dieu voulait que je fasse pour les expier. Le jour de ma première confession, j'étais si terrifiée que je dressai une liste de tous mes péchés afin de n'en oublier aucun. Le prêtre entendit un froissement de papier et il me demanda ce que je faisais. Ma réponse n'eut pas l'heur de lui plaire, il me gronda. Qu'arriverait-il si quelqu'un tombait malencontreusement sur cette liste ? Quelle honte ! J'avais onze ans et ma liste recensait des fautes bénignes. J'avais répliqué à ma mère, je ne me brossais pas les dents deux fois par jour comme je le prétendais, mais une seule fois, etc. Je ne pensais pas que mon comportement méritait que l'on donne un dîner en mon honneur. Ça non. Mais pourquoi fallait-il que j'en aie honte à ce point ?

À partir de ce moment, la confession m'apparut illogique. Je me disais : à quoi bon prier puisque je ne peux me faire entendre sans que ce prêtre invisible soit à mes côtés pour assurer le relais ? Si Dieu nous aime tous et sans distinction, pourquoi accorde-t-Il plus d'attention à ce prêtre qui lui demande pardon pour des péchés que j'ai commis ? Pourquoi ne pourrais-je pas Lui demander directement l'absolution ? Sans compter que, selon Francine, toutes les communications avec Dieu ont un caractère sacré et privé. Personne, pas même nos Guides Spirituels, ne peut écouter clandestinement ces « appels ». La confession ne constitue-t-elle pas un manquement à Dieu doublé d'une entrave à mon droit à la confidentialité ?

Ces questions étaient certes troublantes, mais ce n'était rien en comparaison de la confusion que fit naître en moi la conception catholique de la vie après la mort. On m'a appris que nous avions reçu une seule vie sur terre, et qu'une fois finie, nous sommes soit chassés éternellement vers l'enfer, pour des péchés qui peuvent aller du meurtre à l'utilisation d'une méthode contraceptive, soit accueillis au paradis où nous contemplerons éternellement la Vision Béatifique, occupation charmante s'il en est, mais qui n'est pas très productive, pour le moins. Le problème, c'était qu'aucun de ces scénarios ne fournissait d'explications quant à l'existence de Francine et des autres esprits que je voyais et entendais quotidiennement. Ils faisaient partie de ma vie et il faut préciser que de nombreux saints catholiques ont admis leur existence. Si toutes les personnes mortes étaient soit en pleine contemplation de la Vision Béatifique, soit en enfer, alors d'où venaient tous ces esprits qui tournaient autour de moi ?

Heureusement, j'ai rencontré le père Nadeau, un jésuite qui m'encouragea à lui soumettre mes interrogations ; cela valait mieux que d'être à l'origine de petits drames parmi les religieuses et mes camarades de classe. Du même coup, il me conseilla de lire et d'étudier, bref de satisfaire mon insatiable curiosité. Je n'étais pas du genre à endosser les idées des autres, celles de Francine y compris, c'est pourquoi je me suis dit qu'il valait mieux que j'étudie par moi-même. Ainsi, je pourrais élaborer un système de croyances en accord avec tous les aspects de ma vie et mes connaissances me permettraient de le soutenir.

Pas besoin de vous dire que Francine et ma grand-mère Ada ont, elles aussi, eu droit à toutes mes questions, ce qui donna lieu à d'innombrables discussions. J'y ai appris que toutes les religions étaient porteuses de la même leçon fondamentale : aime Dieu, fais du bon travail, puis meurs et rentre à La

Maison. Aussi ne devais-je jamais dénigrer la religion catholique, pas plus d'ailleurs que les autres religions.

Je ne les ai jamais entendues dire qu'une idée était fausse ou stupide. Francine et ma grand-mère Ada répondaient toujours à l'une de mes questions par une autre question : « Qu'en penses-tu ? ». Cette réplique m'a toujours grandement inspirée et motivée.

Voici ce que j'en pensais. Soit dit en passant, je le pense toujours. Je suis persuadée que Dieu ne se laisse pas décourager par les doutes et les questions que nous lui soumettons et qu'il n'a rien à voir avec toutes les contradictions et les incohérences que j'avais relevées. Tout cela vient de nous et non de Lui. Dieu est sensé, je n'en ai jamais douté une seule seconde. Il me restait à lever le voile sur sa logique.

Puis, un jour, je décidai qu'il serait bon d'obtenir des crédits universitaires tout en poursuivant l'étude du sujet qui me passionnait. C'est dans cette optique que j'ai choisi la théologie, plus spécifiquement l'étude des religions, comme matière secondaire lors de mes études universitaires. J'ai toujours été une lectrice insatiable, j'avais maintenant une excuse toute trouvée pour lire tout ce qui me tombait sous la main concernant la religion et la spiritualité. J'ai dévoré une tonne de bouquins, du *The book of J* de Harold Bloom jusqu'aux ouvrages de Elaine Pagels concernant le Gospel gnostique en passant par les travaux de mon héroïne Eileen Garrett, dont le fameux *Many Voices : The Autobiography of a Medium*. J'ai également lu ceux de Carl Jung, Joseph Campbell, Edgar Cayce, puis les enseignements de Bouddha, de Mahomet, du tantrisme, du *Livre Égyptien des Morts*, du *Bhagavad Gita*, de la Société Théosophique, du Shintoïsme, des Rosicruciens, du Talmud et du Coran. J'ai étudié la vie d'Apollonios de Tyane, un Grec contemporain du Christ qui était à la fois guérisseur spirituel et enseignant. J'ai appris tout ce que je pouvais sur les Esséniens et les gnostiques, à l'origine de traditions sur lesquelles plusieurs croyances et principes des religions catholique et protestante reposent. J'ai fait des séances de *brainstorming* avec des yogis, des moines tibétains, des religieuses, des rabbins, des pasteurs et des maîtres du Zen. J'ai appelé Francine par la voie de la transe et j'ai d'innombrables enregistrements de ses lectures concernant Dieu, la théologie et L'AU-DELÀ. Tout au long de mon parcours, je me suis toujours abstenue d'accepter ou de rejeter trop hâtivement les idées que je rencontrais, je me suis toujours donné le temps nécessaire pour que la confusion fasse place au bon sens et à la logique.

Une des découvertes les plus éclairantes et inspirantes que j'ai faite au sujet des religions, y compris la religion catholique avant sa restructuration par le pape Constantin au VIe siècle, concerne le fait qu'elles admettent toutes l'existence de la réincarnation et des cycles de l'âme. Autrement dit, elles affirment que l'âme fait des allers et retours entre ce monde et L'AU-DELÀ. Si elles disent vrai, il est plutôt probable que la Bible ait fait état de ces phénomènes ; après tout, le pape Constantin n'a pu vérifier toutes les copies et les traductions existantes et faire disparaître tous les textes qu'il désapprouvait.

En partant de ce principe, je me suis mise à l'étude de la Bible avec ferveur. Parmi les vingt-six versions que j'ai étudiées, ma favorite est la magnifique traduction que Lamsa nous a donnée à partir de sa version originale en Araméen. Dire de cette lecture qu'elle a changé ma vie est un euphémisme. Plus je lisais et plus la confusion qui régnait dans mon esprit au sujet de mes croyances et de ma religion se dissipait, au point où tout devint pour moi très simple et limpide. Il est évident que Dieu n'est pas responsable de notre perplexité et de nos doutes ; ces tourments naissent des humains et des représentations qu'ils se font de Dieu.

Par-dessus tout, j'ai acquis la certitude qu'il ne faut pas s'en tenir à une seule version de la Bible sous peine de se mettre dans l'embarras. Par exemple, si comme moi vous avez déjà entendu des gens justifier leur bigoterie, leurs préjugés ou tout autre comportement inacceptable en disant : « C'est écrit dans la Bible », demandez-leur de laquelle des vingt-six versions de la Bible tiennent-ils cette affirmation, puisque comme nous le savons, Dieu est amour. Or, s'Il prêche la cruauté et la haine à Ses enfants, c'est que la traduction de ce texte doit être singulièrement travestie. Puis, demandez-leur s'ils pensent que le fait d'avoir bu rend l'inceste moins grave, comme laisse entendre l'histoire de Lot. Ou si ce « fils entêté » méritait d'être lapidé sur la place publique par les habitants de la ville. (Deutéronome 21 : 18-21)

Tous les jours, je me pose encore cette question : « Qu'est-ce que tu en penses ? » qui m'évite de répondre par une citation.

J'étais très heureuse de découvrir que la Bible faisait allusion, au moins à cinq ou six reprises, à la réincarnation et au grand cycle de la vie terrestre et de la vie dans L'AU-DELÀ. On retrouve même ces allusions dans les traductions qui font suite au règne de Constantin. En voici quelques exemples.

Le neuvième chapitre de l'Évangile selon saint Jean nous raconte l'histoire d'un homme aveugle de naissance. Les disciples demandent à Jésus « Maître, qui a péché, lui ou ses parents, pour qu'il soit aveugle de naissance ? »

Ici, les disciples laissent entendre que cet homme a été puni pour des péchés qu'il avait commis. Or, cet homme est aveugle de naissance, c'est pourquoi sa punition ne peut concerner que des péchés commis dans une autre vie. La seule autre explication valable voudrait qu'il ait péché alors qu'il était dans le ventre de sa mère et je parie que même s'il l'avait voulu, il n'aurait pas eu assez de place pour mettre son projet à exécution !

Au chapitre dix-sept de l'Évangile selon Matthieu, on parle de la réincarnation d'une manière encore plus explicite. Jésus dit à Pierre, Jacques et Jean : « Élie va venir et il va tout restaurer ; mais je vous dis qu'Élie est déjà venu et qu'ils ne le connaissaient pas, ils ont fait de lui tout ce qui leur a plu. » Au verset treize, on peut lire : « Puis les disciples comprirent qu'il parlait de Jean le Baptiste. » Maintenant que nous savons que dans une de ses incarnations on connaissait « Élie sous le nom d'Élie », on peut se demander qui est cet homme « qu'ils ne connaissaient pas ». Assurément, il était question d'une autre de ses incarnations, et les disciples ont compris qu'il s'agissait de Jean le Baptiste qui a été décapité par Hérode. Ce qui éclaire le sens de cette proposition : « Ils ont fait de lui tout ce qui leur a plu. »

Ces citations proviennent d'une édition révisée de la Bible parue bien après que le pape Constantin ait décidé d'exclure le concept de réincarnation du christianisme. Voici une illustration du fait que la vérité finit toujours par triompher un jour ou l'autre.

Qu'en pensez-vous ?

Bien entendu, je m'étais promis de ne jamais cesser ma quête et de toujours chercher des réponses empreintes de bon sens et de logique. Pourtant, au moment où je compris que je ne serais jamais à court de questions, je trouvai les réponses que je viens de vous présenter.

Il faut tout de même dire que cela ne s'est pas fait sans effort. Pendant des décennies, j'ai fait des lectures auprès de mes clients et des esprits qui rôdaient autour d'eux, à raison de 140 rencontres par semaine.

Pendant des décennies, j'ai enregistré plusieurs milliers de régressions hypnotiques et j'en ai vérifié la véracité.

Pendant des décennies, je me suis dévouée sans compter pour la *Nirvana Foundation for Psychic Research* (Fondation pour la recherche parapsychique), ce qui inclut mes contacts avec les esprits, les fantômes, les anges et les autres entités que nous avons rencontrés et desquels nous avons appris quantité de choses.

Pendant des décennies, les membres de ma famille, le personnel de la Fondation et moi-même avons fait des voyages astraux dans L'AU-DELÀ et nous avons découvert que nos expériences étaient identiques.

Pendant des décennies, j'ai rencontré des centaines de psychologues, de psychiatres, de médecins, de scientifiques, de professeurs, de théologiens et plusieurs autres chercheurs intéressés par les phénomènes paranormaux.

Pendant des décennies, de nombreux sceptiques originaires des quatre coins du monde ont tenté, sans succès, de discréditer mon travail.

Pendant ce temps, de nombreuses personnes que j'aimais sont mortes. Toutefois, afin d'apaiser la souffrance de mon deuil, elles sont revenues dans cette dimension pour m'annoncer qu'elles étaient toujours vivantes, voire plus vivantes que jamais.

Pendant ce temps, Francine, ma spécialiste de L'AU-DELÀ et des questions théologiques, était à mes côtés avec sa patience, sa générosité, sa sagesse, ses gazouillements flûtés, sans compter qu'elle m'a dispensé son enseignement par voie de transe.

Pendant ce temps, j'ai pris conscience, non sans enthousiasme, que la religion, la spiritualité et le paranormal n'étaient pas des concepts distincts comme on se plaît souvent à le croire, mais qu'en réalité, ils constituaient des éléments parfaits, logiques et cohérents de la création de Dieu, elle-même parfaite, logique et cohérente.

Pendant ce temps, j'ai fait une expérience au seuil de la mort, dont je vous parlerai plus longuement au chapitre 3.

Pour communiquer tout ce que j'ai appris à travers toutes ces expériences et leur rendre gloire, j'ai décidé de créer ma propre église Novus Spiritus ou en français « Esprit nouveau ». Novus Spiritus n'exclut pas, elle inclut. Voici quelques principes qui lui tiennent à cœur.

- Nous avons tous été créés par Dieu et Il nous aime tous inconditionnellement. Nous sommes tous ses héritiers génétiques et à Ses yeux, nous sommes tous égaux.
- Il existe un Dieu Mère, elle se nomme Azna et elle est le pendant émotif féminin de la divinité, comme Dieu le Père en est le pendant intellectuel. Dieu la Mère n'est pas une invention des mouvements féministes des années 70. Elle est reconnue et respectée depuis près de 2 500 ans. Tout au long de notre visite de L'AU-DELÀ, j'utiliserai le genre masculin Il ou Lui pour parler de Dieu, mais j'ai fait ce choix dans le seul but de ne pas alourdir le texte par des « Il/ Elle » et des « Lui/ Elle » qui sont aussi fastidieux à écrire qu'à lire. Rappelons pourtant qu'Azna, Dieu la Mère et Dieu le Père forment ensemble la Divinité.
- Dieu n'est pas malveillant, cruel ou enclin à juger. Jamais. Ces défauts, ainsi que le mal, sont l'apanage de l'humain. Ils ne résultent pas du fait que Dieu s'est détourné de nous, ce qu'Il n'a jamais fait, mais plutôt du fait que nous nous détournons de Lui. Faire le mal n'est pas sans conséquence, je ne parle pas ici de passer l'éternité dans un lieu qui n'existe pas et qu'on appelle l'enfer, mais plutôt d'une rupture librement consentie avec L'AU-DELÀ, laquelle toutefois ne durera pas toute l'éternité.
- Les réponses à des question telles que : « Comment un Dieu aimant peut-il se montrer cruel envers quelqu'un qui ne le mérite pas ? » ou « Comment peut-il laisser cet innocent petit bébé ou cette merveilleuse personne mourir si jeune ? » sont très simples. « Il n'y peut rien. » Chacun de nous a élaboré un plan détaillé de sa vie sur terre, nous avons même choisi les épreuves que nous allions rencontrer et le moment de notre mort.

- Nous sommes plus vivants que jamais dans L'AU-DELÀ. Nous avons nous-mêmes décidé de faire ces brefs séjours dans cette dimension qu'on appelle la terre dans le but d'expérimenter et de surmonter les ombres qui entravent notre chemin et de faire progresser notre âme pour Dieu.
- Notre esprit conserve la mémoire de nos vies antérieures : de nos naissances, de nos morts ou de nos vies sur la terre ou dans L'AU-DELÀ. Chacune de nos nouvelles vies subit profondément l'influence des souvenirs que nous avons conservés de nos vies antérieures et ce, que nous en soyons ou non conscients.

Bien entendu, vous n'êtes pas obligé de partager toutes ces croyances pour faire la visite guidée de L'AU-DELÀ que je vous propose dans les cinq prochains chapitres. « Qu'en pensez-vous ? » N'oubliez jamais que cette question est tout aussi importante que celles qui sont soulevées dans ce livre. Tout ce que je vous demande, c'est de garder votre cœur et votre esprit ouverts et de vous attarder aux détails qui auront un écho rassurant et apaisant pour votre âme. Je vous fais la promesse que vous n'aurez pas d'hallucinations. Seulement, certains événements remonteront à la surface de votre mémoire et vous vous languirez de cette joie et de cette beauté exquises qui règnent dans La Maison.

Lorsque j'avais dix-huit ans, Ada, ma grand-mère adorée, est morte. Elle est partie en paix, avec la certitude qu'on l'attendait dans L'AU-DELÀ et qu'un jour, nous nous retrouverions. D'autre part, elle avait la satisfaction de laisser derrière elle une petite-fille bien préparée à vivre une existence qui s'annonçait riche et fascinante.

Néanmoins, j'étais terrassée par la douleur, et cette souffrance, comme cela arrive souvent, a semé en moi le doute. Malgré tout ce que Francine et ma grand-mère Ada m'avaient enseigné sur L'AU-DELÀ et le caractère éternel de l'esprit, je ne pouvais m'empêcher de ressentir cruellement l'absence de ma grand-mère, celle qui avait été pour moi une source d'inspiration et de soutien indéfectible. J'avais le sentiment d'avoir perdu à jamais son amour, en plus de cette source d'inspiration et de soutien indéfectible. Je me sentais seule et vide, je ne pouvais plus la voir et entendre le son de sa voix. Mes dons parapsychiques me semblèrent alors inutiles, tout aussi inutiles d'ailleurs que toutes ces fantaisies au sujet de la vie après la mort que j'avais eu la naïveté de croire.

J'étais totalement dans le brouillard lorsque ma famille s'est rassemblée pour organiser les funérailles, trop bouleversée pour faire face à cette dure réalité que je ne voulais pas admettre. Mon petit ami Joe l'avait compris, il faut dire qu'il était doté d'une force et d'une sensibilité hors du commun pour un jeune homme, aussi m'a-t-il gentiment guidée hors de la maison et nous sommes montés dans sa voiture pour faire une balade. Au lieu de m'apaiser, la chaleur du soleil ajoutait à ma souffrance ; nous avons roulé sans but pendant des milles et des milles, sans savoir quelle destination aurait bien pu m'apporter un peu de réconfort.

J'entends encore Joe me dire d'un ton qui se voulait le plus calme possible. « Sylvia... ? »

Je me retournai vers lui en silence et je remarquai que ses yeux étaient fixés sur le rétroviseur.

« Je ne voudrais surtout pas t'effrayer... mais... ta grand-mère est assise à l'arrière. »

Je ne me suis pas retournée tout de suite. Je n'ai pas bougé pendant un moment, puis j'ai commencé à sentir sa présence, un délicat parfum de lavande flottait dans l'air ; je reconnus cette odeur, c'était celle du parfum à la lavande de ma grand-mère.

Lentement, je tournai les yeux vers le rétroviseur en retenant mon souffle à la vue de ma grand-mère Ada, vêtue de sa robe bleue préférée, qui me souriait. Elle avait l'air en pleine forme et très sereine. Je me suis retournée pour la voir et lui tendre la main, mais elle était déjà partie.

Je me suis détournée, histoire d'absorber le choc de cette trop brève rencontre et j'ai senti mon cœur battre à tout rompre. Voir des esprits n'était pas une expérience inhabituelle pour moi, mais le fait d'avoir vu quelqu'un qui me manquait terriblement fit naître en moi des sentiments confus où se mêlaient la douleur et l'apaisement. Dans le but d'échapper à ce flot d'émotions, je décidai d'analyser la situation froidement. Laissant à mon scepticisme naturel toute la place, je convins qu'il devait s'agir d'une hallucination attribuable à ma tristesse.

Néanmoins, cette explication n'était pas satisfaisante. Si tel était le cas, alors pourquoi Joe l'avait-il vue en premier ?

Le lendemain matin, alors que j'essayais de trouver un sens aux événements de la veille, assise toute seule devant ma coiffeuse, j'éprouvai tout à coup la sensation de ne pas être seule. J'ai jeté un œil dans le miroir, j'ai parcouru la pièce du regard. Personne. Visiblement, je me trompais. Je décidai de me concentrer sur mes cheveux quand soudain, j'ai senti le souffle chaud d'une haleine sur ma nuque.

Puis, un coup assourdissant retentit dans toute la pièce, un peu comme si un coup de feu avait sifflé derrière moi ; à peu près au même moment, j'entendis la voix forte de ma grand-mère Ada qui m'appelait : « Sylvia ! ». La surprise me fit d'abord sursauter, puis immobile comme un habitant du Midwest après un violent orage, je parcourus ma chambre du regard.

Puis, je me suis précipitée hors de ma chambre et j'ai dévalé l'escalier pour y retrouver les membres de ma famille et une atmosphère de rassurante normalité. En arrivant au pied de l'escalier, mon père me lança : « Sylvia tu vas bien ? Tu es blanche comme un drap. D'où venait ce bang que nous avons entendu ? »

Je lui racontai toute l'histoire un peu plus tard et en privé, lorsque je me sentis prête à le faire. Mon récit ne sembla pas l'étonner outre mesure, pour tout dire, il semblait moins surpris que je ne l'étais, plus rien ne surprenait cet homme qui avait vécu aux côtés de deux médiums – sa belle-mère et sa propre fille – pendant des années. Il se contenta de sourire en me rappelant la promesse que grand-maman Ada avait faite quelques heures avant de mourir. Dans les trois jours suivant sa mort, elle trouverait un moyen d'entrer en contact avec moi à partir de L'AU-DELÀ, afin de me faire savoir qu'elle était arrivée à La Maison en toute sécurité.

Des années plus tard, j'ai appris que ces bruits assourdissants se nomment « rapport », ils surviennent au moment où un son aigu perce le voile qui sépare notre dimension de L'AU-DELÀ, phénomène qui s'apparente à ce qui se produit lorsqu'un avion franchit le mur du son.

Malgré le fait que ma grand-mère Ada m'avait donné des signes tangibles de son existence quelques jours après sa mort, mon deuil constitua une expérience longue et pénible. Bien entendu, j'ai connu d'autres deuils et j'ai eu du chagrin, pourtant, je pleure ces personnes parce que leur présence va me manquer et non pas parce qu'elles sont disparues. Je sais qu'elles attendent, en compagnie de Francine, mon retour à La Maison ; ce jour-là nous serons réunies dans la paix parfaite de Dieu.

Soyez tous, vous comme eux, les bienvenus dans L'AU-DELÀ.

Chapitre 3

LA MORT : LE DÉBUT DE NOTRE VOYAGE VERS L'AU-DELÀ

Nous sommes en 1987. Par un après-midi froid et gris de février, je suis à mon bureau, assise en face de Jane, une cliente. Elle vit une profonde régression hypnotique, je vois son corps se tendre soudainement et la panique déformer son visage. Sa respiration lente et régulière devient rapide et superficielle et je l'entends murmurer : « Non... oh, non... »

Je garde un ton paisible, espérant ainsi l'aider à se calmer. « Ça va, Jane. Raconte-moi simplement ce qui se passe. Que vois-tu ? »

« Il fait sombre. Je suis dans un tunnel. C'est trop étroit. Je ne peux prendre mon souffle. Je ne veux pas être ici. »

Elle pleure. J'ai vécu cela des milliers de fois avec d'autres clients et j'aimerais que ce soit plus facile, ne serait-ce qu'une fois. « Jane, regarde autour. Il y aura bientôt une lumière. Dirige-toi vers elle. Peux-tu trouver la lumière ? »

Après un bref silence, elle dit : « Oui, je peux la voir, mais j'ai tellement peur. Je veux revenir. S'il te plaît, laisse-moi revenir. » Elle se met à sangloter.

« Mets-toi en position d'observation, lui dis-je fermement. Tu n'es pas là, tu es ici, en sécurité, tu ne fais que regarder. Écoute-moi, tu es parfaitement en sécurité, mets-toi en position d'observation. »

Elle se calme quelques instants, puis soudain, elle suffoque. « Qu'est-ce qu'il y a, Jane ? Qu'est-ce qui se passe ? »

« Je me déplace rapidement. Je ne peux m'arrêter. La lumière est maintenant très éclatante, et j'y suis presque, mais c'est trop éclatant, j'ai trop peur. Pourquoi ne puis-je revenir ? »

Elle arrive à peine à reprendre son souffle. Comme je sais que le plus dur reste à venir, je lui rappelle : « Tu es seulement en position d'observation. Tu es ... »

Elle m'interrompt. « Il y a des mains qui essaient de me tirer. De drôles de mains qui me tirent... c'est trop étroit... Oh, Dieu, je suis sortie, hors du tunnel. Partout, il y a une lumière crue et éblouissante. Je ne peux ouvrir les yeux, je ne veux pas ouvrir les yeux. Il y a des mains, davantage de mains sur moi, et trop de bruit, trop fort. J'ai froid. J'ai si froid. Qui sont ces gens ? Je ne veux pas être ici. S'il te plaît, laisse-moi seulement revenir ! »

Cela la mène trop loin pour qu'elle puisse continuer. Rapidement et doucement, je la ramène de sa transe et je lui assure qu'elle éprouvera un sentiment de soulagement et de bien-être quand elle ouvrira les yeux. Elle me remercie, mais malgré tout, je sens toujours une tristesse en elle, alors qu'elle quitte mon bureau.

Une fois seule, une pensée me frappe pour la dix millième fois : je ne fais pas de l'hypnothérapie régressive seulement pour le plaisir d'en faire — pas une fois l'agonie vécue à ce moment précis de la régression n'a été profitable à mes clients. Tout se place. Je fais une promesse : plus jamais je ne mènerai un sujet d'hypnose au cauchemar de sa naissance.

Non, vous avez bien lu ce que vous venez de lire, il ne s'agit pas d'une erreur d'impression. Lors de chaque séance de régression hypnotique, ce qui causait à mes clients le plus de peur, de douleur spirituelle et de peine n'était pas de se rappeler les derniers instants de leurs vies antérieures, mais de se remémorer leur naissance dans cette vie-ci. Si, à l'instar de la plupart des gens, le caractère inéluctable de la mort vous effraie, je peux vous assurer que vous avez déjà connu un événement nettement plus traumatisant, à savoir votre naissance.

Il est vrai que je connais bien les expériences au seuil de la mort, j'ai entendu d'innombrables récits à ce sujet ; depuis plusieurs années, des collègues, des chercheurs et nombre de clients m'ont fait part de leur propre expérience. Malgré tout, il ne faudrait pas croire que ma propre expérience au seuil de la mort fut une sinécure. D'un autre côté, le fait que cette expérience corresponde presque à tout ce que j'avais entendu à son sujet en a fait pour moi un objet de fascination, un moment inoubliable qui valait la peine d'être vécu. Non pas que je vous recommande « d'essayer vous-même à la maison » ! Pourtant, je suis très heureuse de m'être souvenue de cette expérience dans ses moindres détails, puisque je peux maintenant vous l'offrir. C'est pour cette raison que je peux désormais témoigner de ce qu'est la mort, plutôt que de m'appuyer sur des ouï-dire.

Je suis « morte » à l'âge de quarante-deux ans alors que je subissais une opération tout à fait banale. Voici les étapes par lesquelles je suis passée, étapes courantes dans ce genre d'expérience :

- Le tunnel que j'ai aperçu n'a pas surgi de nulle part, il s'est élevé hors de mon corps, surgissant vraisemblablement de ma propre substance éthérée. Plutôt que de mener droit au ciel, il était « incliné » à un angle d'environ vingt degrés, confirmant que L'AU-DELÀ n'est pas un lointain paradis derrière les nuages. Il existe réellement ici et parmi nous, à seulement un mètre du sol dans une autre dimension aux vibrations plus élevées que dans la nôtre.
- Je me sentais vivante alors que j'allais par le tunnel, en fait, j'étais plus vivante que jamais. Seul mon corps,

mon véhicule terrestre pour cette vie, s'était évanoui. Je me sentais légère, libre et exaltée, pleine de cette certitude tranquille que tout allait bien, que je n'avais plus à m'en faire pour quoi que ce soit ou pour qui que ce soit. Grâce à mon tout nouveau sens de l'éternité intemporelle, je savais que j'allais retrouver les êtres qui me sont chers et que nous serions de nouveau ensemble dans un lieu où le temps paraissait absent.

- La légendaire lumière blanche m'est apparue, avec son éclat sacré et son savoir infini.
- La silhouette d'un proche se profila par la grande ouverture au bout du tunnel, ma Grand-maman Ada m'y attendait. L'ouverture était suffisamment grande pour que j'aperçoive un pré derrière elle, un pré vert couvert de fleurs comme on en voit ici-bas. Toutefois, je n'avais jamais vu des couleurs d'une telle intensité, on aurait dit qu'elles étaient mille fois plus colorées et lumineuses que les fleurs terrestres.
- De toute évidence, je vivais une expérience au seuil de la mort ; deux éléments confirmèrent mes soupçons : lorsque je portai ma main vers Grand-maman Ada, elle leva la main, mais sa paume me faisait face, geste qui me faisait signe d'arrêter. Au même moment, j'entendis la voix d'un ami resté à mon chevet, elle semblait faible et distante : « Sylvia, ne pars pas, on a tant besoin de toi. » Puis j'eus l'impression d'être tirée en arrière par un gigantesque élastique enroulé autour de ma taille et tendu à tout rompre : quelques instants avant, ma main n'était qu'à quelques centimètres de celle de Grand-maman Ada, puis en un éclair j'avais été projetée dans la lourdeur et l'exiguïté de mon corps.
- J'étais déçue d'être revenue et dans les jours qui suivirent, j'éprouvai de la colère, de la tristesse et de la frustration.

Avec le recul, je me rends bien compte que je n'aurais pu faire plus vite pour entrer dans le tunnel. Néanmoins, il n'en va pas toujours ainsi, certaines personnes aiment rôder autour de leur corps peu après l'avoir quitté ; fascinées par la nouveauté de cette perspective, elles aiment se regarder et entendre ce que les gens dans la chambre disent et font après leur « départ ». Quand vous vous trouverez au chevet d'une personne qui vient de rendre son dernier souffle, n'oubliez pas qu'elle pourrait bien être à côté de vous en train de vous épier.

Je n'insisterai jamais assez : vous n'aurez jamais l'impression d'être mort ou inconscient, de même, votre voyage dans le tunnel ne vous paraîtra nullement effrayant ou étrange. N'oubliez pas que vous l'avez déjà traversé à maintes reprises, non seulement vous avez survécu à cette expérience, mais vous avez fait le choix de revenir sur terre et de refaire un jour le voyage de retour. Et, à part quelques cas – que je commenterai brièvement – chaque adulte sur terre, peu importe sa race, sa nationalité, sa religion ou son incroyance, passera par le même tunnel afin d'atteindre la même lumière sacrée de Dieu.

J'ai réalisé des centaines de régressions avec des enfants. Ils sont des sujets formidables, puisqu'ils ont facilement accès à leurs vies antérieures et ce, même s'ils sont morts en bas âge. J'ai été fascinée d'apprendre que la plupart des enfants traversent une passerelle plutôt que de traverser un tunnel. Certaines personnes ayant fait des régressions sous hypnose l'ayant confirmé, j'ai finalement demandé à Francine pourquoi il en était ainsi. Elle m'a expliqué que le fait de se trouver soudainement dans un tunnel déstabilisait grandement les enfants, alors que la traversée d'une passerelle est réconfortante et leur semble naturelle. Ainsi, ils savent comment ils sont passés du point A au point B.

Nous avons tous entendu des sceptiques affirmer que le fait de voir nos proches au bout du tunnel, vision magnifique et réjouissante s'il en est une, n'était qu'une vision attribuable à la prise de médicaments. D'autres encore croient qu'il s'agit d'hallucinations causées par la panique. J'affirme que ces insinuations sont fausses et ce faisant, je parle au nom de ceux qui ont vécu une expérience au seuil de la mort. Une de mes amies, que j'ai vue mourir, ne serait pas d'accord elle non plus.

Elle s'appelait Shelly, je l'ai rencontrée alors que je visitais des patients en phase terminale dans un hôpital au nord de la Californie en compagnie de mon fils Christopher. Shelly en était clairement à sa dernière heure, elle était dans un état de semi-conscience. Alors que toute sa famille attristée était rassemblée autour de son lit, elle réussit à puiser dans le peu d'énergie qui lui restait pour lever les bras, on aurait dit qu'elle voulait étreindre quelqu'un, puis elle sourit et dit : « Ruth, tu es là ! »

Sur quoi, toutes les personnes présentes hochèrent la tête et se lancèrent des regards attristés. J'ai discrètement questionné le monsieur à côté de moi, je voulais comprendre ce qui se passait.

« Ruth, c'est sa sœur, m'a-t-il expliqué. Elle a essayé de se rendre jusqu'ici, mais elle est retenue au Colorado. »

Je me suis tournée vers Chris et je lui ai murmuré : « C'est ce qu'ils pensent. »

Moins d'une heure après le trépas de Shelly, la famille a reçu un appel du Colorado leur disant que Ruth était morte subitement, un peu plus tôt dans l'après-midi. Shelly savait quelque chose que le reste de la famille ignorait, elle avait appris avant tout le monde que Ruth n'était pas retenue au Colorado, mais qu'elle était en sécurité dans L'AU-DELÀ, prête à accueillir sa sœur à La Maison.

LE CORDON D'ARGENT

Avancer dans un tunnel en direction de la lumière n'est pas là le seul point commun entre la naissance et la mort qui soit digne de mention. Il y a aussi le cordon qui nous nourrit et nous rattache à notre source tout au long de ces étapes. Le cordon ombilical ressemble beaucoup au cordon d'argent, il prend racine sous notre sternum. Il a pour fonction de nourrir nos esprits de la force de vie de l'amour Divin et de nous garder en contact avec L'AU-DELÀ durant nos brefs périples hors de La Maison.

Au fil de mes études exhaustives concernant les croyances et les religions du monde entier, j'ai pu constater qu'on parlait souvent du cordon d'argent, comme dans cet extrait de l'Ecclésiaste, 12.6-7 : « Alors le fil d'argent de la vie se détache... et l'esprit s'en retourne à Dieu qui l'avait donné. » Pourtant, cette citation m'a longtemps semblé par trop mystique et improuvable pour me toucher véritablement. Même après que Francine m'eut assurée de sa véracité, je n'y croyais guère. Comme je l'ai déjà dit, je ne peux croire jusqu'à ce que je voie de mes propres yeux, sinon, je réserve mon jugement.

Puis, un jour, j'ai vu le cordon d'argent de mes propres yeux, et j'ai dû admettre pour la millième fois que Francine avait encore raison.

J'étais étendue sur le sol, en pleine méditation, bercée par une musique de yoga tantrique très inspirante et expressive, lorsque je me suis soudainement aperçue que je faisais un voyage astral : j'avais quitté mon corps et je flottais autour du salon.

Permettez-moi une petite digression concernant les voyages astraux et les projections : je n'aime pas ça, et je n'ai jamais aimé ça. Voilà. Intellectuellement, je sais que c'est un moyen très efficace de visiter les personnes et les lieux que nous aimons, sur terre comme dans L'AU-DELÀ, sans pour autant que le corps n'ait à se déplacer. Je sais aussi qu'il nous est possible d'en revenir dès que nous le souhaitons, sans compter qu'il est rigoureusement impossible de se perdre là-bas et d'être forcé à une dérive éternelle. Malgré tout, je n'aime pas ces expériences d'un point de vue émotif, j'ai l'impression de ne pas être en contrôle, et je déteste ça. De toute évidence, je n'ai pas de goût pour la projection astrale, en revanche ma Grand-maman Ada, mon fils Christopher et ma petite-fille Angelia apprécient cette expérience.

Christopher semble avoir appris la projection astrale en même temps qu'il a appris à marcher. À ce moment, nous avions un gros tapis de laine dans notre maison. Je ne peux compter le nombre de fois où il m'a semblé un peu trop « tranquille » alors qu'il était assis sans bouger à mes côtés. Bien que son corps n'eût pas bougé, on pouvait voir des petites traces de pas sur le tapis, selon toute vraisemblance, son esprit se baladait juste pour le plaisir de la chose. Un sévère « Chris, reviens ici ! » me suffisait, et il revenait. Il me regardait ensuite innocemment avec un petit sourire qui disait « Qui ? Moi ? Je suis juste assis ici. »

À notre connaissance, le premier voyage astral d'Angelia eut lieu quand elle avait trois ans. Chris, sa femme Gina et moi l'avions un soir bordée comme à l'habitude. Il y avait un ballon près de son lit, un vieux ballon d'anniversaire. Angelia semblait dormir et nous sommes tous les trois sortis de sa chambre sur la pointe des pieds. Au début, nous trouvions curieux que le ballon nous suive pas à pas, nous nous disions que son mouvement était le fait d'un simple courant d'air. Bientôt, l'hypothèse d'un courant d'air se révéla inadéquate ; il fallait voir ce ballon suivre Chris jusqu'à la cuisine, au réfrigérateur, au garde-manger et au lavabo, marquant une pause lorsqu'il s'arrêtait et le poursuivant lorsqu'il se déplaçait. Néanmoins, nous étions incrédules, aussi Chris se mit-il à marcher à travers la maison, tournant les coins très brusquement, montant l'escalier à moitié puis le descendant, entrant soudainement dans les pièces pour en ressortir aussitôt. Malgré tous ces déplacements, le ballon ne le quittait jamais. Enfin, une explication plausible m'apparut, je dis à Chris et à Gina : « Venez avec moi ». C'est ainsi que tous les quatre, Chris, Gina, moi et notre nouveau ballon familier, nous nous sommes dirigés vers la chambre d'Angelia. Je me suis assise près d'elle sur son lit et je lui ai murmuré : « Angelia, qu'est-ce que tu fais ? » Elle répondit en gloussant : « Je poursuis papa » Pardonnez-moi cette autre digression, mais j'adore cette histoire.

J'étais en plein voyage astral, je flottais dans mon salon dans un état de méditation tantrique qui s'avéra plus profond que prévu. J'avais l'intention de retourner vers mon corps immédiatement, mais j'ai vu quelque chose qui attira mon attention. Pour la première et la seule fois de ma vie, je vis un mince fil d'argent comme une fibre de soie qui s'élevait au-dessus de mon plexus solaire en une traînée scintillante qui disparaissait quelques mètres plus loin dans la subtilité de l'air de sa dimension d'origine. Il était splendide, tellement réel ; je voulais que quelqu'un d'autre puisse en témoigner. Mon mari était en train de lire assis sur une chaise tout près de moi, mais j'avais beau essayer d'attirer son attention en déplaçant les chenets dans l'âtre, mon pied n'était qu'un pied d'esprit, et il passait au travers. J'étais très excitée quand je suis revenue dans mon corps. Je me suis levée et je lui ai demandé : « As-tu vu ça ? »

« Vu quoi ? » répondit-il.

Remarquez qu'il se demande encore pourquoi notre mariage n'a pas fonctionné.

Je n'ai pas aperçu mon cordon d'argent quand j'étais dans le tunnel et que j'allais vers Grand-maman Ada, mais peut-être étais-je trop distraite pour le remarquer. Quelques clients m'ont raconté avoir aperçu le leur en allant à La Maison, et maintenant que je sais que le cordon d'argent existe, j'aimerais l'avoir aperçu moi aussi. Si vous doutez encore du fait que nous sommes connectés à L'AU-DELÀ par un cordon d'argent, je n'y peux rien et je suis mal placée pour vous faire des reproches. Je tiens seulement à vous assurer du fait que j'ai été témoin de son existence, je l'ai vu, il existe, et je me sens bénie de ce privilège.

Un peu plus haut, je vous ai dit qu'il y avait des exceptions quant au voyage de l'esprit au moment de la mort du corps. Examinons-les maintenant, puisque ce sujet touche de près à certaines questions que l'on me pose fréquemment, des questions que je me suis inlassablement posées jusqu'à ce que j'en trouve les réponses. Tout d'abord, il est important de se rappeler que chacune de ces exceptions tient du choix des individus et non de Dieu. Et même si elles sont peu nombreuses, elles surviennent trop souvent pour qu'on les ignore.

La première exception, c'est le voyage qui crée des esprits enchaînés à la terre, mieux connus sous le nom de « fantômes ».

LES FANTÔMES

Un fantôme est créé lorsqu'un esprit n'entre pas dans le tunnel au moment de sa mort. Il se peut qu'il ait vu le tunnel, mais qu'il s'en détourne ou encore qu'il refuse d'admettre son existence. Ces deux situations font que l'esprit reste enfermé, hors de son corps, entre notre dimension et la dimension de L'AU-DELÀ.

Rejeter le tunnel et se priver du voyage naturel vers L'AU-DELÀ crée une illusion partagée par tous les fantômes : ils n'ont pas conscience d'être morts. Peu importe la violence et la brutalité de leur décès, en ce qui les concerne, rien n'a changé sauf que soudainement le monde en général semble les traiter comme s'ils n'existaient plus. Bien entendu, au mieux, cela les trouble et au pire, cela les met carrément en colère. Comme je l'ai dit précédemment, quand je suis « morte », n'eut été du tunnel, moi non plus je n'aurais jamais su que j'étais morte, aussi puis-je vraiment compatir.

Imaginez que vous vous réveilliez chez vous demain matin et que, juste avant d'aller vaquer à vos occupations, une famille d'inconnus arrive avec ses affaires et s'installe dans votre demeure. Vous vous postez en face d'eux, vous demandez ce qu'ils font là, vous menacez d'appeler la police s'ils ne partent pas immédiatement. Non seulement ne vous prêtent-ils aucune attention, mais, de temps en temps, ils passent aussi à travers votre corps comme si vous n'étiez pas là. Éventuellement, si vous avez une bonne nature, vous vous résignerez et vous cohabiterez pacifiquement avec ces personnes. Sinon, vous pourriez faire autant de tumulte que possible afin de chasser ces effrontés hors de votre maison. Si vous n'avez jamais pensé que vous étiez une personne étrange auparavant, vous risquez de changer rapidement d'opinion sur vous-même. Tout ça pour dire que les fantômes méritent plus de compassion que de frayeur.

Comme ils sont partiellement dans notre monde, les fantômes sont plus faciles à voir et à entendre que les esprits qui ont fait la transition vers L'AU-DELÀ et qui doivent changer de dimension pour se matérialiser. J'ai étudié plusieurs cas d'apparition au cours des quarante dernières années, et j'ai discuté de la question avec plusieurs fantômes. J'ai présenté les résultats de mon travail sur les apparitions dans mon livre *The Other Side and Back*, c'est pourquoi je me contenterai d'exposer ici quelques cas parmi les plus marquants. Ajoutons que de graves raisons peuvent justifier que les fantômes refusent d'avancer dans le tunnel : la passion (amour ou haine) et la peur.

- Un siècle avant de découvrir qu'il est possible de soigner les maladies mentales, une femme nommée Coleman enferma son mari devenu fou dans le sous-sol de la maison afin qu'il soit en sécurité. Elle s'est occupée de lui avec beaucoup d'amour et de tendresse jusqu'à ce qu'il meure. Elle est morte peu de temps après. Plutôt que de faire comme son mari et de passer immédiatement dans L'AU-DELÀ, elle a choisi de rester dans sa maison parce qu'elle croyait que son mari y demeurait toujours et qu'il avait besoin d'elle.

- Il est rare que les suicides par vengeance incitent l'esprit décédé à garder un lien avec la terre (nous étudierons plus avant cette question dans un chapitre ultérieur sur les suicides) mais disons que ces cas sont possibles. Le beau-père hargneux d'une de mes clientes s'est délibérément étendu sur le lit, du côté préféré de sa femme, et s'est tiré une balle dans la cervelle, en sachant que sa femme et sa belle-fille, qui s'en venaient à la maison, le trouveraient mort. Sa passion du contrôle et de l'intimidation l'ont gardé dans la maison durant des mois, pendant lesquels il effrayait et menaçait sa belle-fille pendant son sommeil (elle a longtemps cru qu'elle faisait des cauchemars) jusqu'à ce que son père biologique intervienne à partir de L'AU-DELÀ pour le tirer de cette dimension.

- Plusieurs membres d'une famille que j'ai rencontrée au Montel William Show ont vu pendant plusieurs années de nombreux « inconnus » dans la maison et aux alentours. Parmi ces personnes se trouvait un homme en habit de travail qui semblait entretenir la cour ainsi qu'une petite femme, plus vieille, vêtue d'une simple robe noire et coiffée d'un chapeau tel qu'en portent les Amish. Ces « inconnus » apparaissaient et disparaissaient au hasard, sans jamais reconnaître les occupants de la maison et, bien qu'ils n'aient jamais semblé menaçants, leur présence dérangeait cette famille. Je leur ai assuré que les « inconnus » ne leur voulaient aucun mal, qu'il s'agissait d'un certain Henri Beard et de sa mère et qu'ils accomplissaient simplement leurs travaux domestiques sur leur terre. Ils ne savaient pas qu'ils étaient morts depuis des décennies. Après la pause publicitaire qui suivit, un des producteurs de Montel me surprit en ondes en annonçant qu'ils avaient fait des appels et qu'ils pouvaient confirmer que, au début des années 1900, une famille importante du nom de Beard possédait la grande partie du comté où les invités de Montel vivaient.

- Une autre apparition que j'ai examinée grâce à Montel se déroulait dans la maison d'un jeune couple adorable qui avait un jeune fils. Ils entendaient constamment l'écho d'un bruit de pas dans leur grenier, des tapotements et, quelquefois, le pas plus léger d'un enfant. La télévision s'allumait et s'éteignait toute seule et changeait de volume sans qu'on y touche. La mère sentait une présence derrière elle lorsqu'elle était dans la chambre du bébé, celui-ci s'arrêtait parfois de pleurer alors qu'il faisait une crise quelques instants plus tôt. Il fixait un point invisible, puis il se mettait alors à glousser gaiement. Nous apprîmes finalement que le terrain sur lequel la maison était construite avait déjà appartenu à Isaac et à Martha Kingsley ainsi qu'à leurs fils Joshua et Aaron, en 1881. Leur maison avait brûlé, et toute la famille était morte. Isaac et Joshua sont parvenus sans encombre dans L'AU-DELÀ, mais Martha, elle, cherchait toujours Aaron et pleurait la perte de son mari et de son fils cadet. Aaron était toujours là, lui aussi, cherchant le chemin menant à La Maison. J'ai aidé Aaron à se rendre jusqu'à la lumière, il est maintenant avec Isaac et Joshua. Quant à Martha, elle reste convaincue qu'elle et Aaron sont toujours vivants, elle s'accroche encore à cette idée et cherche désespérément son fils aîné.

De toute évidence, il arrive parfois qu'un esprit rejette le tunnel par attachement pour une maison ou pour tout autre lieu significatif, théâtre d'une histoire familiale ou d'une grande passion. Toutefois, jamais je n'ai rencontré de fantôme qui soit resté par attachement pour une voiture, pour des bijoux ou pour un vêtement griffé. C'est une belle leçon en perspective : quand nous quittons notre corps, les choses matérielles que nous avons accumulées deviennent dérisoirement insignifiantes.

Que cela prenne une année ou des centaines d'années, les fantômes finissent par se tourner vers le tunnel et la lumière de L'AU-DELÀ. Le plus difficile, c'est encore de les convaincre qu'ils sont morts. Une fois, alors que j'expliquais, avec calme et logique, à un fantôme particulièrement obstiné, le déroulement exact de sa mort de même que les signes démontrant hors de tout doute qu'elle était morte (y compris le fait qu'elle n'avait pas parlé à personne depuis des années, j'étais la première personne qui puisse la voir et l'entendre), elle me lança un regard furieux et dit : « Alors comment puis-je être certaine que tu *n'es pas* morte ? » Ma première réaction en fut une de défense : « Parce que je suis manifestement vivante, idiote. » J'ai fini par me rendre compte que c'est exactement ainsi qu'elle et les autres fantômes se sentaient quand quelqu'un leur disait : « Pardonne-moi, mais tu es morte. » Aussi lui ai-je simplement répondu : « Bonne question » et j'ai changé de sujet.

À ce propos, n'oubliez pas que si vous croyez que vous ou vos enfants voyez des fantômes et des esprits, il existe un truc simple pour vous assurer de la validité de vos perceptions. Lorsque mon fils Chris était enfant, il voyait et jouait souvent avec des esprits et des anges, y compris le Guide Spirituel Charlie. Comme j'ai vécu des expériences semblables dans mon enfance, ça ne me dérangeait pas tellement. (Voilà une bonne occasion pour moi de vous inciter à être attentif envers vos enfants et à leur poser des questions lorsqu'ils vous parlent de leurs « amis imaginaires ». Ces amis ne sont peut-être pas du tout imaginaires). Un de ses amis « esprit » était un petit garçon qui s'appelait Joey et qui semblait avoir vraiment touché son cœur. Un jour j'ai demandé à Chris de me parler de Joey et, au fil de la discussion, il m'a dit : « Maman, Joey est tout brûlé ». Ce jour-là, j'en ai profité pour lui expliquer ce que sont les fantômes et à quel point il est important de les aimer assez pour les amener à rentrer à La Maison et ce, même s'ils risquent de nous manquer cruellement. Mais direz-vous, comment ai-je fait pour déduire de ces quelques paroles de mon fils que Joey était un fantôme ? Je vous explique : s'il avait été un esprit de L'AU-DELÀ, il n'aurait pu porter de traces de blessure ou de brûlure. Heureusement, Chris et moi avons réussi à influencer Joey pour qu'il entre paisiblement dans la lumière ; mon fils le comprenait et l'aimait assez pour éprouver de la joie en lui disant au revoir.

Néanmoins, et c'est un soulagement pour nous, cette tâche qui consiste à convaincre les âmes captives à reconnaître le tunnel et à se tourner vers lui n'incombe pas qu'aux humains. Les esprits de L'AU-DELÀ sont très attentifs aux fantômes et ils interviennent constamment auprès d'eux avec une grande compassion et ce, aussi longtemps qu'il le faut pour bien les guider jusqu'à La Maison.

Rappelons à ce propos qu'aucun esprit ne reste éternellement en exil de L'AU-DELÀ, peu importe les efforts qu'il déploie pour s'en éloigner. Certains esprits (le deuxième cas d'exception) choisissent de se détourner de Dieu et, dépourvus de sa lumière d'amour, vivent dans Le Monde des Ténèbres.

Le Monde des Ténèbres est le monde de tous les inadaptés amoraux qui ne connaissent pas le remords et qui ne donnent de valeur à aucune vie sauf à la leur. Ils voient le reste de l'humanité comme une vaste salle de jeu remplie de biens matériels avec lesquels ils ne se privent pas de jouer. Ils les emploient et les manipulent et, d'une manière ou d'une autre, ils finissent par les détruire. Leur destructivité peut prendre la forme du meurtre ou elle peut emprunter un masque plus insidieux, celui des sévices physiques, émotionnels ou mentaux.

Toutefois, les Ténèbres ont besoin d'anéantir la lumière pour survivre, de sorte que Le Monde des Ténèbres se croit permis de provoquer n'importe quelle destruction. Le Monde des Ténèbres se compose de tous les criminels, aux yeux de la loi ou de la simple décence sociale, qui ne peuvent être réhabilités. La *ré*habilitation implique qu'au départ la personne était habilitée d'une manière ou d'une autre ou qu'elle avait déjà une conscience sociale. Toutefois, au sein du Monde des Ténèbres, on ne retrouve pas ces personnes.

Le Monde des Ténèbres ne comprend pas tous ceux qui souffrent d'une maladie mentale ou d'un déséquilibre chimique hors de leur contrôle et impossible à traiter. Les gens qui vivent à l'ombre du Monde des Ténèbres pourraient prétendre qu'ils sont atteints d'une quelconque maladie mentale afin d'éviter les conséquences de leur comportement, mais, contrairement au malade mental, leurs meilleures comme leurs pires actions sont le fruit de choix conscients et calculés. Ces personnes sont tout à fait capables de faire la distinction entre le bien et le mal. De temps en temps elles peuvent même poser un geste louable, conscientes des bénéfices qu'elles peuvent en tirer. Lorsqu'elles font quelque chose de mal, elles savent toujours mesurer le mal qu'elles ont fait, seulement elles s'en fichent.

Ce serait fantastique si Le Monde des Ténèbres était clairement identifié, par exemple si les esprits qui s'y trouvent portaient des costumes uniformes les identifiant ou s'ils naissaient avec des cornes et une petite fourche. Malheureusement, ces personnes sont partout et elles ressemblent à tout le monde. Elles peuvent faire partie de votre vie, que ce soit en tant que parent, enfant, frère ou sœur, épouse, patron, ami, amant ou même en tant que personnalité politique, religieuse ou spirituelle qui semble avoir à cœur le bien de l'humanité. Les gens du Monde des Ténèbres peuvent feindre d'être les amis les plus intimes de Dieu s'ils pensent que cela peut vous désarmer.

La vérité, toutefois, c'est que Le Monde des Ténèbres rejette totalement Dieu afin d'éviter que son amour constant et inconditionnel ne le touche. C'est sans aucun doute l'amour non partagé le plus tragique, et qui plus est, celui dont les conséquences se révèlent les plus tragiques et les plus persistantes.

LA PORTE GAUCHE

Lorsqu'un membre du Monde des Ténèbres meurt, son esprit ne rencontre pas le tunnel ni la lumière sacrée qui est au bout de celui-ci. Il entre directement par La Porte Gauche de L'AU-DELÀ ou, comme l'appelle ma petite-fille Angelia, au Mauvais Paradis. Je sais que cela implique logiquement que nous devrions voir deux portes lorsque nous arrivons dans L'AU-DELÀ. En poursuivant cette logique, nous devrions aussi avoir à choisir entre celle de droite et celle de gauche. De fait, il est extrêmement rare que l'on soit conscient de voir deux portes, et cela n'arrive jamais à quelqu'un qui se dirige vers La Porte Droite. Il n'y a aucun risque qu'un esprit emprunte la mauvaise porte par accident et arrive là où il ne devrait pas être. Nous sommes, pour la plupart d'entre nous, projetés tout droit vers notre juste destination, sans avoir conscience des portes.

De l'autre côté de La Porte Gauche, il y a un abîme d'une tristesse dévorante, ténébreux, sans Dieu et vide ; un néant qui noie tout. Les seuls habitants de cet abîme sont des êtres sans visage, enveloppés dans une cape. Plusieurs personnages qui ont hanté l'imaginaire artistique, littéraire et historique, dont l'archétype de la Faucheuse, s'inspirent directement de ces êtres. Ils n'agissent pas comme des Guides Spirituels des Ténèbres ou comme des anges vengeurs. Ils œuvrent plutôt comme un Concile qui surveille le cheminement des âmes qui semblent se diriger vers eux.

Dans l'abîme qui se déploie derrière La Porte Gauche, la présence des âmes est très brève. Il n'en est pas ainsi dans L'AU-DELÀ, puisque les âmes peuvent choisir de repartir tout de suite ou encore d'attendre avant de se réincarner. Les esprits de La Porte Gauche qui meurent vont directement de leur corps à travers les Ténèbres, ils sont seuls puisqu'ils ont choisi de ne pas être avec Dieu. Puis, ils sont à nouveau projetés dans un utérus, suivant un périple en boomerang qu'ils s'infligent eux-mêmes et qui les laisse aussi ténébreux à la naissance qu'ils l'étaient à leur mort. Prenons Hitler pour parfait représentant du Monde des Ténèbres : au moment où il est mort, son esprit est passé par la Porte Gauche et est entré dans le sein d'une femme qui ne se doutait de rien. La pauvre femme se demande peut-être encore en quoi elle a échoué dans l'éducation de son fils, alors qu'en vérité, le noir destin de son enfant était déterminé bien avant sa naissance. Ainsi, s'il y a quelqu'un du Monde des Ténèbres dans votre entourage et que vous croyez pouvoir changer pour le mieux, avec amour et patience, n'oubliez pas que vous êtes en face d'un processus qui vous dépasse, à savoir un cycle perpétuel qui empêche tout progrès spirituel ; c'est là un combat perdu d'avance.

Tout esprit vivant, y compris ceux du Monde des Ténèbres, est un enfant de Dieu et aimé par Lui inconditionnellement et ce, que cet amour soit mutuel ou pas. Et Dieu ne permet pas qu'un de ses enfants soit condamné au cycle des Ténèbres pour l'éternité. De même que les esprits de L'AU-DELÀ parviennent parfois à ramener des fantômes à La Maison, il arrive aussi que leurs gestes de courage et de compassion leur permettent, au bout de quelques centaines d'années, d'empêcher un Esprit des Ténèbres d'atteindre La Porte Gauche. Ils les enveloppent alors dans la paix curative de la lumière de Dieu, lumière à laquelle ils appartiennent.

En tant que médium, mais aussi en tant qu'être humain, je peux difficilement dire à quel point j'étais soulagée lorsque j'ai finalement su toute la vérité sur le périple que font les êtres des Ténèbres de La Porte Gauche pour les mener à nouveau dans un utérus. Cette explication répondait à plusieurs de mes interrogations. Ainsi, j'ai pu comprendre un phénomène qui m'intriguait depuis longtemps. Autour de la plupart des gens, je peux voir une foule d'esprits de L'AU-DELÀ : des personnes aimées et disparues, des Guides Spirituels et des anges. Mais de temps en temps j'apercevais une personne qui ne semblait pas accompagnée d'esprits de L'AU-DELÀ, qui semblait ne pas avoir droit à leur réconfort aimable et précieux ni à l'espoir qui sans cesse entoure la plupart d'entre nous et ce, que nous en profitions ou pas. Auparavant je me demandais si je n'avais pas – pardonnez-moi l'expression – un problème de « vision ». Maintenant je sais qu'il existe une raison logique expliquant pourquoi certaines personnes ne sont pas entourées d'une équipe de L'AU-DELÀ : ces personnes solitaires sont des entités des Ténèbres qui, de leur propre chef, ont choisi de s'en aller ailleurs durant le bref moment qui sépare leurs deux vies. Elles en paient aussi l'horrible prix spirituel.

En ma qualité d'être humain, j'avoue que j'ai éprouvé beaucoup de réconfort dans la vérité du cycle des Esprits des Ténèbres et ce, de deux façons bien différentes. D'une part, je savais que le Dieu parfait en lequel j'avais foi n'aurait jamais pu être assez méchant ou vengeur pour écarter éternellement l'un de Ses enfants de sa divine présence. D'autre part, je ne pouvais me faire à l'idée que moi et Hitler, qui tous deux sommes, ce que j'appellerais poliment des pôles opposés en ce qui regarde la sainteté de l'humanité, finirions par être embrassés par L'AU-DELÀ, comme s'il n'y avait aucune différence entre mon âme et celle de ce monstre auteur d'un génocide. Maintenant je sais qu'il y a une importante différence entre lui et moi. En effet, Hitler franchira la Porte Gauche durant d'innombrables incarnations tandis que la plupart d'entre nous irons vers L'AU-DELÀ. Hitler a orgueilleusement tourné le dos à un Dieu, pourtant Dieu n'a cessé de l'aimer, et il ne cessera jamais. Il s'agit là d'un fait que la plupart d'entre nous trouvons tout aussi inconcevable d'un point de vue spirituel que l'existence de l'homme lui-même.

L'ESPLANADE DE L'ATTENTE

Le mythe qui veut que ceux et celles qui se suicident sont condamnés à la damnation éternelle est cruel. En général, le suicide témoigne d'une rupture de contact avec Dieu. Les suicides motivés par la lâcheté, par un insatiable besoin d'attention ou par une vengeance méchante du genre « je vais te montrer », surtout quand on implique de quelque façon des enfants, assurent un voyage par la Porte Gauche jusque dans l'utérus, sans aucune paix entre les deux vies, ou encore ils laissent le suicidé enchaîné à la terre, enfermé dans les conséquences des cauchemars qu'il inflige à ceux qu'il a quittés.

Toutefois, les personnes qui se suicident en raison d'une maladie mentale, d'un déséquilibre chimique non traité ou d'un sentiment de désespoir profond et paralysant peuvent suivre d'autres voies.

Il y a des suicidés qui traversent en toute sécurité le tunnel et accèdent à la joie de L'AU-DELÀ.

Et il y a aussi L'Esplanade de L'Attente.

L'Esplanade de L'Attente ressemble à une antichambre précédant l'obscurité sans Dieu de la Porte Gauche : elle en est séparée mais elle est trop près d'elle pour être isolée de sa négativité perverse. Les habitants de L'Esplanade de L'Attente sont ceux qui ont le cœur brisé, les suicidés qui ont brisé le cœur de leurs proches et les autres esprits qui ont passé leur vie sur terre dans cette vaste zone grise entre Le Monde des Ténèbres et la divine lumière de Dieu. Leurs comportements et leurs attitudes, tant en regard d'eux-mêmes qu'envers le reste de l'humanité, sont à l'image de leur foi confuse et de leur relation trouble avec Dieu. Les âmes désolées qui se trouvent à L'Esplanade de L'Attente peuvent encore choisir entre la Porte Gauche qui mène à une régression immédiate dans une autre incarnation et L'AU-DELÀ. Comme toujours, leur relation à Dieu fait foi de leur décision.

Plus on sait, plus il reste à savoir, c'est un fait. Ainsi, je ne crains pas d'avouer que j'ai connu L'Esplanade de L'Attente il y a un an, à la suite d'un voyage astral que j'ai fait pendant mon sommeil. Je ne savais pas où j'étais, mais je savais que j'étais entourée d'une mer d'esprits égarés qui avaient perdu la foi à cause du chaos morne d'un profond désespoir. Ils ne disaient mot et se mêlaient lentement, sans direction, la tête baissée, les yeux sans vie et secs, d'un chagrin plus profond que les larmes. Il n'y avait pas d'enfant, les plus jeunes étant adolescents, ils se déplaçaient dans un silence gris, un silence tellement chargé de désillusions qu'il m'a fallu des jours pour me remettre des quelques minutes passées en leur présence.

Je n'avais aucune idée du lieu où j'étais ou de l'identité de ces personnes tragiques, mais soudain, sous le coup de l'impulsion, je me mis à courir parmi elles, presque paniquée, je les étreignis en leur disant : « Dites que vous aimez Dieu. S'il vous plaît, vous n'avez qu'à dire que vous l'aimez et vous sortirez d'ici ». Personne ne me répondit ou ne me regarda. Mis à part le son de ma voix, le silence était écrasant.

Au loin, par-delà cette esplanade, j'aperçus une entrée dont la seule vision me terrifia. Je ne pouvais pas voir ce qu'il y avait derrière. Aussi curieuse que je sois, rien au monde n'aurait pu me convaincre d'essayer. Il s'agissait de la Porte Gauche, personne ne pouvait imaginer avec précision l'énormité du cycle noir, froid et vide sur lequel elle s'ouvrait.

J'aurais fait n'importe quoi pour empêcher que les esprits qui m'entourent n'aillent par cette entrée, aussi suis-je devenue plus frénétique, les suppliant : « S'il vous plaît, écoutez-moi, vous devez dire que vous aimez Dieu ! »

C'est Francine qui m'a appris que j'avais été à L'Esplanade de L'Attente. Je lui ai demandé pourquoi elle ne m'en avait jamais parlé, elle m'a répondu la même chose qu'à mille autres de mes questions : « Je ne te donne les réponses que quand tu me poses les questions ». Elle et d'autres esprits de L'AU-DELÀ m'ont vue y aller, et ils savaient que tout irait bien ; ils veillaient attentivement à ce que j'en revienne sans problème. Elle m'a parlé du désespoir confus qui mène certains esprits à L'Esplanade de L'Attente et m'a confirmé que c'était là le véritable purgatoire dont j'avais entendu parler, durant mon enfance, à l'école catholique. J'étais à la fois triste et soulagée d'apprendre que trois des esprits avec lesquels j'avais parlé étaient finalement parvenus à trouver la force d'embrasser Dieu et étaient entrés dans L'AU-DELÀ. J'étais soulagée d'apprendre que trois d'entre eux étaient retournés à La Maison, mais j'étais triste qu'il y ait encore tant d'esprits prisonniers de ce vide gris, dangereusement proche de l'abîme de la Porte Gauche.

Depuis ce jour, je prie quotidiennement pour ces esprits perdus. J'ai demandé aux pasteurs et aux membres de mon église de prier pour eux, et je vous le demande aussi. Le désespoir auquel ils font face est trop implacable pour qu'ils puissent le surmonter seuls, mais ensemble nous pouvons les libérer et éclairer leur chemin vers la joie et l'amour de L'AU-

DELÀ, toutes choses qu'ils ne peuvent tout simplement pas voir.

Je vous demande aussi de vous épargner un peu la vaine pression des affres du chagrin et du désarroi qui vous assaillent lorsqu'un de vos proches meurt, et je le dis en tout respect pour les rituels funéraires observés à chaque coin du globe. Peu importe vos obligations rituelles envers le défunt, quels que soient votre peine et vos adieux, le plus important est de réconforter, de respecter et d'aider ceux qui sont dans le deuil. L'esprit de la personne décédée est déjà ailleurs ; elle ne se soucie pas de la taille de sa pierre tombale ni de voir sa tombe ou les vêtements que portent ceux qui viennent aux funérailles, je vous le jure. J'ai parlé avec des milliers et des milliers d'esprits, et jamais *aucun* ne m'a demandé : « Qu'est-ce qu'oncle Robert et tante Rosemarie faisaient au premier banc, après la dispute que nous avons eue la dernière fois ? » ou : « Quel radin a bien pu choisir ce cercueil ? ».

Les personnes décédées ne se servent plus de leur corps ou des biens matériels qu'ils ont aimés sur terre. Ce dont elles se soucient, et elles sont bien placées pour comprendre parfaitement L'AU-DELÀ, c'est du bien-être de ceux qu'elles ont aimés et de ceux qui les ont aimées. À de rares occasions, elles font irruption à leurs propres funérailles ou à leur enterrement, non pour voir les fleurs ou apprécier la taille de la foule ou le nombre de compliments dans les oraisons, mais pour visiter leurs proches. Néanmoins, les esprits des défunts doivent accomplir leur propre transition et ils se sentent profondément déchirés en voyant leurs proches aux prises avec une telle douleur. Aussi, plus joyeux et festif sera le service funéraire, plus facilement le défunt trouvera la paix.

Il faut choisir entre enterrer, incinérer, momifier, lyophiliser le corps ou le jeter par-dessus la clôture du jardin en se fiant strictement à l'opinion des proches laissés dans le deuil. Ce qu'on fait du corps du défunt n'influe pas sur le voyage de l'esprit, une fois que celui-ci a évacué le véhicule qui le portait sur terre. Quelles que soient vos croyances, il vous faut les respecter – comme il faut respecter les sentiments de ceux qui ne pourront plus avoir accès au corps du défunt. Si vous êtes convaincu que seuls ceux dont le corps a été « correctement » rendu à la terre iront à La Maison de Dieu, vous oubliez les enfants kidnappés dont le corps n'a pas été retrouvé, les soldats qui sont morts au combat à l'étranger et dont le corps reste introuvable et les corps dans les morgues qu'il faut encore identifier pour ramener à leurs familles. Toutes ces personnes ont autant droit à la paix de L'AU-DELÀ que vous et moi, et nous les verrons là-bas même si elles n'ont pas été « correctement » rendues à la terre. Rappelez-vous que Dieu n'exclut, ne discrimine jamais ; aussi comment pourrions-nous, même avec de bonnes intentions, exclure ou discriminer ?

Par ailleurs, tout cela demeure valable dans les cas où, pour une raison ou pour une autre, il est d'une utilité quelconque d'exhumer le corps d'un proche. Celui que vous aimiez profite déjà d'une paix que rien ne peut déranger, alors je vous prie de ne pas vous en faire avec la décision à prendre et de ne pas regretter de ne pas avoir agi dans les intérêts du défunt. Généralement, l'exhumation apporte des réponses à des questions importantes, et ces réponses valent bien plus, en bout de ligne, qu'une tombe intacte que le corps du défunt n'a peut-être jamais occupée.

Ainsi, la mort n'est que le début d'une nouvelle vie, et le tunnel n'est que le véhicule qui nous y mène. Sur ces propos, je clos cette partie de ma présentation de L'AU-DELÀ. Il nous faut aller plus loin, et voir ce qui se passe une fois que nous avons franchi le tunnel. Sans quoi, j'aurais l'impression de vous laisser en plan, ce serait un peu comme si vous vous apprêtiez à faire une réservation pour un voyage fabuleux vers une destination exquise sans jamais demander à votre agent de voyage ce qui vous attendra lorsque vous descendrez de l'avion.

Chapitre 4

AU BOUT DU TUNNEL : L'ARRIVÉE DANS L'AU-DELÀ

Maintenant que nous savons comment et pourquoi la plupart d'entre nous traversons le tunnel vers cette dimension toute proche de la nôtre que l'on appelle L'AU-DELÀ, nous pouvons entrer dans L'AU-DELÀ lui-même et découvrir ce qui se passe une fois que nous y sommes. Contrairement à ce qui a été souvent écrit sur la question, nous ne sommes pas expulsés du tunnel en plein vol pour retomber au beau milieu d'un ciel ouaté, pas plus que nous nous voyons dotés d'une paire d'ailes ou que nous entendons une musique de harpe pour le reste de l'éternité. Nous avons une vie là-bas, une vraie vie dans tout ce qu'elle a de plus stimulant, notre existence dans L'AU-DELÀ est amusante et gratifiante. En somme, le passage dans le tunnel marque le début de cette nouvelle vie pleine de promesses.

Les retrouvailles comptent parmi les expériences les plus merveilleuses qui nous soient données de vivre. Gardez toujours à l'esprit que nous n'arrivons pas dans un monde étrange et inconnu, nous retournons à La Maison et cette Maison n'est rien d'autre que notre dimension d'origine. Là-bas, nous retrouvons les esprits que nous avons connus, aimés et dont nous regrettions la présence. Il peut s'agir des personnes que nous avons rencontrées dans la vie que nous venons tout juste de quitter, mais aussi de celles que nous fréquentions dans une de nos autres vies ou encore dans L'AU-DELÀ.

Les esprits qui sont à La Maison sont avertis de notre arrivée. Francine m'a dit à ce propos que, peu avant notre départ, notre lumière vacille. Cette « lumière » dont Francine parle n'est rien d'autre que la lumière de Dieu que chacun de nous porte en soi. Elle joue en quelque sorte le rôle d'une « veilleuse », elle maintient l'illumination de notre âme ou si l'on veut, de notre « flambeau éternel ». Si quelqu'un vient me voir pour savoir si un être cher a des chances de s'en sortir, Francine est en mesure de me le dire. Elle est capable de voir si la lumière de l'être aimé vacille. Non seulement cette lumière est-elle visible pour le monde des esprits mais les esprits savent s'il s'agit de la lumière d'un de leurs proches. Les esprits ne sont pas constamment sur un pied d'alerte, il n'est pas de leur ressort d'accueillir tous les Pierre, Jean et Jacques qui se présentent, mais seulement les êtres qui ont compté pour eux. Cette façon de procéder n'est pas aussi désordonnée qu'elle le paraît, Francine m'a d'ailleurs assurée que les esprits de L'AU-DELÀ s'y retrouvaient très bien. Le processus s'apparente à la conduite du véhicule en ville : malgré le fait que nous voyons plusieurs feux de circulation, nous savons immédiatement quel feu nous intime l'ordre d'arrêter ou de poursuivre notre route. Quant aux feux qui se trouvent loin devant ou sur l'autre rue, nous les ignorons sachant très bien qu'ils ne s'adressent pas à nous. Ainsi, les esprits connaissent les signaux qui s'adressent à eux. Voilà une réponse qui fait plaisir à entendre. Lorsque j'y songe, je m'imagine toujours en train de descendre d'un avion après un long voyage. L'idée d'être accueillie par une foule d'étrangers me déplaît tout particulièrement, je n'ai pas envie de passer les premiers moments de mon retour à La Maison en affichant un sourire de convenance, hantée par une lancinante arrière-pensée : « Mais qui sont ces gens ? »

Heureusement, nos premiers pas dans ce monde donnent plutôt lieu à des retrouvailles émouvantes empreintes de familiarité. Les personnes décédées qui nous aimaient et que nous avons aimées – comme c'était le cas avec ma grand-mère Ada – dans la vie que nous venons de quitter sont là pour nous accueillir. À ces personnes s'ajoutent nos amis (es) et les êtres que nous avons aimés lors de nos vies passées et ce, tant sur la terre que dans L'AU-DELÀ. La plupart du temps, nous n'avions pas vu ces personnes depuis fort longtemps, plus précisément depuis que nous avions quitté La Maison pour notre dernière incarnation.

Je n'oublierai jamais le jour où Ted, un de mes clients, est venu me voir dans l'espoir que je l'aide à dompter sa peur de la mort. Avec sa permission, je l'ai fait régresser jusqu'à sa dernière vie. Je voulais lui démontrer qu'il avait déjà fait l'expérience de la mort et qu'il y avait survécu. Sa régression le transporta au temps du Far West, là où il jouissait d'une certaine célébrité en tant que hors-la-loi et bandit armé. Ironiquement, sa mort n'avait rien à voir avec les armes à feu. Il était mort de la tuberculose, une maladie fort répandue et encore mortelle à cette époque. Il s'est souvenu du jour de sa mort, il était étendu sur son lit de mort et il regrettait sa vie de truand sans personne à ses côtés pour le consoler. Tout à coup, une très jolie dame fit son apparition dans sa chambre et s'immobilisa à son chevet. Il avait l'impression de la connaître, mais il n'arrivait pas à l'identifier. Il en était à se dire qu'il s'agissait d'une vision due au délire, lorsqu'elle saisit sa main en le pressant de la suivre.

Étonné d'avoir subitement retrouvé toutes ses forces, il se leva et traversa avec elle la porte de la chambre dépouillée. À son approche, le mur qui se dressait devant lui se retira comme s'il s'était agi d'un grand rideau brillant et coloré, et il s'aperçut que sa compagne l'entraînait vers une luxuriante prairie, laquelle s'étendait au-delà du rideau. Il jeta un regard derrière lui et ce qu'il vit le bouleversa : son corps était sur le lit, étendu et inerte, comme une pelure qu'il aurait laissée derrière lui.

Ils étaient presque arrivés à la prairie lorsqu'il se retourna vers la femme pour lui demander : « Où sommes-nous ? »

Elle le regarda en souriant, son sourire resplendissait d'un amour infini, puis dans une grande simplicité, elle pressa ses mains l'une contre l'autre et dit : « Je suis morte en te donnant naissance. »

C'est ainsi que sa mère, cette femme qu'il n'avait pas eu la chance de connaître, l'emmena vers La Maison. À la suite de cette séance d'hypnose, Ted n'eut plus jamais peur de mourir.

Parmi les êtres qu'il me tarde de retrouver dans L'AU-DELÀ, il en est que je brûle tout particulièrement de rencontrer. Je veux parler des animaux de compagnie que j'ai côtoyés durant mes diverses existences. Dès notre arrivée, ils se rassemblent autour de nous et font preuve d'une telle exubérance que les personnes qui nous attendent ont peine à se frayer un chemin à travers cette foule animale.

Gardez toujours à l'esprit que nos animaux de compagnie qui sont dans L'AU-DELÀ nous observent durant notre séjour terrestre. Un ami qui m'est très cher, le Dr Bill Yabroff (je vous en ai parlé au chapitre 1), m'a demandé de visiter sa nouvelle maison parce qu'il avait l'impression qu'elle hébergeait des invités indésirables. J'ai passé plusieurs heures à inspecter la maison de la cave au grenier sans trouver le moindre indice m'indiquant que cette maison était hantée, tout était parfaitement « normal ». Toutefois, je pars toujours du principe que je ne suis pas infaillible, aussi ne voulant rien laisser au hasard, je lui proposai de revenir le soir même avec quelques-uns de mes chercheurs pour faire des enregistrements afin de m'assurer que tous les bruits provenaient bel et bien de la maison.

Nous avons fait des tours de veille, la nuit fut très calme et personne n'eut rien à signaler. Toutefois, à l'écoute des enregistrements, quelle ne fut pas notre surprise d'entendre très distinctement les aboiements féroces d'un chien. Nous avons réécouté l'enregistrement et nous avons même sollicité « l'oreille vierge et sans attentes » des voisins afin de nous assurer que l'enregistrement avait bien capté des aboiements de chien durant cette nuit silencieuse qu'aucun cri d'animal ou de toute autre créature n'était venu troubler. Nous avons écouté l'enregistrement une autre fois et nous en avons conclu que ces aboiements bruyants et obstinés nous auraient, tous, réveillés.

Cette histoire me plongea dans la plus grande perplexité, c'est pourquoi je me tournai vers Francine pour obtenir des éclaircissements. Elle m'informa qu'il s'agissait d'un de mes chiens. Dans une de mes autres vies, j'habitais l'Alaska et j'avais un chien Husky notoirement reconnu pour sa férocité. Cet animal jouait toujours son rôle de chien de garde auprès de moi et cette nuit-là dans la maison de Bill, il avait veillé à ce qu'aucun esprit ne m'importune.

Il n'y a pas que nos proches et nos animaux qui nous attendent lors de notre arrivée dans L'AU-DELÀ, il y a aussi, et cette question mérite toute votre attention, *nos âmes* sœurs. Je me suis déjà élevée contre la confusion qui entoure cette expression, mais il me fait plaisir de répéter mes explications pour ceux qui les auraient ratées. Chacun de nous possède deux facettes, une mâle et une femelle, nous avons été créés ainsi, et de fait, nous expérimentons la vie à travers les deux sexes. Nous avons aussi été créés avec ce qu'il convient d'appeler notre « jumeau identique », une âme dont les deux facettes, féminine et masculine, sont l'exact reflet des nôtres. Cette âme jumelle est notre âme sœur. On laisse souvent entendre que notre âme sœur est notre « moitié », or il s'avère que cette idée est erronée. Essayez un instant d'imaginer que toutes les personnes que vous connaissez ne sont que des moitiés, cette idée vous plaît-elle ? Soulignons que notre âme sœur ne s'incarne pas toujours dans un corps du sexe que nous préférons. Ainsi, la croyance voulant que la rencontre de notre âme sœur aboutisse nécessairement à une histoire d'amour et au mariage relève du mythe. Sans compter qu'il n'est pas dit que notre âme sœur s'incarnera en même temps que nous. Alors pourquoi faudrait-il se préoccuper de notre âme sœur sachant que nous serons réunis pour l'éternité dans L'AU-DELÀ ? D'autant plus qu'une fois que vous serez réunis, rien n'indique que vous serez toujours à ses côtés comme si vous étiez deux jumeaux siamois. Je viens peut-être de démolir un de vos grands espoirs romantiques, mais croyez-moi, il n'y a rien de romantique à consoler des clients qui entrent dans mon bureau en pleurs : certains avec le sentiment d'avoir raté leur vie parce qu'ils n'ont pas rencontré l'âme sœur, d'autres avec l'impression d'avoir été trahis par une personne qu'ils croyaient être leur âme sœur. À ce sujet, je vous dirai ce que j'ai l'habitude de leur dire : « Je sais exactement où se trouve votre âme sœur en ce moment, elle est dans L'AU-DELÀ et elle s'affaire à préparer une réception pour votre arrivée. »

Certaines personnes craignent que les êtres chers qu'elles souhaitaient tant retrouver lors de leur arrivée dans L'AU-DELÀ soient déjà retournés sur terre. Il y a peu de chances que cela se produise, à moins qu'ils n'aient emprunté la Porte Gauche pour se réincarner sur-le-champ, mais il y a toutes les chances que vos proches y restent quelques années, voire quelques décennies ou quelques siècles et encore faudrait-il qu'ils décident de s'incarner à nouveau. D'un point de vue temporel, et c'est le seul que nous ayons sur terre, nous avons du mal à concevoir qu'il n'y a pas de temps dans L'AU-DELÀ. Toutes les fois que j'interroge Francine au sujet du temps, par exemple si je lui demande dans combien de temps un événement va survenir, je sens toujours une pointe d'impatience dans sa voix : « Qu'entends-tu par un mois ? » Ou encore « Qu'est-ce qu'une année dans ton monde ? » Ce que nous considérons comme une longue vie est perçu par les esprits de L'AU-DELÀ comme un court voyage loin de La Maison. C'est pourquoi rien ne sert de vous inquiéter, si vous arrivez dans L'AU-DELÀ durant l'une des incarnations de vos proches, dites-vous bien qu'ils seront de retour dans cinq minutes.

Nous discuterons en détail de la question de nos Guides Spirituels un peu plus loin, disons pour le moment qu'ils sont parmi les premiers à nous accueillir à la sortie du tunnel. Nos Guides Spirituels nous accompagnent tout au long des différentes étapes qui jalonnent notre passage entre cette dimension et la dimension de L'AU-DELÀ.

Dès que les célébrations entourant les retrouvailles sont finies, notre Guide Spirituel nous reconduit – dans la plupart des cas – vers un splendide édifice roman surmonté d'un dôme et de colonnades, appelé Palais de la Sagesse. Il se trouve à la sortie du tunnel, il s'agit en somme du premier édifice que nous apercevons à notre arrivée. Vous connaissez l'adage qui veut que « Tous les chemins mènent à Rome » ? On dit la même chose du Palais de la Sagesse vers lequel tous les tunnels convergent. L'entrée du Palais est tout simplement superbe, elle s'ouvre sur un grand escalier dont les marches sont de marbre blanc, ornées de somptueuses statues, de fontaines, de fleurs d'une incroyable beauté, le tout baignant dans un parfum sucré et délicat.

À l'intérieur du Palais de la Sagesse se déploie une immense salle entourée de colonnes. Notre Guide Spirituel nous conduit vers un des nombreux bancs de marbre poli qui s'y trouvent, puis il recule de quelques pas pendant que nous nous asseyons. C'est à ce moment précis qu'un processus important se met en branle, malheureusement, la plupart des personnes qui ont fait une expérience au seuil de la mort en conservent peu de souvenirs.

LE SCANOGRAPHE

L'expression : « J'ai vu ma vie défiler devant moi » est passée dans le langage courant si bien qu'elle est devenue un euphémisme, puisqu'on l'utilise pour qualifier une expérience au cours de laquelle on a frôlé la mort. Pourtant, cette expression prend tout son sens dans L'AU-DELÀ, plus exactement dans la silencieuse immobilité de la chambre sacrée du Palais de la Sagesse.

Au beau milieu de cette chambre ceinturée de bancs en marbre se trouve le scanographe, une machine en verre bleu pâle qui a la forme d'un grand dôme convexe. En regardant à l'intérieur de ce dôme, nous voyons tous les événements de notre vie défiler devant nos yeux, un peu comme si nous regardions un film ou plus précisément un hologramme en trois dimensions. C'est pourquoi nous assistons aux mêmes scènes ; peu importe d'où nous regardons le dôme, nous revoyons tous les événements de notre vie depuis le banc sur lequel nous sommes assis et ce, qu'ils aient été tristes ou joyeux, bons ou mauvais, marqués par le bien ou le mal.

Je me souviens encore de la première conversation que j'ai eue avec Francine à ce sujet ; je dois avouer que j'étais plutôt sceptique : « Pouvons-nous vraiment revoir tous les événements de notre vie sans que cela prenne une éternité ? » lui avais-je demandé. Elle commençait à être fatiguée d'avoir à me répéter sans cesse la même chose, mais elle le répéta une autre fois : le temps était une obsession proprement terrestre, autrement dit : à La Maison le temps n'existe pas.

J'ai dû entendre cette phrase des centaines de fois, et bien que j'accepte cette idée comme un fait, je n'arrive toujours pas à comprendre comment cela est possible. J'ai néanmoins trouvé quelques images pour parvenir à m'imaginer à quoi peut ressembler l'absence de temps, il suffit de penser au temps comme à quelque chose de circulaire. Sur la terre, le temps est linéaire, autrement dit, toute chose a un commencement, un milieu et une fin, tandis que dans L'AU-DELÀ le temps est un cercle parfait, il n'a pas de haut ni de bas, pas plus que de commencement ou de fin. Si cette image ne vous dit rien, en voici une autre plus « mondaine » et surtout plus terre à terre. On peut s'imaginer ce qu'est le temps dans L'AU-DELÀ en le comparant à celui qui s'écoule dans un casino de Las Vegas. Si vous n'avez jamais mis les pieds dans un casino, sachez qu'on n'y trouve pas d'horloges ou de calendriers, qu'il y règne la même luminosité et la même animation quelle que soit l'heure de la journée. C'est pourquoi au bout de quelques heures, il arrive que l'on perde toute notion du temps, on ne sait plus s'il fait jour ou nuit ou même quel jour on est. Cette comparaison peut paraître simpliste, pourtant elle a l'avantage de nous faire clairement comprendre qu'il est des lieux dans lesquels le passé, le présent et l'avenir n'ont pas de sens, et où tout se déroule dans le présent.

Dans L'AU-DELÀ, on ne dit jamais que l'on « perd son temps », cette notion n'a aucune valeur dans un lieu où le temps n'existe pas. Ainsi, nous avons tout le loisir de revoir les événements de nos vies passées et de repasser certaines scènes aussi souvent que nous le souhaitons. N'oubliez jamais que l'expérience du scanographe constitue une étape essentielle dans le processus d'évolution éternel de notre âme.

Nous examinerons cette question en profondeur un peu plus loin dans ce chapitre, mais disons pour le moment que nous quittons L'AU-DELÀ pour nous incarner ; ce faisant, nous rencontrons certaines épreuves, mais nous pouvons aussi réaliser les objectifs que nous nous sommes fixés. Nous élaborons nous-mêmes, et en détail, le plan de notre prochaine vie, de sorte que nous puissions rencontrer toutes les situations propres à l'accomplissement des buts que nous nous sommes fixés. En consultant le scanographe, nous nous remémorons notre plan de vie dans ses moindres détails ; le tout se passe dans la plus grande harmonie, sans qu'aucun sentiment négatif n'effleure même notre esprit, baignés que nous sommes par l'amour inconditionnel et la compréhension de Dieu. Le fait de regarder notre vie avec honnêteté et impartialité à travers les yeux de notre esprit nous permet d'acquérir un nouveau point de vue sur nos actes, et de voir nos proches avec une compassion que nous n'avions pas sur le moment.

Il s'agit là d'une donnée essentielle puisque ce n'est pas Dieu ou notre Guide Spirituel qui juge notre vie passée, mais bien nous-mêmes. Nous identifions nos victoires et nos échecs, nous évaluons notre humanité ou notre manque d'humanité, nos gestes qui relevaient de la pure bonté et ceux qui relevaient de l'égoïsme, nos moments de courage et nos moments de lâcheté, etc. Mais par-dessus tout, nous dressons le bilan de nos accomplissements en regard de notre plan de vie, puisque c'est d'abord et avant tout pour réaliser ces buts que nous avions quitté La Maison. Cet exercice est l'un des plus difficiles qui soient, et personne n'y échappe. La négativité n'existe pas dans L'AU-DELÀ, aussi les mécanismes de défense tels que la complaisance et les rationalisations, processus par lesquels nous évitons de regarder la vérité en face, ne sont pas opérants. Ils ne nous sont d'aucune utilité puisque nous ne sommes plus gouvernés par notre ego. Durant toute cette séance de réminiscence, qui disons-le se révèle parfois difficile, notre Guide Spirituel nous accompagne et nous soutient.. Rien n'empêche que lorsque vient le temps du verdict, nous sommes seuls à juger de notre échec ou de notre réussite.

Pensez-y un peu, vous allez assister au film des événements de votre vie : le scanographe vous fera voir tous les gestes que vous avez posés, tous les mots que vous avez prononcés, toutes les situations que vous avez ignorées mais dans lesquelles vous auriez pu jouer un rôle positif et toutes les colères, grandes ou petites, que vous avez faites parce que les choses ne fonctionnaient pas comme vous le vouliez. Si cette idée vous réjouit, tant mieux, dans le cas contraire, je vous suggère de faire cet exercice : tous les matins, imaginez-vous en train de consulter le scanographe, cette simple pensée fera toute la différence et vous mettrez ainsi à profit votre journée.

La plupart de ceux qui m'ont parlé du scanographe, dont Francine et certains de mes clients – soit ils avaient retrouvé la mémoire de cette expérience sous régression hypnotique, soit ils l'avaient consulté durant un voyage astral – m'ont dit avoir éprouvé, à divers degrés, un sentiment d'incomplétude. Curieusement, ce sentiment n'est pas attaché à ce que nous considérons être les plus grosses erreurs de notre vie, mais à des situations anodines. Autrement dit, nous réalisons qu'en certaines occasions nous aurions pu nous enrichir en faisant un petit quelque chose de plus, mais nous ne l'avons pas fait. Il peut s'agir de cette fois où nous avons négligé de visiter un ami souffrant pour lui apporter un peu de réconfort, de cette fois où vous avez fait un large sourire à une personne âgée sans pourtant prendre la peine de l'aider à transporter ses sacs jusqu'à sa voiture. De cette autre fois aussi où vous vous êtes inquiété pour un enfant perdu sans pour autant vous donner la peine d'attendre le retour de ses parents ou encore de cet animal que vous avez caressé sans pour autant chercher à retrouver son maître ou de ce billet de vingt dollars que vous auriez pu ajouter au don que vous faisiez à un organisme de charité mais que vous avez gardé pour une soirée au cinéma.

Telles sont les pensées qui nous habitent au sortir d'une consultation du scanographe, il n'est donc pas étonnant que nous commencions déjà à envisager la possibilité d'un retour sur terre. Cette expérience nous ébranle profondément et c'est pourquoi une autre expérience nous attend immédiatement après celle-ci.

L'ORIENTATION

Au sortir de la consultation du scanographe, nous sommes conduits à faire une expérience tout aussi cruciale, il s'agit du processus d'Orientation. Lors de cette étape, nous sommes amenés à jeter un regard sur ce que nous venons de voir. Cette séance prend l'allure d'une session de verbalisation et de décompression en compagnie de notre Guide Spirituel, d'Orienteurs qualifiés et de certains esprits qui nous aideront à prendre du recul et qui seront en mesure de nous guider afin que nous puissions évaluer avec justesse et clarté nos apprentissages.

Imaginez, par exemple, que vous ayez fait du mal à une personne durant votre vie et que le fait d'avoir vu vos actions lors de la consultation du scanographe vous ait profondément secoué. Les Orienteurs et votre Guide Spirituel qui disposent de votre plan de vie sont en mesure de vous dire si les problèmes relationnels que vous avez éprouvés faisaient partie intégrante de vos apprentissages ou si vous devez retourner sur terre pour réapprendre certaines leçons. De surcroît, il vous sera permis de demander directement aux personnes que vous avez lésées ou à leur Guide Spirituel dans le cas où elles seraient absentes, quel a été l'impact de vos comportements sur elles. Vous découvrirez peut-être que vous leur avez causé du tort et vous sentirez le besoin de vous excuser. Il se peut aussi que vos gestes n'aient pas eu les conséquences que vous redoutiez, voire que votre comportement n'ait pas du tout affecté telle personne. Vous pourriez aussi l'avoir poussée à mal se comporter envers certaines personnes. Dans ce cas vous pourriez décider ensemble de mettre un frein à ce cycle de violence. Ou encore, votre comportement était prévu dans son plan de vie, autrement dit, vos actions avaient pour but d'en faire un défenseur des victimes que vous avez laissées derrière vous. D'une manière ou d'une autre, cette étape du processus d'Orientation vous aidera à comprendre le sens des situations les plus embrouillées de votre vie. Cette étape vous permettra de tirer des leçons utiles de vos apprentissages, de vous amender et de faire ce qu'il faut pour vous pardonner à vous-même et poursuivre votre chemin avec plus d'amour et de compassion.

Il ne s'agit pas là de la seule fonction de cette étape, puisque l'Orientation fait aussi office de lieu de transition pour les esprits qui n'étaient pas préparés au voyage ou pour ceux qui sont incapables de trouver la paix dès leur arrivée parce qu'ils sont confus ou en colère. Car il faut bien dire que tout le monde ne pense pas comme moi, qui me réjouis à l'idée de rentrer à La Maison. Ainsi l'Orientation est l'un des moyens que les esprits de là-bas –entraînés et préparés à cette tâche – prennent pour nous aider. La consultation du scanographe et la séance de verbalisation sont immédiatement suivies d'une rencontre avec les orienteurs. Ce moment privilégié tout empreint de prévoyance et d'amabilité a pour but d'apaiser la confusion et de dissiper les frustrations que pourraient ressentir les nouveaux arrivants. Au sortir de cette rencontre, ils peuvent prendre tout le temps qu'ils souhaitent pour faire les activités qui leur plaisaient sur la terre.

Prenons le cas du père de Lindsay, il illustre parfaitement ce qui arrive lors de la dernière étape de l'Orientation. Il est mort subitement dans un accident de la route. Toute la famille de Lindsay devait se réunir chez son frère à Monterey pour célébrer Noël. Sur la route qui mène de l'aéroport de San Jose à la maison de son frère, un conducteur ivre a percuté sa voiture et le père de Lindsay est mort. Cet homme de soixante-trois ans heureux et en pleine santé s'en allait tranquillement célébrer la fête de Noël en compagnie de sa femme, de son fils et de sa fille adorée quand tout à coup, au moment même où il racontait une blague, boom ! Tout était fini. Le bien-être de sa famille avait toujours été au centre de ses préoccupations, mais voilà que son fils souffrait d'une sévère commotion cérébrale, tandis que sa femme et sa fille – légèrement blessées – se retrouvaient seules pour faire face à cette horrible tragédie et qui plus est, elles étaient dans une ville inconnue à plus de trois mille kilomètres de la maison. Pour cette famille, les fêtes de Noël furent un long calvaire. Il aurait voulu les aider mais il ne savait pas comment s'y prendre depuis L'AU-DELÀ, de ce curieux endroit où il s'était retrouvé avant d'avoir pu finir de raconter son histoire drôle. Il a passé six mois en Orientation, et après de nombreuses parties de pêche, il a enfin retrouvé la joie. Sa vie était maintenant bien remplie mais il ne manquait pas de garder un œil sur sa famille et de lui rendre fréquemment visite sur terre (visites dont sa famille n'était pas toujours consciente).

Au contraire de cet homme, mon père est mort à la suite d'une longue maladie et malgré tous les signes avant-coureurs de sa mort, sa transition a été beaucoup plus difficile que celle du père de Lindsay et elle a donc fait l'objet d'un suivi intensif de la part de l'Orientation. Il n'avait rien à craindre pourtant, comme toujours, les esprits de L'AU-DELÀ étaient bien préparés et tout à fait disposés à le recevoir. Aussi a-t-il bénéficié d'une attention spéciale, cette étape supplémentaire s'appelle le Cocooning.

Dès ma naissance, mon père et moi avons tout de suite développé des liens affectifs très forts. Or, à son arrivée dans L'AU-DELÀ, il n'était pas du tout serein, il souffrait à l'idée d'être séparé de moi, et de surcroît il se faisait du souci pour moi comme s'il avait voulu endosser ma peine pour m'en décharger. Lorsqu'un esprit éprouve une telle souffrance à son arrivée, les membres de sa famille et son Guide Spirituel lui offrent immédiatement tout le support dont il a besoin, sachant pertinemment que l'aide de l'Orientation ne suffirait pas. L'esprit souffrant passe ainsi par une autre étape, celle du « Cocooning », il pourra ainsi se remettre en toute quiétude du choc et de la peine qu'il ressent.

Lors de cette étape, l'esprit est plongé dans un état de demi-sommeil propre à sa guérison, il est l'objet d'attentions constantes et sa réhabilitation se fait sous l'empreinte de Dieu qui infuse régulièrement en lui la compassion et la paix nécessaires à sa guérison. De cette manière, l'esprit en vient à s'éveiller à la joie d'être de retour à La Maison, autrement dit, il se détache de sa peine, ce qui ne veut pas dire qu'il se détache de ceux qu'il a aimés.

Cette étape dure aussi longtemps que cela est nécessaire, l'esprit a tout le temps qu'il faut pour retrouver ses forces et se sentir bien. Mon père a mis huit mois à se remettre, huit mois selon notre échelle de temps, mais à son échelle, le tout s'est fait en un clin d'œil. Puis, lorsqu'il s'est senti prêt, il m'a rendu visite de L'AU-DELÀ. J'avais l'impression que cela faisait une éternité que je ne l'avais pas vu et je m'empressai de lui demander : « Papa, pourquoi as-tu mis tant de temps à venir me voir ? ».

Il me répondit : « Je ne comprends pas ce que tu veux dire ? Je viens tout juste de partir. »

Je ne saurais trop vous recommander d'être patient et de ne pas vous inquiéter inutilement si vous ne ressentez pas tout de suite la présence d'un être décédé dès que vous en faites la demande. Cette personne n'était peut-être pas préparée à son retour à La Maison. Qu'ils soient à l'Orientation ou en Cocooning, soyez assuré d'une chose : les êtres que vous aimez sont en sécurité et entre bonnes mains (entre des Mains sacrées), et ils viendront vous visiter bientôt.

LES TOURS

Parmi tous les bâtiments de L'AU-DELÀ, les Tours sont de loin les plus spectaculaires. Je parlerai plus avant des Tours et du rôle qu'elles jouent auprès des habitants au prochain chapitre. Je me contenterai pour le moment d'expliquer pourquoi ces constructions comptent parmi les édifices destinés à nous accueillir lors de notre retour à La Maison.

Les Tours servent à l'accueil d'une catégorie précise de nouveaux arrivants, soit les êtres qui sont morts dans des circonstances tragiques et pour lesquels l'Orientation et le Cocooning ne pourraient être d'aucun secours pour le moment.

Les esprits qui arrivent dans L'AU-DELÀ dans un état de confusion et de désorientation qui sont le fait de circonstances hors de leur contrôle ont du mal à ressentir la paix et la joie qui règnent à La Maison. Ils ont besoin d'une « déprogrammation» grâce à laquelle ils retrouveront leur santé mentale et leur identité. Il peut s'agir, par exemple, des prisonniers de guerre qui sont morts en captivité après avoir subi un lavage de cerveau et des tortures diverses, des victimes de l'Holocauste, des femmes mortes sur le bûcher lors des procès des sorcières de Salem (on sait que ces femmes étaient constamment ballottées entre l'amour qu'elles vouaient à Dieu et les accusations de sorcellerie qu'on portait sur elles), de Jeanne D'Arc ou de toutes les personnes qui sont mortes à la suite d'une maladie qui a profondément affecté l'esprit, comme la maladie d'Alzheimer. Bref, tous ceux qui, pour une raison ou pour une autre, sont incapables de comprendre où ils sont, et qui n'ont aucun souvenir de l'incarnation qu'ils viennent de quitter. Autrement dit, il s'agit de toutes les personnes qui, pour une raison ou pour une autre, ont été dépossédées d'elles-mêmes par une force extérieure. Toutes les personnes qui sont dans cet état sont immédiatement conduites vers les Tours par leur Guide Spirituel ou par un de leurs proches.

On les soumet alors à une déprogrammation dont les méthodes s'apparentent à celles qui ont cours sur terre, à ceci près qu'elles sont plus sophistiquées. De brillants thérapeutes apportent aux nouveaux arrivants des soins constants. Il arrive souvent que le Guide Spirituel de l'esprit, aidé de ses proches et de ses thérapeutes, recrée certains lieux dans lequel il a évolué sur terre. Il peut s'agir de son lieu de naissance, de la maison de son enfance ou de divers endroits familiers qu'il appréciait et où il se sentait en sécurité. L'esprit baignera dans cette atmosphère jusqu'à ce qu'il ait apprivoisé l'idée de son retour à La Maison et qu'il ait totalement retrouvé la mémoire de l'identité attachée à la vie qu'il vient tout juste de quitter, de même que celle de ses autres vies antérieures. À partir de ce moment, il pourra poursuivre sans encombre son joyeux et éternel voyage.

Il va de soi que nous souhaitons tous et ce, tant pour nos proches que pour nous-mêmes, que notre passage vers L'AU-DELÀ se déroule paisiblement et dans la joie. Malheureusement et pour les raisons que nous venons d'évoquer, il n'en est pas toujours ainsi. S'il est important de connaître les étapes que nous traversons lors de notre arrivée dans L'AU-DELÀ, il ne faut pas pour autant perdre de vue l'essentiel : tous les esprits qui arrivent à La Maison sont accueillis à bras ouverts et adroitement pris en charge dès qu'ils franchissent le seuil de cette nouvelle dimension. Et par-dessus tout, les esprits qui arrivent à La Maison finissent toujours par se retrouver eux-mêmes dans la béatitude et la sécurité que leur prodiguent les mains de Dieu.

Ce moment est important, il constitue une étape cruciale dans la relation qu'entretiennent les esprits avec ceux qu'ils ont laissés derrière eux. La béatitude ressentie dans L'AU-DELÀ n'altère en rien l'amour que les nouveaux arrivants ressentaient pour leurs proches. Au contraire, elle le magnifie et le rend plus profond de sorte que nous devenons une part de ceux que nous aimons, tout comme ils étaient devenus une part de nous-mêmes au moment de notre départ. Je n'ai pu saisir la pleine portée de cette vérité avant d'en faire moi-même l'expérience.

Vous pensez sûrement qu'ayant la chance d'être médium, je ne dois pas être du genre à me faire du souci avec la mort. Malheureusement, je n'ai pas cette grâce. En fait, plus je suis proche d'une personne, plus je perds mon objectivité, et plus je perds mon objectivité et plus mes perceptions médiumniques perdent de leur acuité, brouillées qu'elles sont par mes émotions. Lorsque j'ai moi-même traversé le tunnel en direction de L'AU-DELÀ, j'ai été très étonnée de ne ressentir aucune peur, j'ai plutôt ressenti de l'amour dans ce que ce sentiment a de plus pur. Je ne peux prétendre avoir retrouvé cette pureté depuis mon retour, néanmoins, j'y aspire de tout mon cœur.

Malheureusement, tous n'ont pas la chance d'éprouver cette paix à leur arrivée. Malgré tout, tous finissent par la trouver et il y a de très bonnes raisons à cela. Disons d'abord, et je ne le répéterai jamais assez, que notre vraie maison n'est pas la terre mais bien L'AU-DELÀ. Il est notre lieu d'origine, notre seul berceau, c'est pourquoi quitter cette terre pour L'AU-DELÀ, c'est retourner vers un lieu qui nous est familier. Une fois de retour, notre mémoire se réveille et nous savons pourquoi nous avons brièvement quitté L'AU-DELÀ et nous nous souvenons des raisons pour lesquelles nous étions sur terre. Nous acquérons ainsi une compréhension profonde du sens des événements de notre vie et des gens que nous avons côtoyés de près ou de loin, connaissance à laquelle nous n'avions pas accès (ou très peu) durant ce que nous appelons, de façon plutôt hilarante, notre « vie ». Avec cette nouvelle perspective naissent la compréhension et l'acceptation : non seulement de ce que nous sommes, mais du rôle qu'ont joué nos proches (ces êtres que nous observons dorénavant de L'AU-DELÀ dans ce voyage).

Toute cette paix et cet amour que nous ressentons dans L'AU-DELÀ s'expliquent aussi par le fait que nous pouvons consulter le plan de vie de nos proches, en plus d'avoir accès au nôtre. Prenons par exemple la relation conflictuelle entre mes deux fils. Pendant des années, je me suis tourmentée au sujet de cette relation pour le moins tumultueuse. Disant cela, je ne trahis pas un secret de famille, loin de là. Mes deux fils ont été les premiers à avouer que leurs rapports étaient très tendus et que je me faisais beaucoup plus de souci à ce sujet qu'ils ne s'en faisaient eux-mêmes. Mieux, ils espéraient tous deux que je cesse de m'inquiéter pour ces broutilles. Pour tout dire, je n'y ai pas pensé une seule seconde lorsque j'étais dans le tunnel et je m'en soucierai encore moins lorsque je serai de retour à La Maison. Pourquoi ? D'abord parce que je serai physiquement détachée de la situation et ensuite parce que je serai en mesure de consulter leur plan de vie. Ainsi, je découvrirai pourquoi ils ont choisi d'être des frères qui ne s'entendent pas et je pourrai même connaître l'issue de ce conflit, qui n'est rien d'autre qu'un chapitre dans leur voyage éternel. Si nous le souhaitons, nous pourrons lire le contenu du plan que nos proches bien-aimés ont élaboré pour leur vie terrestre. Ajoutons qu'au fil de notre lecture tout s'éclaire, nous saisissons les objectifs qu'ils poursuivaient en choisissant leur itinéraire de vie. Ce qui est beaucoup plus apaisant et rassurant que de se contenter d'une réponse à la question « Pourquoi ? ». Ce conflit est dorénavant chose du passé, mais si j'avais pu mettre la main sur le plan de vie de mes fils, j'aurais vu qu'ils se réconcilieraient sans que j'aie à intervenir. J'y aurais également appris que leurs femmes redeviendraient amies et que mon merveilleux petit-fils grandirait dans une famille harmonieuse.

Pour le moment, il importe de ne pas perdre de vue que le temps n'existe pas dans L'AU-DELÀ, l'éternité étant la réalité de cette dimension. C'est pourquoi ceux qui sont dans L'AU-DELÀ ne souffrent pas de l'attente. Aussi, peu importent les années de vie terrestre prévues dans votre plan de vie, car de la position privilégiée qui est celle des êtres chers qui vous attendent dans L'AU-DELÀ, cette attente sera très brève. De même, les esprits qui arrivent dans L'AU-DELÀ en état de choc se rétablissent en un clin d'œil.

CEUX QUE NOUS LAISSONS DERRIÈRE NOUS

N'oubliez pas qu'il nous sera possible d'observer ceux que nous avons laissés derrière nous, voire de passer du temps en leur compagnie. Certains esprits vont même jusqu'à apparaître à leurs proches peu de temps après leur mort afin de les rassurer et de leur faire savoir que tout va bien. S'il vous arrivait un jour de faire cette expérience, surtout n'allez pas en déduire que cet esprit n'a pas su trouver le chemin de L'AU-DELÀ. Il est beaucoup plus probable qu'il venait tout juste de compléter sa transition dans l'autre dimension et qu'il ait profité du fait qu'il lui était facile de se matérialiser.

Il ne faudrait pas pour autant en conclure que plus notre mort est récente et plus nous avons de la facilité à nous matérialiser. Francine s'est physiquement présentée à ma famille en 1956 et sa seule et dernière incarnation avait pris fin en 1598. La matérialisation demande un certain savoir-faire, de la maîtrise et une grande réceptivité de la part de ceux à qui nous rendons visite. Les enfants et les animaux sont ceux qui nous voient avec le plus de facilité, suivis de près par ceux qui sont capables de capter les hautes vibrations émises par L'AU-DELÀ et ce, qu'ils soient ou non conscients de cette habileté. Il ne faudrait surtout pas croire que le passage de notre dimension à L'AU-DELÀ demande un quelconque apprentissage. Notre voyage entre la terre et La Maison ne se fait pas le long d'une route à sens unique. Nous faisons de nombreux allers-retours, aussi savons-nous exactement comment faire le voyage qui mène de L'AU-DELÀ à la terre.

Malheureusement, il n'est pas improbable que les êtres aimés qui entrevoient leurs proches décédés, ne serait-ce qu'un instant, mettent cette vision sur le compte de leur imagination. Dans ce cas, les esprits disposent de certains autres moyens pour faire connaître leur présence. Un des moyens les plus courants consiste à déplacer les photographies sur lesquelles ils figurent – les retourner ou les faire tomber face contre le sol – afin qu'un ami ou un membre de la famille remarque que quelque chose de bizarre est arrivé, quelque chose qui leur fait penser à la personne décédée. Mon père m'avait donné une boîte à musique que j'adorais, aussi lui arrivait-il de la faire jouer au moment où j'étais sur le point de m'endormir. Une autre méthode affectionnée par les esprits pour saluer leurs proches depuis L'AU-DELÀ consiste à déposer fréquemment des pièces de monnaie dans un endroit insolite, à changer l'heure des horloges et les canaux du téléviseur, à déplacer les appareils électroménagers ou à s'asseoir sur le siège arrière d'une voiture en ébouriffant légèrement les cheveux d'un proche, de sorte que celui-ci reste sur l'impression que quelqu'un est assis derrière lui. Comme nous l'avons déjà vu au premier chapitre, il est également possible d'enregistrer ces visites si l'occasion se présente.

L'énergie de notre esprit peut aussi se servir de certains « conducteurs » tels que l'électricité, la pluie et la rosée, pour voyager. C'est pourquoi, en tant qu'esprit, il nous est plus facile d'agir sur les appareils électroménagers et les téléviseurs. De même, les apparitions se font plus fréquentes durant les grosses pluies ou les orages ainsi qu'entre 3 heures 30 du matin et le lever du soleil, soit avant que la rosée s'évapore. Si vous vous êtes déjà moqué du cliché cinématographique selon lequel les esprits se manifestent par une terrible nuit d'orage et lors de pluies torrentielles, vous saurez maintenant qu'il ne s'agit pas d'un simple cliché mais d'un phénomène proprement physique.

Un des moyens les plus simples, mais trop souvent négligé, pour établir un contact de L'AU-DELÀ vers la terre consiste à contacter le subconscient des personnes que nous tentons de rejoindre pendant que la partie consciente et sceptique (et encombrée d'informations) de leur esprit ne peut faire obstacle à la communication. Le sommeil, la méditation et l'état d'hypnose sont les trois états qui permettent de faire ces visites du subconscient des personnes aimées sans risque d'interruption. Lorsque nous visitons nos proches durant leur sommeil, il se peut qu'ils ne s'en souviennent pas consciemment. Il est également possible que la personne visitée mette cette rencontre sur le compte du rêve, n'ayant pas compris qu'elle était sortie du monde onirique. La méditation et l'hypnose posent aussi certains problèmes à ceux qui souhaitent profiter de ces états pour rendre visite à leurs proches. Dans le cas de la méditation, il n'est pas impossible que l'être aimé pense que vos visites sont le fruit de son imagination. Tandis que dans le cas de l'hypnose, l'hypnotiseur pourrait être accusé d'avoir influencé le sujet, voire d'avoir implanté cette idée dans son esprit. Malgré tout, une chose reste sûre : même si nous ne parvenons pas à établir un contact conscient, nos proches conserveront la mémoire de cette rencontre dans leur subconscient, et ils en chériront chaque instant.

Il nous sera également possible de chercher à apparaître à une personne que nous savons capable de nous voir et de nous entendre, dans l'espoir qu'elle transmette le message à son destinataire, qui lui, ne possède pas le même don. Comme mes honorables collègues médiums pourraient le confirmer, les esprits se rassemblent souvent autour des clients durant les séances de lecture. Ils font des mimiques et des gesticulations ou ils passent des commentaires qui les identifient hors de tout doute, puisque seuls les clients sont en mesure d'en comprendre la signification. Francine parle de ce phénomène en ces termes : « Lorsque la cloche sonne, nous arrivons en courant. » Ce qui revient à dire que les esprits de L'AU-DELÀ ne manquent jamais une occasion de venir visiter leurs amis (es) et les membres de leur famille, ils vont même jusqu'à « semer » cette idée dans leur esprit, et ce, quoi qu'ils pensent de la médiumnité.

Parmi les questions que me posent mes clients au sujet de leur proches décédés, il en est deux qui reviennent fréquemment : « Sont-ils heureux ? » et « Est-ce qu'ils souhaitent me dire quelque chose ? »

D'entrée de jeu, disons que la réponse à la première question finit toujours par être « oui », même si le déroulement des phases d'Orientation, du Cocooning, de même que le séjour dans les Tours entrent en ligne de compte. La question du bonheur ne se pose pas dans L'AU-DELÀ, la vie dans L'AU-DELÀ est le bonheur.

Et la réponse à la question : « Est-ce qu'ils souhaitent me dire quelque chose ? » est toujours un « Oui » retentissant.

En de très rares occasions et seulement dans les cas d'extrême urgence, un esprit peut dire : « La dernière version de mes dernières volontés est derrière le miroir du séjour. » Ou encore : « La police d'assurance se trouve dans le coffre-fort qui est dans le mur. » Néanmoins, du point de vue de L'AU-DELÀ, ces détails de la vie terrestre apparaissent par trop triviaux pour qu'on leur accorde la moindre importance.

Une de mes clientes, Barbara, est venue me consulter un bon matin ; elle frissonnait d'émotion. Je lui ai demandé ce qui la dérangeait à ce point et elle m'a répondu : « J'ai peur que vous me preniez pour une folle. » C'était mal me connaître, jamais au grand jamais je n'oserais. Je l'ai invitée à me dire ce qui la tracassait et je lui ai promis de l'arrêter s'il m'arrivait de douter de sa santé mentale.

Après quelques hésitations, elle finit par me raconter son histoire : « Ma mère et moi étions très proches. Elle est décédée il y a deux ans et sa mort m'a profondément bouleversée. Je commençais tout juste à m'en sortir, je me suis investie à fond dans mon travail d'infirmière afin de me sentir utile de nouveau. Un certain après-midi, alors que je faisais une sieste entre deux quarts de travail dans la salle des employés, je vous jure qu'à mon réveil, ma mère était à mes côtés. Cela peut paraître idiot, mais il faut dire que j'étais sous le choc, aussi plutôt que d'être transportée par la joie, de me laisser aller à la béatitude de nos retrouvailles, j'ai concentré mon attention sur sa robe rose. Aussi, mes premières paroles furent-elles : ' Maman ! Tu portes du rose ! Tu as toujours détesté le rose. '

Elle a ri, puis elle m'a dit : ' Ici, les couleurs sont très différentes. Le rose et toutes les couleurs sont d'une beauté saisissante. ' Elle m'a ensuite tendu la main, et je me rappelle avoir ressenti beaucoup de force et de douceur au moment où j'ai saisi sa main pour la suivre. Elle m'a emmenée jusqu'à la porte du patio, et nous l'avons franchie ensemble. J'avais l'impression de pénétrer dans une autre dimension, mais plutôt que de déboucher sur le patio, cette porte s'ouvrait sur une prairie d'une extraordinaire beauté, un de ces paysages qui dépasse l'entendement. À ma droite, je pouvais voir deux grands édifices parfaitement identiques, très hauts et entièrement faits de marbre blanc et de verre bleu. Non loin de là se dressait un autre édifice de marbre blanc avec de larges colonnes, qui me semblait être de style roman. Ma mère pointa du doigt l'édifice roman en me disant : ' Je travaille là-bas, je tiens à jour les archives. Cette occupation me comble de bonheur. ' J'étais très surprise d'apprendre que ma mère travaillait. Elle n'avait jamais eu d'emploi, elle était toujours restée à la maison, et ce travail la rendait heureuse. Avant que je n'aie eu le temps de dire quoi que ce soit, elle ajouta : ' Tu ne peux pas rester ici. Tu n'appartiens pas encore à ce monde. ' Au même moment, je me suis sentie projetée dans mon corps, lequel était resté étendu sur le lit. Lorsque j'ouvris les yeux, elle était partie. La porte du patio n'avait pas bougé et elle menait au patio que j'avais toujours connu. Ce n'était qu'un rêve, j'en suis certaine, pourtant tout avait l'air si réel. Il n'y avait pas de confusion, l'enchaînement des événements était parfait et depuis ce jour, j'ai la forte impression qu'elle était vraiment auprès de moi. »

Je décidai d'attendre un peu avant de lui expliquer ce qu'est un voyage astral, aussi la rassurai-je : « Elle était là. » Une expression de tristesse s'empara de son visage. Comme je n'arrivais pas à en saisir la cause, je décidai de lui demander la raison de cette tristesse soudaine. « Une question me tourmente, me répondit-elle. Je ne sais pas pourquoi elle est venue, avait-elle quelque chose à me dire, quelque chose que je n'ai pas compris ? »

Je connaissais la réponse à cette question, mais je préférais qu'elle la trouve par elle-même. Je lui dis : « Dites-moi plutôt : que savez-vous maintenant que vous ne saviez pas avant cet après-midi ? »

Il y eut un long silence, puis elle me jeta un regard radieux et dit : « Je sais maintenant qu'elle est toujours vivante. »

Tous les esprits que j'ai rencontrés veulent toujours nous transmettre ce même message, et dès notre tour à La Maison, nous souhaiterons le transmettre. En somme, il s'agit du seul message que nous ayons consciemment oublié, malgré le fait que notre âme le connaisse par cœur : la mort n'existe pas.

Chapitre 5

À QUOI RESSEMBLE L'AU-DELÀ ? UNE DESCRIPTION DE SON CLIMAT, DE SES ARCHITECTURES ET DE SES PAYSAGES

N'en avez-vous pas assez d'entendre dire que L'AU-DELÀ est « plus beau qu'on ne peut l'imaginer », comme si cela nous aidait à nous en faire une idée ? D'abord, si c'est encore plus beau qu'on ne peut l'imaginer, pourquoi se fatiguer à l'imaginer ? Et puis, avec des descriptions aussi vagues, on comprend facilement qu'il soit tentant de prendre L'AU-DELÀ pour un simple conte de fées.

En vérité, L'AU-DELÀ est tout simplement splendide ; mais nous n'avons pas à l'imaginer, pas plus que nous n'avons à faire un effort pour savoir à quoi ressemble notre ville natale. Ses perspectives époustouflantes sont gravées à jamais dans notre mémoire et dans notre esprit. Nous venons tous de L'AU-DELÀ, nous y avons tous séjourné entre deux vies et nous vivrons à nouveau dans sa félicité lorsque cette vie se terminera. Et puis, croyez-le ou non, nous éprouvons tous le mal du pays, tellement que nous allons en voyage astral dans L'AU-DELÀ pendant notre sommeil, et ce, au moins deux ou trois fois par semaine ; seulement, nous n'en gardons aucun souvenir clair.

Même si certains détails énoncés dans ce chapitre peuvent vous paraître triviaux ou bizarres, ne sautez pas ces pages parce que vous croyez vous tromper. Ouvrez votre esprit et imaginez que votre âme vous parle à travers ces quelques pages, elle vous enjoint à reconnaître et à célébrer la douce familiarité de cette carte où vous sont présentés les chemins de La Maison.

Comme nous l'avons vu au chapitre 2, L'AU-DELÀ n'est pas un lieu mythique « là-bas quelque part » ; L'AU-DELÀ est véritablement ici à nos côtés, à peine à un mètre du sol.

Sa topographie est le reflet parfait de celle de la terre. Nos sept continents, la grandeur de nos montagnes, de nos plaines et de nos déserts, nos forêts, nos jungles, nos îles, nos contreforts, nos océans, nos mers et nos fleuves : tout cela et toute l'œuvre de Dame Nature existent dans L'AU-DELÀ avec une perfection originelle. Parce qu'il n'y a ni érosion, ni pollution, ni destruction, le relief des montagnes est nettement découpé et très saillant, les étendues d'eau sont pures et azurées et les littoraux sont aussi accidentés et intacts qu'ils l'étaient des milliers d'années auparavant. Dans L'AU-DELÀ, le temps n'existe pas, tous les êtres vivants demeurent éternellement semblables à ce qu'ils étaient lors de leur création ; rien ne vieillit, rien ne se corrompt. Chaque centimètre carré de terre et d'eau est magnifiquement et éternellement neuf.

Cela vaut aussi pour les deux continents perdus. Ainsi, l'Atlantide fertile repose dans l'océan qui correspond à notre Océan Atlantique alors que dans le Pacifique, se trouve l'immense et florissant continent Mu.

L'aspect familier de La Maison ne se limite pas qu'aux merveilles de la nature. Plusieurs des merveilles humaines ont d'abord existé dans L'AU-DELÀ avant d'être ramenées à la conscience et recréées sur terre. Ce n'est pas par hasard que de fabuleuses constructions comme les Pyramides, le Sphinx, les jardins suspendus de Babylone, la Grande Muraille de Chine et le Taj Mahal enchantent les panoramas de L'AU-DELÀ, ces merveilles sont aussi belles que si elles venaient d'être construites. Dans L'AU-DELÀ, le Parthénon, intact, est entretenu avec un grand soin. La Vénus de Milo — l'original — et d'autres grandes œuvres que nous ont léguées les siècles n'ont pas même été effleurées par les vandales, les guerres, les pillards et elles n'ont pas subi l'outrage du temps et des éléments. La bibliothèque d'Alexandrie, qui fut incendiée sur terre, est parfaitement conservée, et les manuscrits de la Mer Morte n'ont pas seulement l'air d'être neufs, ils sont aussi étudiés en profondeur, aussi facilement compris que des livres pour enfants. Même l'architecture gréco-romaine, à laquelle on rend hommage sur terre, provient de La Maison. En fait, comme nous le verrons, les premiers édifices qui nous accueillent à la sortie du tunnel s'inspirent de ce style d'une gracieuse et sobre majesté.

Il y a une réciprocité continuelle entre L'AU-DELÀ et la terre. Alors que de grands artistes, architectes et constructeurs reproduisent sur terre certaines des merveilles les plus chéries de La Maison, par réminiscence, il y a des lieux adorés sur terre qui sont reproduits dans L'AU-DELÀ, parce qu'ils sont beaux et saints, et parce qu'ils assurent un lien entre les deux dimensions. Par exemple, le jardin de Gethsémani, rendu sacré par le Christ ou encore des lieux comme la Mecque, le Vatican et la Cathédrale Saint Patrick ont été parfaitement reproduits. Ainsi, que l'on soit à La Maison ou sur terre, on peut toujours trouver un lieu familier pour adorer Dieu et célébrer Sa présence.

LE CLIMAT

Dans L'AU-DELÀ, il n'y a aucune précipitation : aucune pluie, neige, grêle ou neige fondante. Le vent n'est jamais plus fort qu'une légère brise et on n'observe aucune canicule ou vague de froid. La température tourne toujours autour de 25° Celsius et le temps est toujours calme. Un jour, j'ai demandé à Francine pourquoi il faisait toujours 25 degrés. Elle m'a répondu : « Parce que ». (Quand je discute avec Francine, je fais souvent en silence : « Oh... »).

La constance de la température et l'absence de précipitation, plutôt que de devenir ennuyeuses, sont la source d'une rafraîchissante stabilité et d'une beauté continuelle. Le climat, universellement constant, rend chaque lieu de L'AU-DELÀ également agréable. Personne ne se soucie jamais du froid ou de la chaleur, des tornades, des inondations et autres perturbations déterminées par le temps qu'il fait.

Le soleil, la lune et les étoiles ne sont pas visibles, et le jour et la nuit n'existent pas. La lumière est teintée de douces et sereines couleurs pastel et le ciel est d'un paisible violet rosissant, ce qui lui confère l'aspect des plus beaux couchers et levers de soleil terrestres.

UN MEILLEUR APERÇU

Chacun des neuf continents — nos sept continents plus l'Atlantide et Mu — se divise en quadrants. Nous verrons ces quadrants ultérieurement, mais disons pour l'instant que ces zones de L'AU-DELÀ sont destinées à certaines fins. Un quadrant, par exemple, peut être dédié à la recherche, un autre à l'élevage d'animaux et un autre aux arts. Les quadrants ne sont pas plus séparés les uns des autres que ne le sont nos fuseaux horaires, on peut donc se déplacer librement d'un quadrant à l'autre en vue d'explorer la diversité des intérêts et des responsabilités que nous prenons joyeusement lors de notre retour à La Maison.

Et parlant d'élevage, tous les animaux qui vivent sur terre abondent et sont chéris dans L'AU-DELÀ. L'agression y est une chose inconnue, aussi la prédation n'existe-t-elle pas. Le royaume des animaux évolue dans la même aura de paix et de tranquillité que nous, et je parle de tous les animaux : des dinosaures et des ptérodactyles jusqu'aux licornes et aux griffons. Plusieurs animaux qu'on qualifie, par paresse, d'animaux mythiques, existent bel et bien à La Maison. La part spirituelle et inconsciente de notre esprit s'en souvient, alors que notre mental conscient tient leur existence pour impossible. Les arguments que nous fournit notre mental conscient qui est limité, entêté et borné suffisent parfois à nous en convaincre, mais parce que notre esprit, même dans l'inconscient, sait toujours la vérité, il s'intéresse aux licornes et aux animaux prétendument imaginaires. D'ailleurs, la popularité des animaux dits « mythiques » ne s'est jamais démentie.

J'ai bien dit que *presque* tous les animaux de la terre se trouvent aussi dans L'AU-DELÀ, et peut-être éprouvez-vous des sentiments partagés envers la seule exception : les insectes. Il semble que L'AU-DELÀ en soit complètement dépourvu. Je ne suis pas vraiment friande des insectes, aussi est-ce pour moi une bonne nouvelle. Mais si les insectes sont essentiels à votre bonheur, je suis certaine que vous pouvez avoir tous les insectes de compagnie que vous désirez, dès votre retour à La Maison.

On m'a demandé plus d'une fois comment l'équilibre écologique pouvait être préservé sans la participation d'ennemis naturels ou d'insectes. La réponse est simple : quand Dieu – et non l'humanité – préside, l'écologie n'est pas seulement en bonne santé, elle fonctionne aussi perpétuellement et éternellement sans défauts.

Mais revenons aux quadrants. Comme je l'ai dit, chacun des neuf continents est divisé en quadrants destinés à un usage précis et nous pouvons y circuler librement, selon nos occupations ou notre bon plaisir. Un de ces quadrants est bien connu sur terre, parce que les enfants aiment y voyager de manière astrale pendant leur sommeil, il leur rappelle La Maison qu'ils viennent tout juste de quitter. Ce quadrant renferme ce qu'on peut appeler le centre de L'AU-DELÀ, il regroupe les « édifices principaux » destinés à l'accueil des nouveaux arrivants, et c'est pour cette raison que nous y retournons souvent au cours de nos vies terrestres.

LE CENTRE DE L'AU-DELÀ

Comme nous l'avons vu au chapitre 2, quel que soit l'endroit où nous nous trouvons à notre mort, chacun de nos tunnels mène exactement à la même entrée vers L'AU-DELÀ. Cette entrée est située dans le quadrant correspondant à la côte ouest du continent nord-américain, et c'est à cet endroit que nos Guides Spirituels, anges et autres entités chéries viennent nous accueillir dans la joie. Cela dit, contrairement à certaines idées reçues, il n'existe pas de portail ivoirin qui nous ouvre ou nous bloque le passage, et saint Pierre ne tient pas de registre pas plus qu'il ne vérifie le nom des personnes invitées. Le seul fait d'arriver dans L'AU-DELÀ témoigne de notre appartenance au lieu.

Le premier édifice que nous apercevons en sortant du tunnel, c'est le Palais de la Sagesse, vaste et orné de colonnes, il abrite le scanographe. Nos retrouvailles avec nos proches se déroulent aux pieds des imposantes marches qui mènent aux splendides portes doubles, et c'est à l'intérieur des murs de marbre du Palais de la Sagesse que nous reprenons notre vie dans L'AU-DELÀ.

Parce qu'il est synonyme de retour à La Maison, le Palais de la Sagesse est le lieu que nous fréquentons le plus souvent lors de nos voyages astraux, à la faveur du sommeil, de la méditation et de l'hypnose. Les enfants jouent à chat perché sur les marches gigantesques et à cache-cache autour des colonnes de marbre, brisant ainsi gaiement et innocemment la paix sacrée de ce saint Palais. Du moins, c'est ce que j'appris avec un certain embarras, lorsque Francine me demanda de sermonner mon fils Chris, alors âgé de cinq ans. Non seulement allait-il trop souvent sur les marches du Palais de la Sagesse pour rencontrer de nombreux camarades de jeu, mais encore était-il trop exubérant : ce garçon actif et en santé tombait sur les nerfs de tout le monde. C'est déjà assez gênant de recevoir une plainte quant au comportement de son enfant à l'école, mais c'est franchement humiliant d'en recevoir une de L'AU-DELÀ.

LE PALAIS DES ARCHIVES

Immédiatement à gauche du Palais de la Sagesse se trouve le Palais des Archives, un des édifices les plus fascinants et les plus populaires de L'AU-DELÀ. À l'instar du Palais de la Sagesse, son architecture est classiquement gréco-romaine. Il est pourvu d'imposantes colonnes de marbre et d'un dôme qui surplombe la campagne environnante.

Le Palais des Archives, comme son nom l'indique, contient tous les travaux historiques jamais écrits, y compris ceux dont les « originaux » ont été détruits sur terre : les ouvrages de la bibliothèque d'Alexandrie, les œuvres géniales traitant des continents de l'Atlantide et de Mu (malheureusement perdues sur terre) ou encore les textes sacrés askashiques (c'est-à-dire les Mémoires de Dieu).

Pour vous donner une idée de l'immensité du Palais des Archives, je peux vous dire qu'on y trouve aussi le plan détaillé de chacune des incarnations de vie sur terre. Plusieurs fois, j'ai visité le Palais des Archives au cours de voyages astraux, et j'en ai eu le souffle coupé chaque fois. On y trouve d'innombrables couloirs, chacun d'entre eux étant rempli de rayons chargés de manuscrits parfaitement conservés, sur lesquels nos plans de vie sont inscrits pour être préservés à jamais. Ces documents sont en araméen, langue universellement parlée dans L'AU-DELÀ.

Dans le Palais des Archives, il nous est loisible d'étudier notre plan de vie, afin de remettre en contexte le voyage de notre âme. Nous pouvons aussi étudier les plans de vie des proches qui sont toujours sur terre, pour répondre aux questions qui peuvent surgir à leur sujet et pour suivre exactement le fil de leur vie jusqu'à ce que nous les revoyions à nouveau. Il est aussi très utile d'examiner les plans de vie des gens qui nous ont déplu, nous pourrons ainsi comprendre le rôle qu'ils ont joué dans notre vie et le rôle que nous avons joué dans la leur, de même que les conflits antérieurs qui nous ont obligés à revivre ensemble.

L'étude des plans de vie dans le Palais des Archives possède d'inestimables avantages, mais pour bien l'apprécier, il nous faut savoir qu'il y a trois manières de lire ces plans de vie :

- Nous pouvons les lire sans les ouvrir, comme nous lisons notre dernière vie sur le scanographe, en couleur, en trois dimensions et avec un réalisme holographique.
- Nous pouvons écouter un plan de vie grâce à un effet de lecture ultra sophistiqué qui est grosso modo le pendant audio du scanographe, un mélange de son ambiant et de réalité virtuelle, amplifié des milliers de fois.
- Nous pouvons également laisser notre esprit entrer dans un plan de vie pour fusionner avec lui.

Dans L'AU-DELÀ, ce qu'on appelle « fusion » ressemble à une empathie extrême et totale. Sans jamais perdre son identité propre ou prendre celle de la personne avec laquelle on fusionne, on peut temporairement éprouver ses sensations, ses sentiments et sa réalité. On ne vit pas littéralement sa vie, on en est plutôt imbibé par toute l'information sensible.

C'est cette troisième voie qu'empruntent la plupart des habitants de L'AU-DELÀ lors de recherches historiographiques. Plutôt que de lire simplement sur l'Histoire, on peut choisir la vie de quiconque dans l'Histoire et, en se fusionnant à son plan de vie, être véritablement à sa place.

RAHEIM

Raheim est un ami de Francine, un esprit puissant et très avancé. Il lui arrive de se glisser dans mon esprit (par la puissance du channeling), lors de lectures ou de services religieux de mon église, la Novus Spiritus. Mais ne vous y trompez pas : il n'est pas mon Guide Spirituel, il ne me parle pas comme Francine le fait et il ne me guide pas avec la même constance. À sa dernière incarnation, Raheim était un sikh et un grand enseignant. On m'a dit qu'il était très connu chez les sikhs, mais je dois avouer que je ne le connaissais pas avant que Francine ne me le présente. (Croyez-moi, si je faisais tout ça pour le plaisir et la célébrité, je prétendrais que des esprits de personnes célèbres me visitent. En fait, Raheim est le personnage le plus « célèbre » que je connaisse.)

Je parlais d'ailleurs de Raheim avec Lindsay, un soir que nous travaillions ensemble à ce chapitre. Elle a rencontré Francine plusieurs fois, mais jamais Raheim. En lui décrivant le personnage, je prononçai les mots : « Et il est *vraiment*... » quand subitement les lumières se mirent à clignoter. Je ris et je terminai ce que je disais : « ...maître de l'électricité ». Lindsay s'esclaffa et dit : « Je comprends... ». Un autre clignement. En riant, toutes deux nous fîmes un « merci Raheim » plein de reconnaissance, nous reprîmes le travail et les lumières clignèrent une autre fois.

C'est Raheim qui m'initia à cet extraordinaire outil de recherche qu'est la fusion avec un plan de vie, alors que nous étions au Palais des Archives. Raheim est un historien passionné, et un jour qu'il étudiait la vie du Général George Custer, il décida de fusionner avec son plan de vie. Il me raconta qu'il s'était tout à coup retrouvé au milieu de chevaux au galop au beau milieu d'une bataille chaotique et bruyante. Il avait l'impression d'être là, l'adrénaline courait dans ses veines, il se sentait très fébrile et nerveux, d'autant plus que l'âcre fumée de la poudre à canon lui brûlait la gorge. Rationnellement, il savait qu'il ne vivait pas vraiment cette bataille et qu'elle ne le mettait donc pas en danger. Mais cela n'adoucissait en rien l'expérience sensorielle qu'il éprouvait ; il était en train de vivre les derniers moments du Général Custer, il éprouvait et ressentait les mêmes émotions que lui.

Comme si la capacité à fusionner avec un plan de vie n'était pas assez fascinante par elle-même, Raheim m'en montra un tout autre aspect qui ne cesse de m'intriguer depuis, même si j'en apprends toujours davantage à ce sujet. Apparemment, fusionner avec un plan de vie revient à emprunter une machine à voyager dans le temps, puisque notre esprit voyage depuis les paisibles bancs de marbre du Palais des Archives jusqu'à l'époque visitée. En prenant pour exemple l'expérience de Raheim avec le général Custer, il n'est pas impossible de penser que Custer, ses soldats ou même les Amérindiens présents sur le champ de bataille, auraient pu entrapercevoir Raheim dans la mêlée. Des études plus poussées m'ont fait comprendre que beaucoup de supposés « fantômes » ne sont en réalité que des visiteurs de L'AU-DELÀ surgissant brièvement dans une autre réalité...

Pour parler plus clairement, disons que je me trouve dans L'AU-DELÀ et que, par amour et par souci, je décide de fusionner avec l'un des événements les plus difficiles du plan de vie de mon fils Willy. Même si l'événement n'a pas encore eu lieu dans le temps terrestre, je peux toujours, depuis l'intemporalité de L'AU-DELÀ, fusionner avec cet instant, et même y apparaître, afin de voir comment mon fils s'en sortira, ce qui devrait suffire à calmer mes appréhensions.

Partager le point de vue d'un ancien ennemi ou de quelqu'un qui nous a trahi ou abandonné au mauvais moment constitue une bonne raison de fusionner avec divers plans de vie. On peut ainsi connaître leurs vies passées, sentir leurs motivations, leurs douleurs et leurs obstacles, et de cette manière on arrive à comprendre entièrement leur point de vue. Peut-on imaginer expérience de connaissance de soi et des autres plus immédiate et enrichissante que celle-là ? Un chemin menant plus directement au pardon ? Il va de soi que le Palais des Archives demeure le centre de recherche le plus populaire et le plus occupé auquel nous avons accès dans L'AU-DELÀ.

LE PALAIS DE LA JUSTICE

À la droite du Palais de la Sagesse repose le magnifique Palais de la Justice, l'édifice sacré où se réunit le Concile. Nous verrons plus tard le Concile en détail, mais pour l'instant, nous ne décrirons ses membres que comme les vénérés et distingués Anciens qui ont un rôle important à jouer dans nos vies, à la fois dans L'AU-DELÀ et sur terre.

De style gréco-romain, le Palais de la Justice est pourvu de colonnes et de dômes, tout comme les deux autres Palais composant le triumvirat qui nous accueillent à notre retour à La Maison. Mais ce qu'il offre de plus précieux, ce dont parlent le plus les gens qui se rappellent les détails d'une expérience au seuil de la mort, ce sont sans aucun doute ses jardins infinis d'une beauté qui vous tire les larmes.

Rien sur terre n'approche les couleurs, les nuances et le parfum, l'ampleur et la sainteté grandiose des Jardins du Palais de la Justice. Ils incarnent la nature dans ce qu'elle a de plus joyeux, ils se veulent une offrande pour Dieu, un fier hymne à sa gratitude. Ses sentiers de pierre et ses charmants ponceaux, ses fleurs parfaites, ses fontaines effervescentes et ses sources, ses cascades paisibles et ses tonnelles luxuriantes, sont époustouflants. Des centaines et des centaines de bancs de méditation en marbre blanc sont disposés de façon à créer l'intimité sacrée nécessaire à la méditation, on les a placés parmi des voûtes de fougères et de bougainvillées érubescentes et ils sont abrités par des arbres en surplomb. S'il vous est déjà arrivé de sentir une profonde et subtile sérénité dans un jardin ou de vous être mystérieusement laissé émouvoir à la vue d'une fleur odorante ou d'une allée de pins, je vous assure qu'il s'agissait d'un tressaillement de votre âme ; elle a eu le mal du pays en se souvenant des Jardins du Palais de la Justice.

L'entrée du Palais de la Justice est sous la grâce de la sublime statue d'Azna, la Déesse Mère. Récemment, ma petite fille Angelia m'a dit qu'elle avait vu Azna. Elle m'a dit : « Dans la vraie vie, ses cheveux sont frisés et courts, mais la statue d'Azna porte de longs cheveux détachés ». Jamais Angelia n'a vu l'illustration du Palais de la Justice qui se trouve dans ce livre – les détails de cette description m'ayant été fournis par Francine — et jamais elle n'a entendu son père ou moi-même parler de cette statue. Je lui ai demandé comment elle avait su pour les cheveux longs de la statue d'Azna. Il s'est avéré qu'à l'occasion de ses voyages astraux, Angelia visitait régulièrement les Jardins du Palais de la Justice et les Tours, alors que Chris, enfant, préférait le Palais de la Sagesse.

REDÉCOUVRIR LES TOURS

Le Palais des Archives, le Palais de la Sagesse et le Palais de la Justice sont les premiers édifices qui nous accueillent dans L'AU-DELÀ. Derrière les Palais s'élèvent les Tours, deux constructions identiques, grandes et de style contemporain — ayant la forme de deux vénérables monolithes aux imposantes façades de marbre blanc et de verre bleu. De murmurantes chutes d'eau caressent leurs murs en éclaboussant délicatement le jasmin qui répand le parfum d'exquise sérénité embaumant l'espace qui s'étend au-delà des portes d'or ornées de gravures.

Les Tours, rappelons-le, sont essentielles à ceux dont l'arrivée nécessite des soins psychologiques et émotionnels intensifs, afin que leur retour à La Maison se passe le mieux possible. Elles sont aussi grandement appréciées des

« habitants » qui visitent ces lieux parfaitement propices à la solitude, à l'étude et à la méditation. L'éternelle lumière pastel de L'AU-DELÀ traverse le verre bleu des Tours, créant une ambiance de paix qui décuple l'amour divin, cet amour pour lequel nous languissons inconsciemment sur terre. Le silence le plus profond et le plus curatif de la terre n'est, en comparaison, que chaos.

La première fois qu'Angelia fit un voyage astral pendant son sommeil, elle se rendit jusqu'aux Tours. Elle n'avait que quatre ans et les Tours ne lui disaient rien, elle n'en avait jamais entendu parler. Le matin suivant, elle vint me voir, toute excitée, et avec son zézaiement et son vocabulaire limité, elle me parla de leur paix, de l'odeur qui régnait en ces lieux et de la magnifique vue sur le paradis infini qui s'offrit à elle à travers le verre bleu des Tours. Elle chuchotait presque au moment de terminer son récit, quand elle termina en disant : « C'était MAMIFIQUE ». Le ton de déférence qu'emprunta cette enfant en disant ces mots décrit bien mieux les Tours et leur impact sur l'âme que je ne saurais jamais le faire.

À L'OMBRE DES TOURS

Deux autres constructions sont disposées côte à côte et juste derrière les Tours. Peu connus, ces bâtiments ne jouent aucun rôle lors de notre retour à La Maison, pas plus qu'ils ne sont intégrés à la vie quotidienne dans L'AU-DELÀ. Ils n'en sont pas moins adorés, puisqu'ils recèlent certaines nourritures pour l'âme.

Le Palais des Sons. À la création de notre âme, un mantra personnel nous est assigné – il peut s'agir d'un mot spécifique ou d'une série de syllabes – auxquels notre esprit répond éternellement. Si notre esprit était un instrument de musique unique et sublime, alors notre mantra en serait le diapason, l'instrument qui nous accorde parfaitement, grâce auquel nous sommes en accord parfait avec Dieu.

Chaque mantra débute avec « om », un mot lié à l'affirmation et au consentement, puis se poursuit avec un ton fait de deux syllabes. Le mien est « shireem », celui de Lindsay, « kiri ». Toutefois, le seul son de ces mantras ne suffit pas à allumer nos consciences terrestres puisque le bruit de notre esprit conscient peut noyer leur écho divin.

Cependant, dans L'AU-DELÀ, notre mantra nous est très familier, autant que notre lien génétique avec Dieu. Et pour se maintenir en parfait accord avec Lui – et maintenir la pureté dans laquelle nous fûmes créés – nous faisons occasionnellement une joyeuse visite au Palais des Sons pour méditer et pour chanter nos mantras. Cela maintient pour l'essentiel la musicalité de notre essence parfaitement accordée. Mais ne vous y trompez pas : jamais nous ne faussons avec Dieu. Le chant de nos mantras dans le Palais des Sons exprime notre reconnaissance et se veut une célébration de notre son, de ce son qui est notre propre chanson, de ce présent que Dieu nous a offert au moment de notre création. Toutes les fois que nous le prononçons, nous faisons une offrande à Dieu.

La visite au Palais des Sons nous vaut aussi un cadeau superbe et magique. Aussi uniques que soient notre mantra et le ton que nous prenons pour le chanter, dès qu'un groupe le chante ensemble (dix ou dix mille personnes), leurs voix s'assemblent dans ce Palais exquis et se fondent en une harmonie sublime, non seulement avec le Créateur mais aussi avec les autres esprits. De la sorte, nos chants s'unissent dans un hymne de grâce spontanée qui charme tous les chanteurs et enthousiasme le cœur de Dieu.

Si vous voulez essayer de vous connecter avec votre mantra sur terre, voici une méditation toute simple qui pourrait vous y aider.

Asseyez-vous confortablement, l'esprit détendu et votif, les mains ouvertes posées sur vos cuisses, paumes en l'air et prêtes à recevoir. Fermez les yeux et respirez régulièrement, de plus en plus profondément, jusqu'à ce que vous vous sentiez concentré et isolé de la rumeur environnante.

Lentement, et avec révérence, l'œil de votre mental avance vers un gigantesque et étincelant obélisque de cristal qui vous surplombe. Soudain, vous êtes au milieu d'un champ d'un beau vert vif tapissé d'éclatantes fleurs sauvages. L'obélisque prend pour vous un air familier lorsque vous voyez que le Palais des Sons se trouve à ses côtés, cela vous enthousiasme et vous franchissez silencieusement les portes du Palais.

Vous êtes entouré d'arcs-en-ciel : les murs infinis de l'obélisque de cristal créent des prismes vibrants aux couleurs dansantes qui tournoient sur des bancs de marbre blanc encerclant un espace sacré au milieu duquel se dresse une immense fontaine qui respire la sérénité. L'eau qu'on y puise rafraîchit, revigore et guérit.

Vous vous installez sur l'un des bancs, baigné de couleurs grandioses, et vous demandez à Dieu de vous donner la grâce d'entendre le son du mantra dont il vous a fait cadeau au moment de votre création. Murmurez tranquillement le son « om » par lequel il commence, en laissant le « m » s'échapper jusqu'à ce que vous puissiez sentir sa douce vibration dans votre gorge. Alors écoutez... écoutez... jusqu'à ce qu'une syllabe ou deux se dessinent profondément en vous.

Si les syllabes ne viennent pas, faites patiemment le tour de l'alphabet, lettre par lettre, pour découvrir laquelle fait naître un son chantant dans votre âme. Imaginez si cela est nécessaire un tableau devant vous, et attendez qu'un mot y apparaisse.

Même si votre mantra est difficile à percevoir, aucune erreur n'est possible. Chaque moment que vous passez dans la sainteté du Palais des Sons en répétant simplement le « om » affirmatif porte votre âme vers le miracle de la paix, car votre âme se souvient de La Maison et elle résonne en accord avec elle.

Le Palais des Voix. À la droite et derrière le Palais des Sons se trouve un bâtiment destiné au privilège le plus sacré qu'il nous soit donné d'expérimenter. Il s'agit d'une rencontre divine avec un son si transcendant qu'il se fait entendre jusque sur la terre, comme si la joie était trop grande pour être confinée à cette seule dimension.

Au chapitre 7, nous étudierons les Anges en détail. Pour l'instant, il nous faut nous concentrer sur l'une de leurs qualités uniques : les anges ne parlent pas, qu'ils soient dans L'AU-DELÀ ou qu'ils apparaissent sur terre pour jouer leur rôle de protecteurs, jamais on ne les a entendus prononcer un mot. Leur mode de communication est exclusivement silencieux et télépathique.

Mais de temps en temps, lors des fêtes les plus hautes et les plus sacrées, tous les Anges de l'imposante légion bénie de Dieu se rassemblent dans le Palais des Voix et offrent le concert d'une dévotion unique. Pour l'occasion, leur vaste chœur chante leur adoration pour le Créateur ; ces sons audibles, les seuls qu'ils produisent, sont en fait des hymnes de gratitude pour toutes les vies vécues en Sa présence éternelle.

Les esprits affluent des coins les plus reculés de L'AU-DELÀ pour assister à ces rares et extraordinaires spectacles. Mais les chants des Anges sont si puissants qu'ils se répandent hors du Palais des Voix pour toucher la grâce sacrée de La Maison : chaque animal, chaque brin d'herbe, chaque fleur et chaque arbre, chaque ruisseau et chaque océan, chaque rocher, chaque pierre et chaque grain de sable.

Une fois tous les mille ans, nous avons la grâce, ici sur terre, d'entendre l'écho de ces hymnes angéliques grandioses. La Bible, dans Luc 2.13-14, nous donne une éloquente description de ce rare événement qui s'est produit à la naissance du Christ : « Tout à coup, il y eut avec l'ange une multitude d'anges du ciel qui louaient Dieu en disant : " Gloire à Dieu dans les cieux très hauts, et paix sur terre aux hommes qu'Il aime ! " »

Existe-t-il une manière plus sublime d'annoncer la présence de Jésus parmi nous que ce chant de joie des Anges qui se destine à nous depuis le Palais des Voix ?

Les édifices à l'entrée de L'AU-DELÀ – le Palais de la Sagesse, le Palais des Archives, le Palais de la Justice et ses jardins majestueux, les Tours, le Palais des Sons et le Palais des Voix – sont bien assez beaux et riches pour nous rendre heureux pour l'éternité.

Et pourtant, ils ne marquent que le commencement de la dimension infinie qu'est La Maison.

Chapitre 6

PAR-DELÀ L'ENTRÉE : LE LIEU OÙ NOUS VIVONS, TRAVAILLONS, NOUS DIVERTISSONS ET FAISONS NOS DÉVOTIONS

Regardez par la fenêtre de votre bureau ou de votre maison ou mieux encore, depuis le hublot d'un avion ou à l'orée d'une large plaine terrestre, et imaginez une topographie dénuée de centres commerciaux, de stationnements, de gratte-ciel, d'autoroutes, de pollution, de déchets et de tous les débris qui constituent ce que nous appelons ridiculement « progrès ».

Alors, vous obtiendrez le pur tableau d'un paysage florissant, soigné et vierge, tel que nous en offre L'AU-DELÀ.

Mais d'abord, un mot sur la physique — pas sur le *psychique* : sur la *physique*.

Francine a mille fois essayé de m'expliquer les règles physiques qui prévalent dans la dimension de L'AU-DELÀ. Mon esprit s'est déjà épuisé à comprendre celles de *notre* dimension ; mes vieux bulletins scolaires en témoignent ! Il me faut reconnaître que cet aspect de la vie à La Maison me fascine même s'il m'échappe quelque peu.

Le temps et l'espace, tels que nous les concevons, n'existent pas dans L'AU-DELÀ. Dans cette dimension très spéciale, des centaines, voire des milliers d'esprits peuvent vivre, travailler et se rencontrer dans un espace restreint sans que cela ne pose problème. Francine m'a dit que ce phénomène est attribuable à la densité de la matière qui est plus importante là-bas que sur terre. Cette explication trouve tout de même un vague écho en moi : en effet, plus je vieillis et plus mon corps me montre que notre structure moléculaire terrestre est ridiculement relâchée, et franchement, je suis loin d'apprécier cette disposition de la nature.

Quoi qu'il en soit, un portrait précis de L'AU-DELÀ ne peut être esquissé sans insister sur le fait que les lois physiques terrestres ne sont pas transposables à celles de L'AU-DELÀ. Bien que cela soit difficile, il ne faut jamais essayer de comprendre ce qu'est L'AU-DELÀ en tentant d'y appliquer les étroites limites spatiales qui ont cours sur terre, cette conception ne rend pas justice à la réalité de La Maison.

LES HABITATIONS

Je me souviens encore à quel point j'ai été soulagée d'apprendre de Francine que nous avions notre propre demeure dans La Maison. Même au paradis, la seule idée d'errer sans avoir un lieu à moi me causait un tel sentiment de tristesse et de désolation que je ne pensais pas pouvoir y être vraiment heureuse. Pourtant, nous n'avons pas besoin de résidence dans L'AU-DELÀ. En fait, certains vivent sans maison même si, et nous le verrons bientôt, ils pourraient facilement s'en créer une si tel était leur souhait. Aussi réels soient-ils, nos corps requièrent moins d'attention à La Maison que sur terre. Il nous est même permis de cuisiner ou d'ingérer de la nourriture juste pour le plaisir, bien que cela ne soit pas nécessaire. Nous pouvons aussi nous étendre et nous reposer, bien que nous n'ayons pas besoin de sommeil. Nous disposons également d'un cœur qui pompe notre sang et de poumons pour respirer, de même que de tous les autres organes — étrangement, leur disposition est inversée, autrement dit, notre corps dans L'AU-DELÀ est le reflet inversé de notre corps terrestre, comme notre reflet dans un miroir.

Nous ne subissons pas les désagréments des « besoins primaires » terrestres ; pour dire les choses poliment, nous n'avons pas besoin de salle de toilette. Nous créons notre style et nos vêtements avec la même imagination avec laquelle nous créons nos maisons, aussi n'avons-nous pas besoin de garde-robes, de maquillage ou d'accessoires de toilette. Nous n'avons pas besoin de nous protéger des éléments, le temps étant toujours clément. En d'autres termes, il n'y a pas de raisons, du moins pratiques, d'avoir une résidence dans L'AU-DELÀ.

Néanmoins, la plupart d'entre nous avons une résidence, pour la bonne raison que nous apprécions, pour la plupart, le confort et la paix d'un foyer qui nous soit propre, un environnement, modeste ou raffiné, à travers lequel nous exprimons nos préférences, notre style et nos goûts, un espace familier où nous éprouvons l'immédiate sensation d'être chez nous. Malgré tout, nous ne l'occupons pas tout le temps, nous y passons de temps en temps.

L'AU-DELÀ est en soi un chez-soi, L'AU-DELÀ est notre Maison. Malgré tout, plusieurs apprécient le fait d'avoir un chez-soi, comme c'est le cas sur terre.

La réponse facile à la question : « Où vit-on dans L'AU-DELÀ ? » consiste généralement à dire : « Là où on le veut ». Pourtant, il s'avère que cette réponse simple est tout à fait juste, les maisons de L'AU-DELÀ reflètent parfaitement les goûts de leurs propriétaires. Si vous avez toujours rêvé de vivre dans un immense château de pierre, un manoir de style Tudor, un luxueux loft, un chalet en pain d'épices, un ranch à deux étages, une modeste cabane en bois rond ou même dans un appartement communautaire, ce rêve sera à votre portée. Vos choix ne seront plus limités par vos moyens financiers, puisque l'argent, pas plus que le statut social, n'ont leur place à La Maison. En fait, la nature de votre résidence dans L'AU-DELÀ ne dépend que de votre esprit, puisque la plupart des résidences sont construites par *projection mentale*.

Ne vous y méprenez pas : les maisons construites par la pensée ne sont pas imaginaires. Notre connaissance du pouvoir de la projection mentale en est encore à ses premiers balbutiements sur terre, toutefois, si cela peut vous aider à surmonter votre incrédulité, rappelez-vous que tout ce que l'humain fait, il doit d'abord le concevoir mentalement. Dans L'AU-DELÀ, nous pouvons passer de la pensée à l'action sans tous les aléas que nous rencontrons sur terre. Nous projetons la maison que nous voulons, et le lieu où nous la voulons, et elle y est. Les maisons sont aussi réelles que nos maisons terrestres, mais elles sont encore mieux conçues puisque nous pouvons les agrandir ou les rapetisser, leur ajouter une aile, ouvrir leur toit, enlever un mur ou les déplacer, par le seul pouvoir de notre pensée. Il ne s'agit pas de magie, mais du pouvoir de l'esprit, force que nous commençons à peine à explorer sur terre.

Néanmoins, toutes les maisons ne sont pas directement bâties grâce à la projection mentale. Beaucoup de constructeurs (charpentiers, architectes, tailleurs de pierre, paysagistes, etc.) préfèrent encore la gratification du travail fait à la main et prennent plaisir à exprimer leur savoir-faire. On les encourage à poursuivre dans la voie du travail traditionnel et on admire ce qu'ils font, et de nombreux apprentis sont désireux d'acquérir leur savoir en la matière. La seule règle qui s'applique à chaque construction, qu'elle soit projetée ou faite à la main, est de ne rien détruire ; ainsi, aucune fleur, aucun arbre, aucune rivière, aucune colline ne doivent être touchées, la beauté naturelle du site est préservée. Cette règle s'applique également au matériel de construction, ce dernier étant créé par projection.

La réponse « Tout ce qu'on veut » concerne aussi l'ameublement et les objets de luxe. Si vous aimez les baignoires à remous ou les fauteuils inclinables, ou si vous croyez qu'une maison devrait avoir un piano ou une salle de divertissement, eh bien vous n'avez qu'à le projeter, et c'est fait ! Les possibilités sont aussi vastes que nos rêves.

Certains d'entre nous choisiront de créer leur maison de rêve. D'autres se contenteront de recréer une maison qui leur rappelle la demeure qu'ils ont aimée lors d'une autre vie. J'ai été touchée lors d'une conversation que j'ai eue avec la mère (décédée) d'une de mes clientes, peu avant la mort de son mari : la mère de ma cliente préparait, en guise de surprise, une maison identique à celle où ils avaient vécu, son mari et elle, une demeure entourée de yuccas semblables à ceux qu'il aimait.

Au prochain chapitre, nous discuterons de tout ce qui concerne les relations interpersonnelles dans L'AU-DELÀ. Pour tout de suite, je me dois pourtant de souligner que d'autres choix s'offrent à nous en dehors de vivre avec une seule personne ou de vivre seul. Dans L'AU-DELÀ, les appartements et les condominiums sont très appréciés pour la camaraderie qu'ils procurent, ainsi la vie en communauté est l'idéal de plusieurs habitants. Il vaut la peine de mentionner que le choix de vivre en commune y est parfaitement acceptable. En fait, il n'y a là-bas rien « d'inacceptable », pour la simple et bonne raison que, là où la présence de Dieu se fait sentir, il n'y a ni jugement, ni péché, ni faute, ni bien, ni mal : il n'y a que la joie de s'épanouir dans un amour infini et absolu.

Dans L'AU-DELÀ, il n'y a pas de villes ni de banlieues, pas plus que de métropoles. Deux raisons bien simples expliquent ceci :

- Comme nous n'avons pas à nous déplacer au sens propre du terme, nous n'avons pas besoin de vivre près de notre lieu de travail. La majorité des déplacements s'effectuent par la projection mentale, soit par le même pouvoir qui nous permet de construire nos maisons. Nous n'avons qu'à nous « penser » à un endroit précis, et nous y sommes. Sur terre, le seul mode de transport qui s'en rapproche est le voyage astral, cette envolée que prend notre esprit en s'arrachant à cette lourde masse qu'on appelle « corps » et qui nous rive sur terre. Nous avons bien sûr un corps dans L'AU-DELÀ, comme nous l'avons vu, mais à La Maison, nous sommes des esprits avec un corps, alors que sur terre, Dieu fait que nous sommes des corps pourvus d'un esprit soumis à des épreuves d'apprentissage. Libéré des limitations terrestres, notre esprit peut s'élancer et s'épanouir, et notre pensée devient réalité. De même que la construction d'une maison par la pensée ne nécessite pas tout le labeur habituel, un voyage s'effectue sans qu'on ait à s'inquiéter de bagages, de cartes, de réservations et d'horaires. Ainsi, comme nous pouvons vivre n'importe où dans L'AU-DELÀ et être au travail en un instant grâce à la pensée, pourquoi aurions-nous besoin de villes et de banlieues ?

- La deuxième raison pour laquelle il n'existe pas de villes, de banlieues ou de métropoles dans L'AU-DELÀ, c'est qu'il n'y a pas d'activités commerciales, et par conséquent, pas d'argent ni d'endroits où le gagner et le dépenser. Cela signifie qu'il n'y a ni magasin, ni centre commercial, ni épicerie. Quand vient le temps de choisir un lieu de résidence, le problème de l'accessibilité des services n'entre pas en ligne de compte. Lorsque les maisons sont le moindrement proches les unes des autres, c'est sous la forme de petits villages habités par un maximum de quelques centaines de personnes, pas plus. Le charme de ces villages tient à l'infinie diversité de leur taille, de leur style architectural, de leurs richesses et de leur aspect.

Aussi importantes qu'elles puissent être aux yeux de certaines personnes, les résidences ne comptent que pour une fraction des édifices bourdonnant d'activités qui enrichissent la splendeur des paysages de L'AU-DELÀ. Nous nous pencherons sur les innombrables activités qui s'y déroulent dans un des chapitres suivants, pour l'instant, nous nous contenterons de décrire les autres édifices qui composent l'horizon sans fin de La Maison.

L'EXPANSION DE NOTRE ESPRIT

Parmi les bâtiments les plus nombreux et les plus occupés figurent les vastes bibliothèques, écoles et centres de recherche. On les trouve partout : ils sont aussi essentiels à notre joie que nos amis et nos animaux les plus proches.

Les bibliothèques remplissent une fonction complémentaire au Palais des Archives. Elles regorgent de mots jamais publiés et de tous ceux écrits dans L'AU-DELÀ et qui, pour le plus grand bénéfice de l'humanité, seront un jour infusés aux écrivains de la terre. Elles regorgent d'écrits portant sur tous les sujets imaginables et dont plusieurs restent encore à explorer. Ces impressionnantes collections d'œuvres offrent des ressources infinies concernant tous les sujets qui nous intéressent, aussi ces bibliothèques ne cessent-elles jamais de bourdonner d'activités.

Les nombreuses bibliothèques se distinguent par leur architecture et leur décor, mais aussi par le fait qu'elles sont spécialisées dans un thème précis. Faire le tour de leurs styles architecturaux revient à faire le tour de tous les styles architecturaux possibles. On peut y voir des modestes surfaces enceintes de bois jusqu'aux gigantesques monolithes de verre, de style plus contemporain, ou encore des kilomètres d'escaliers de marbre en colimaçon sillonnant d'innombrables étages de rayons jusqu'à un plafond symboliquement ouvert sur le ciel.

Aussi nombreux que les bibliothèques et non moins fréquentés, les écoles et les centres de recherche voient éternellement foisonner entre leurs murs, comme nous le verrons plus tard, des recherches et des expériences menées pour le bien de l'humanité dans tout l'univers mais également pour notre propre culture, et ce puisque, Dieu merci, nous avons tous été dotés d'un esprit infiniment curieux lors de notre création, un esprit qui réclame beaucoup de stimulations. L'un des savoirs éternels que nous finissons tous par apprendre, même très lentement, par infusion, est sans doute que nous ne pouvons donner le meilleur de nous-mêmes qu'à la condition d'étudier dans un environnement mariant la beauté à la sérénité, si beau qu'on a peine à le quitter. Qu'ils soient simples ou complexes, les bâtiments ne comportent jamais de cloisons, de murs sans fenêtre, de sièges en bois inconfortables, de planchers froids en linoléum ou des halls d'entrée mornes et mal aérés. La Nature dévoile sa splendeur devant tous les laboratoires de recherche, et les professeurs, les étudiants et les chercheurs veillent à travailler dans le plus grand confort. Quelle que soit l'heure, il nous prend souvent l'envie de nous précipiter vers une école ou un centre de recherche. À La Maison, ces institutions sont à la source de nos plus grandes joies.

« LES TEMPS MORTS »

On n'a pas besoin de congé dans L'AU-DELÀ, parce que nous aimons tout ce que nous faisons, personne ne désire de pause. Nous nous engageons dans des activités parallèles à notre travail et nous avons une vie sociale pour la simple et bonne raison que ça nous plaît. Les installations qui servent à ces activités sont grandement appréciées des habitants de La Maison.

Des salles de lecture et de concert, toujours pleines à capacité, nous donnent à voir et à entendre les artistes et les conférenciers les plus illustres de toute l'Histoire. D'une beauté à couper le souffle et d'une acoustique impeccable, ces salles ont été infusées et recréées selon les plans des édifices terrestres, qu'il s'agisse du Colisée de Rome, du Parthénon d'Athènes ou du moderne Hollywood Bowl. Ces élégantes salles sont nées d'un mariage heureux entre la vénération que voue L'AU-DELÀ à la nature et notre propre génie donné par Dieu.

Les sports qui n'impliquent pas de contact sont aussi des activités célébrées dans L'AU-DELÀ, tant par ceux qui aiment participer que par ceux qui préfèrent seulement regarder. Le paysage serait méconnaissable sans les superbes stades olympiques, les parcours de golf, les courts de tennis, les pentes de ski qui scintillent d'une neige éternelle, les vagues parfaites pour le surf qui se brisent contre des littoraux purs et blancs et les installations destinées à tous les autres exercices. Tout cela compose le « terrain de jeu » le plus raffiné qu'on puisse imaginer.

Les habitants de L'AU-DELÀ sont infatigablement et allègrement portés vers la vie sociale ; les petits comme les plus grands rassemblements, toujours animés et chargés de rires, en témoignent. On saisit chaque occasion possible pour faire la fête, un pique-nique, danser, participer à un festival ou à des sorties avec ses proches. Qu'il s'agisse de parcs, de jardins, de places publiques, de prés, de grottes paisibles, de bassins isolés au calme miroitant ou de foires que les tentes illuminent gaiement, aucun lieu n'est soumis à une heure de fermeture ou réservé à un public cible. Dans L'AU-DELÀ, les occasions de fraterniser sont innombrables.

Innombrables sont aussi les clients qui ont régressé avec moi jusqu'à L'AU-DELÀ et qui m'ont décrit un ensemble clairsemé, mais continuel, de routes se déployant au travers des neuf continents. Curieux n'est-ce pas ? En toute logique, pourquoi faut-il des routes si les déplacements se font par projection mentale ? J'ai interrogé mes clients quant à leurs déplacements à La Maison, mais on me donne toujours la même réponse, et Francine le confirme. « Normalement je n'ai qu'à me voir là où je veux aller », me disent les clients. « Mais quelquefois, mes amis et moi, nous aimons monter en voiture pour faire une petite promenade ». Tous m'ont décrit le même genre de véhicule, une voiture hybride, disons, entre une voiturette de golf et un aéroglisseur à alimentation atomique, qui s'ouvre par les côtés et qui flotte à plusieurs centimètres au-dessus du sol, ce qui évite de l'endommager en le touchant. Francine m'a déjà expliqué que ces routes et ces aéroglisseurs avaient leurs utilités. À l'instar des styles architecturaux terrestres et de la possibilité d'exprimer nos goûts, ces voitures tissent un lien entre L'AU-DELÀ et la terre. Ces menus détails, en provenance des deux dimensions, constituent pour Dieu le moyen par excellence pour nous faire sentir l'apaisante familiarité de La Maison, et ce, où que nous soyons.

LA DÉVOTION

Comme vous l'avez sans doute déjà fait, je me suis souvent demandé s'il n'était pas superflu d'aller à l'église régulièrement une fois que nous sommes dans L'AU-DELÀ. Après tout, chaque bouffée d'air que nous respirons n'exhale-t-elle pas la présence de Dieu ? N'adorons-nous pas Dieu à chaque instant lorsque nous sommes à La Maison ? J'ai vite compris qu'il était impossible de ne pas apercevoir un lieu de culte, où que ce soit, et que ceux-ci figuraient parmi les lieux les plus aimés où se pressent les foules en liesse. De magnifiques temples, églises et synagogues côtoient, au beau milieu de la campagne, de simples chapelles dotées d'autels dépouillés et ces édifices abritent les cultes de toutes religions. Toutes cohabitent dans un respect et une paix profonde. Cela pourrait nous servir d'exemple : ces demeures de Dieu sont aussi de formidables centres d'apprentissage, et les habitants de La Maison se réjouissent d'en savoir un peu plus sur ces centaines de rituels, de coutumes et de théologies qui servent tous les mêmes objectifs : ressentir et exprimer la présence de Dieu et s'unifier dans Son adoration réciproque. Côte à côte, des méthodistes et des bouddhistes prient gaiement aux services religieux judaïques. Des catholiques et des musulmans se sentent parfaitement à l'aise de chanter ensemble des hymnes avec des moines shintoïstes et bahaïs. Se donner la main pour louer Dieu nous est tout naturel, il s'agit d'un acte nécessaire et qui plus est, enrichissant. Cette union est aussi essentielle à notre survie que le battement de notre cœur.

Nous respectons et reconnaissons tous les rituels de la foi, du plus modeste au plus complexe ; nous adorons notre propre messie et celui des autres, nous adorons les esprits avancés et divinement incarnés qu'ils sont. Nous nous montrons accueillants quelles que soient les prières ou les voix qui s'élèvent dans les cantiques qui expriment notre gratitude, parce que nos âmes savent sublimement une chose que nous oublions trop facilement sur terre : quel que soit le nom qu'on Lui donne, *nous prions tous le même Dieu.*

Maintenant que nous avons une petite idée de ce à quoi ressemble L'AU-DELÀ, il nous reste à connaître les populations magnifiques qui peuplent ces splendides paysages. Tous ces êtres qui nous manquent lorsque nous sommes sur terre, mais que nous retrouverons un jour.

miroir à maquillage ou sous le scalpel d'un chirurgien plasticien. Changer d'apparence dans L'AU-DELÀ signifie également changer de nationalité. N'oubliez jamais que l'intolérance et le sectarisme n'existent pas à La Maison, c'est d'ailleurs une des raisons pour laquelle on l'appelle le « paradis ». Aussi, peu importe l'apparence que nous choisirons d'adopter, une chose reste sûre : nous ne deviendrons jamais une victime de discrimination.

Par exemple, juste avant que je ne quitte La Maison pour vivre cette incarnation, j'avais pris l'apparence d'une asiatique pour la simple et bonne raison que j'aimais ce style. Mon allure physique n'a pourtant jamais été à l'origine de la moindre confusion, je n'ai pas eu à me présenter à mes amis, tous savaient qui j'étais malgré ma nouvelle image. Les gens se disaient simplement : « Tiens, elle a adopté son style asiatique aujourd'hui. » En somme, tout se passe aussi naturellement que sur la terre lorsque nous disons : « Tiens, voilà la tante Rosemarie dans son costume de Marie-Antoinette. » Ou : « Et voilà l'oncle Bob dans son costume de père Noël. »

Le visage que nous avons dans L'AU-DELÀ peut également influencer la perception que nous avons de nous-même sur terre. Lorsque je n'étais encore qu'une toute petite enfant, bien avant que Francine ne m'explique tout ceci, je passais des heures à essayer de corriger mes yeux et mon nez afin de retrouver l'image que je connaissais. Voilà de bien curieuses manières pour une petite fille. Comment une enfant d'origine caucasienne peut-elle penser qu'à force de se regarder dans le miroir, ses traits prendront l'apparence de ceux d'une femme asiatique de trente ans ?

Cette semaine encore, une femme est arrivée en pleurs dans mon bureau, elle voulait que je l'aide à découvrir pourquoi son apparence l'avait toujours obsédée. Elle avait dépensé une petite fortune chez le chirurgien plastique, au salon de bronzage et chez des coloristes pour changer la couleur de ses cheveux.

Malgré tout, elle considérait toujours sa petite taille, ses cheveux blonds et ses yeux bleus « comme un mauvais coup du sort, comme si elle avait le corps d'une étrangère. » Je l'ai fait régresser sous hypnose, persuadée que l'attitude négative de ma cliente quant à son corps s'expliquait par l'interférence d'une de ses vies antérieures sur sa vie actuelle. Il n'en était rien, nous avons plutôt découvert que lorsqu'elle était dans L'AU-DELÀ, elle était très grande, elle avait endossé les traits racés et l'allure altière d'une femme africaine très élégante. Ainsi, elle cherchait désespérément à retrouver les traits africains qui avaient été les siens à La Maison. Dès qu'elle a pu identifier la source de son malheur, elle a enfin accepté l'apparence qu'elle avait choisie pour vivre cette incarnation, d'autant plus qu'elle savait maintenant qu'elle pourrait reprendre les traits de cette éblouissante femme africaine dans L'AU-DELÀ.

Non seulement notre subconscient garde-t-il le souvenir de l'apparence que nous avions dans L'AU-DELÀ, mais il arrive aussi qu'il conserve la mémoire de l'apparence que nous avions dans une autre incarnation. Le cas d'Angelia n'est qu'un exemple parmi tant d'autres. Angelia a de magnifiques yeux violets, tous ceux qui la rencontrent les remarquent immédiatement. Pourtant, elle n'aime pas se voir dans un miroir : « Bagdah, m'a-t-elle dit un jour, j'ai toujours les yeux de la même couleur à chacune de mes incarnations. Est-ce que je ne pourrais pas avoir des yeux bruns comme les tiens pour faire changement ? » Et elle n'est pas la seule, plusieurs de mes clients, par ailleurs fort séduisants, sont insatisfaits de leur apparence physique, ils se sentent mal à l'aise dans leur corps au point d'en faire une obsession. On leur a dit à maintes reprises que leur corps n'avait pourtant rien de disgracieux, mais rien n'y fait, ils sont convaincus d'être des monstres. Et je n'ai pas encore parlé de toutes les personnes qui viennent me consulter parce qu'elles ont l'impression d'être un homme dans un corps de femme ou une femme dans un corps d'homme. Or, nous finissons toujours par découvrir ensemble (et sans exception) que ces individus cherchaient à retrouver le sexe qu'ils avaient eu dans la majorité de leurs vies antérieures. Si vous êtes malheureux – vous ou l'un de vos proches – parce que votre apparence, votre origine ethnique, votre sexe et autres caractéristiques ne vous conviennent pas, ne vous laissez surtout pas abattre. Dites-vous bien que ce sentiment d'inadéquation entre votre corps et votre esprit trouve son origine dans votre subconscient, plus exactement dans les souvenirs de vos vies passées ou de votre vie dans L'AU-DELÀ. Demandez à Dieu de vous libérer de ces images par la lumière blanche de l'Esprit Saint, et acceptez l'apparence que vous avez choisie d'endosser pendant que vous êtes loin de La Maison. Je sais ce que vous ressentez, mais n'oubliez pas que vous avez choisi votre apparence actuelle pour qu'elle serve vos buts. Et rappelez-vous que l'apparence de votre corps change d'une vie à l'autre. Libre à vous de pratiquer les petits ajustements qui vous feront plaisir, en autant qu'ils ne nuisent pas à votre santé. Toutefois, ne perdez jamais de vue que dans L'AU-DELÀ, Dieu et vos nombreux amis vous aiment pour votre essence et non pour votre apparence.

Cette aptitude à changer de visage n'est jamais aussi manifeste que lorsque nous rendons visite à nos proches restés sur terre. À La Maison, nous nous reconnaissons les uns les autres quelle que soit notre apparence, mais les êtres humains ont besoin de choses concrètes, c'est pourquoi il vaut mieux qu'ils aient tout le support visuel possible pour comprendre ce qui se passe. Si nous mourons à l'âge de cinq ans ou de quatre-vingt-quinze ans et que nous apparaissons à nos proches sous l'apparence d'une personne de trente ans, il y a toutes les chances qu'ils ne nous reconnaissent pas. Ainsi, il vaut mieux prendre l'apparence sous laquelle nous étions connus sur terre.

D'un autre côté, je ne compte plus les clients qui ont fait des voyages astraux dans L'AU-DELÀ (durant leur sommeil, une séance de méditation ou une séance d'hypnose) pour rencontrer un de leurs proches, décédé, et qui se sont retrouvés en compagnie d'un « étranger » de trente ans qui leur semblait familier. À l'issue de leur voyage, ils me disent : « Je ne sais pas pourquoi, mais j'avais l'impression que cet adulte était l'enfant que j'ai perdu. » Ou : « Elle était trop jeune pour être ma grand-mère, mais à mon réveil, et je ne saurais trop dire pourquoi, j'avais l'impression de l'avoir déjà rencontrée. » Prêtez attention à ces « étrangers ». Il y a toutes les chances que cette personne soit celle que vous souhaitiez rencontrer, seulement elle ne vous attendait pas et elle n'a pas adopté l'apparence sous laquelle vous l'aviez connue. Si vous avez déjà rencontré ce genre de situation ou si vous souhaitez tenter une telle expérience, il vaudrait mieux annoncer mentalement votre visite pendant que vous êtes toujours éveillé. Donnez-lui quelques indications supplémentaires, par exemple, que vous serez dans l'escalier du Palais de la Sagesse ou sur tel banc des Jardins du Palais de la Justice. Ainsi, vous pourrez aisément la retrouver, puisqu'elle saura où aller et quelle apparence adopter.

Si nous disposons d'une grande liberté en ce qui concerne le choix de nos traits dans L'AU-DELÀ, il faut aussi dire que certaines règles ayant un caractère absolu s'appliquent.

Comme nous l'avons déjà dit un peu plus haut, nous ne portons plus les cicatrices ou les marques que la maladie ou un quelconque handicap avait laissées sur le corps de notre dernière incarnation. Seules les personnes qui ne se sont pas détachées de la terre conservent ces marques.

Les personnes qui ont abusé de leur corps durant une incarnation, autrement dit, celles qui avaient des dépendances face à certaines substances, celles qui ont souffert de troubles du comportement alimentaire ou celles qui ont pratiqué avec excès le culturisme, porteront les marques de ces abus sur leur corps. Il ne s'agit pas là d'une punition mais bien d'un simple aide-mémoire. Ces traces nous rappellent que nous devrons apprendre à surmonter les difficultés plutôt que de nous réfugier dans l'autodestruction. J'en veux pour exemple – un exemple parmi des centaines d'autres – le cas d'un de mes clients, qui, malgré les avis répétés de son médecin, refusait d'arrêter les stéroïdes, drogue qu'il avait intégrée à son entraînement abusif. Cette drogue n'affectait pas seulement sa santé mais aussi son moral, il était enclin à des variations d'humeur et son mariage et ses enfants en souffraient. Un soir qu'il assistait à une lecture donnée par Francine, il lui a demandé de lui décrire l'apparence qu'il avait dans L'AU-DELÀ. En lisant la transcription de cette lecture, j'ai appris qu'elle avait d'abord répondu par une question : « Voulez-vous vraiment le savoir ? ». Si j'avais été dans la même situation, connaissant son franc-parler et son honnêteté qui ne connaît aucune barrière, je lui aurais répondu : « Bon, nous en reparlerons plus tard et en privé. » Mais, il répondit courageusement : « Oui, je veux le savoir ». Elle parla du visage qu'il avait dans L'AU-DELÀ en ces termes : « Un visage émacié, très délicat, celui que vous retrouverez à votre retour. » Vraisemblablement, cette obsession pour le culturisme qui l'avait mené à tous les excès prenait racine dans son subconscient. En somme, il s'agissait d'une réaction à l'apparence qu'il avait dans L'AU-DELÀ. Toutefois, il s'était réfugié dans cette obsession plutôt que d'affronter son problème, c'est pourquoi il aura à apprendre certaines dures leçons qui viendront ébranler sa conception de l'amour de soi et sa vanité, et qui lui feront comprendre le vrai sens de l'amour de soi. Il comprendra que nous devons tout mettre en œuvre pour préserver l'héritage que nous avons reçu en tant qu'enfant de Dieu. En d'autres mots, nous n'avons pas le droit de nous détruire ou de nous faire du mal de façon délibérée. S'il nous arrive de tomber dans cette spirale, il est toujours possible de trouver la force, le courage et la foi qu'il nous faut pour nous en sortir.

Revenons aux règles qui gouvernent notre apparence physique dans L'AU-DELÀ. En voici une autre qui s'énonce comme suit : plus nous avons évolué spirituellement et plus notre beauté physique est grande, notre apparence donnant la mesure de nos progrès et du travail que nous avons accompli. Si vous vous demandez pourquoi nous accordons autant d'importance à la beauté, dites-vous que cette préoccupation trouve son origine dans L'AU-DELÀ, puisque là-bas la beauté est un signe de très grande élévation spirituelle. Vous me pardonnerez de vous rappeler cette évidence mais je me dois de souligner le fait que cette règle ne s'applique pas sur terre ; la beauté physique ne témoigne en rien de l'évolution spirituelle d'une personne.

Pourtant, nous conservons toujours un petit défaut physique dans L'AU-DELÀ et ce, quelle que soit la beauté que nous avons atteinte. Par exemple, la belle et grande Francine, avec ses 1 m 74, ses yeux de biche, ses longs cheveux noirs et ses charmantes pommettes, a une dent ébréchée. Une de ses amies dans L'AU-DELÀ, une femme magnifique, a conservé une mèche blanche au milieu de ses beaux cheveux bruns. Quelle que soit la nature de l'imperfection que nous portons, celle-ci ne nous affecte pas le moins du monde et nous ne cherchons pas à la corriger. En somme, cette légère imperfection a pour but de nous rappeler que la seule perfection qui soit est celle de Dieu.

LA SEXUALITÉ DANS L'AU-DELÀ

Passons à cette question, maintenant que je suis certaine d'avoir toute votre attention …

Peut-être vous êtes-vous déjà demandé ce qu'il advient de la sexualité humaine dans L'AU-DELÀ. La réponse à cette question comporte une bonne nouvelle et une mauvaise nouvelle. Commençons par la mauvaise nouvelle : non. Dans L'AU-DELÀ, il n'y a pas de sexualité au sens où nous l'entendons sur terre. La sexualité humaine ayant pour principale fonction la procréation (et dire que pendant toutes ces années vous aviez cru qu'elle avait été créée juste pour le plaisir), le fait est que cette fonction de reproduction n'a pas sa raison d'être à La Maison. Passons à la bonne nouvelle : nous établissons des relations intimes dont l'intensité surpasse largement celle de l'acte sexuel. Ces singulières relations qui nous mettent en contact étroit avec un autre être n'ont pourtant rien à voir avec le désir ou les hormones. D'ailleurs, on ne parle pas et on ne pense pas à ces relations en termes de sexualité, on utilise plutôt le terme « fusion ». La fusion étant l'acte par lequel deux âmes s'unissent physiquement, spirituellement et émotionnellement jusqu'à ce qu'elles se fondent dans le bonheur. Les esprits ne perdent pas pour autant leur identité, mais, pour un moment, ils partagent tout de l'autre, sa sagesse, ses passions, son histoire, ses joies et ses peines. Il s'agit là d'une expérience qui mène à une connaissance absolue de l'autre. Cette éblouissante rencontre se fait dans une harmonie qu'il nous est impossible d'atteindre – ou si peu – avec nos corps terrestres. Soit dit en passant, la fusion entre deux âmes n'implique en rien l'établissement d'une relation d'exclusivité. De même, les âmes qui choisissent de se fusionner ne s'engagent pas l'une envers l'autre, puisque ce lien exclusif empièterait sur nos rapports avec les autres âmes ; à La Maison, tous les esprits sont engagés les uns envers les autres dans le respect et l'amour. En somme, la fusion se veut l'éclatante expression de l'extraordinaire tolérance, de l'amour et de ce qui se développe entre deux esprits dans la félicité de L'AU-DELÀ.

Sur terre nous expérimentons la vie sous différents angles, au cours de nos diverses incarnations, nous cumulons des expériences dans la peau de personnages des deux sexes, de différentes origines ethniques et, bien entendu, nous avons plusieurs noms. Toutefois, lorsque nous rentrons à La Maison, nous conservons le nom et le sexe que nous avons reçus à la naissance, ce qui donne tout son sens aux expériences que nous vivons à travers les différentes identités que nous endossons. Par exemple : pourquoi devrais-je conserver les cinquante-quatre noms et identités qui ont été les miens durant mes cinquante-quatre incarnations alors que j'ai temporairement vécu dans la peau de tous ces « personnages » afin d'atteindre certains buts que je m'étais moi-même fixés ?

J'ai vécu plusieurs incarnations dans la peau d'un homme, et si cette incarnation n'était pas ma dernière, je choisirais certainement à nouveau de m'incarner dans le corps d'un homme. Mon identité féminine actuelle n'a rien à voir avec l'identité que j'ai reçue de Dieu à ma création, même si elle coïncide avec mon identité dans L'AU-DELÀ. Je me nomme Elizabeth, c'est sous ce nom que je suis connue dans L'AU-DELÀ et on me surnomme « Bun », diminutif qui me vient d'une de mes incarnations en Angleterre.

Ici, certaines précisions s'imposent : le fait de connaître le nom qui est le mien à La Maison ne fait pas remonter en moi des souvenirs enfouis dans mon subconscient. Il en est de même pour tout le monde, par exemple, si vous connaissiez le vôtre, il ne vous semblerait pas du tout familier. Aussi injuste que cela puisse paraître, cette mesure a sa raison d'être. Bien entendu, si nous conservions la mémoire de nos vies dans L'AU-DELÀ durant nos brèves incarnations terrestres, nous serions beaucoup plus en paix et heureux, sans compter que nous vivrions dans l'espoir. S'il est vrai que notre esprit est toujours connecté à L'AU-DELÀ, il faut voir que notre conscience a besoin d'être séparée de La Maison durant nos incarnations. Sans quoi nous pourrions nous contenter d'attendre anxieusement le moment de retourner vers le seul lieu auquel nous appartenons, soit La Maison. Sans compter qu'il se pourrait que nous ne daignions même pas nous incarner. Répétons-le une autre fois : nous nous incarnons pour apprendre, pour grandir et pour surmonter les défis que nous avons choisi d'affronter. Or, comment peut-on espérer parvenir à nos fins en n'ayant pas les deux pieds sur terre ? Comment pourrions-nous vivre notre vie terrestre avec un pied dans la félicité et la perfection du paradis ?

Rappelons tout de même que nos souvenirs remontent à la surface avec une grande clarté à partir du moment où la partie consciente de nous-même cède sa place à notre subconscient. Récemment, Sandy, une de mes clientes, m'a raconté qu'elle faisait souvent les mêmes rêves depuis plusieurs mois. Tantôt elle était dans une grande pièce de marbre blanc au centre de laquelle se trouvait une table en forme de U, elle aussi en marbre blanc. Tantôt, elle voyait une petite pièce de marbre blanc pleine de cartes et de plans et tantôt encore, elle était dans la splendeur infinie d'un jardin d'une beauté indescriptible. Peu importe l'endroit où l'emmenaient ses rêves, tout le monde semblait la connaître sous le nom de Diana. Elle ne pouvait pas s'empêcher de repenser à ses rêves, ils étaient d'une clarté et d'une intensité troublantes, et le fait qu'on la connaissait sous le nom de Diana la préoccupait tout particulièrement. Elle était bien décidée à comprendre pourquoi ces lieux et ce nom revenaient toujours dans ses rêves ; leur sens était-il enfoui dans son subconscient ? S'agissait-il de souvenirs de vies antérieures ? De rêves prémonitoires lui annonçant un événement ou une rencontre à venir ? Ou cette Diana était-elle son Guide Spirituel ou un quelconque esprit qui tentait désespérément d'entrer en contact avec elle ?

Comme vous vous en doutez, il ne s'agissait pas de rêves mais bien de voyages astraux. Sandy était retournée à La Maison durant son sommeil, elle avait visité le Palais de la Justice – dans lequel se trouvait cette grande pièce de marbre blanc – les salles d'Orientation et les Jardins. De plus, elle avait eu le bonheur de discuter, quoique brièvement, avec ses amis de L'AU-DELÀ. Il va sans dire que ces personnes l'avaient connue sous le nom de Diana.

Le cas de Sandy est loin d'être une exception, je ne compte plus les clients qui m'ont confié avoir vécu ce genre de confusion liée à leur identité pendant qu'ils « rêvaient ». Si tel est votre cas, prenez soin de noter le nom sous lequel les personnages de vos rêves semblent vous connaître. Demandez ensuite à Dieu et à votre Guide Spirituel de vous aider à vous souvenir de tous les rêves au cours desquels on vous a appelé par ce prénom. Il se pourrait que votre esprit ait fait une petite balade dans L'AU-DELÀ afin de renouer avec son identité divine et éternelle.

LA BARRIÈRE LINGUISTIQUE

La population de L'AU-DELÀ se compose de personnes des quatre coins du globe, de toutes les langues et de toutes les cultures, même de cultures où l'on ne parle aucune langue. Malgré cette diversité, nous sommes tous des enfants du même Père et nous venons tous de la même Maison, aussi n'éprouvons-nous aucune difficulté à communiquer.

L'araméen est la langue de L'AU-DELÀ, nous parlons couramment cette langue dès notre « naissance » et nous en conservons la mémoire, si bien qu'à notre retour à La Maison, nous n'avons aucune difficulté à communiquer.

Dès notre arrivée, nous retrouvons aussi la mémoire de toutes nos vies passées et avec elle, la capacité de nous exprimer dans toutes les langues que nous avons apprises tant à La Maison que tout au long de nos existences terrestres. Dans L'AU-DELÀ, notre savoir est vaste et il n'est dépassé que par notre appétit de connaître. Cette soif de savoir et cette curiosité nous amènent à étudier d'autres langues, d'autant plus que nous n'avons aucun mal à les assimiler parfaitement.

Il nous arrive aussi de communiquer par la voie de la télépathie. Cette puissante faculté que nous avons reçue de Dieu nous permet d'entrer en contact avec l'esprit des autres et de saisir leurs pensées, d'échanger certaines informations, d'avoir accès à la sagesse des autres et vice-versa, sans que la parole intervienne.

Que nous choisissions de communiquer par l'entremise du langage ou de la télépathie, une chose distingue la communication dans L'AU-DELÀ et la rend unique. La communication dans L'AU-DELÀ ne souffre d'aucune ambiguïté, elle est claire. Nous disons toujours ce que nous voulons dire et nous voulons toujours dire ce que nous disons. De même, lorsque nous écoutons les autres, nous le faisons avec un amour inconditionnel, nous leur accordons toute notre confiance et notre compassion. Nos conversations ne donnent jamais lieu à des malentendus, le mensonge par omission et les demi-vérités en sont exclus et nos conversations ne nous laissent jamais sur un doute.

Imaginez, un instant, vivre dans un lieu où tout le monde a trente ans et où règne une compréhension absolue entre nous et toutes les personnes que nous rencontrons. Que peut-on demander de mieux ?

NOTRE PERSONNALITÉ DANS L'AU-DELÀ

Imaginez-vous un moment parfait : vous êtes tout à fait calme et heureux, vous débordez d'amour, libéré que vous êtes de votre ego et de tout sentiment de rancœur et d'agressivité. Bref, vous êtes au meilleur de vous-même et toute cette part d'ombre et de négativité qu'il y avait en vous s'est évanouie. Puis, imaginez que ces sentiments sont infinis de par leur intensité et éternels d'un point de vue temporel et vous aurez une idée de ce qu'est la vie dans L'AU-DELÀ.

Peu importe le nombre de nos incarnations, l'expérience que nous avons cumulée et notre évolution spirituelle, nous sommes toujours nous-même. Autrement dit, chacun de nous a hérité d'une unique combinaison de qualités, et ce fascinant assemblage nous rend unique. Croire que nous changeons totalement de personnalité en passant dans L'AU-DELÀ revient à croire qu'une personne qui prend l'avion à Los Angeles deviendra quelqu'un d'autre dès qu'elle posera le pied à Hawaï, quelques heures plus tard. Notre personnalité est une partie de notre essence, une part de ce que nous sommes et c'est grâce à elle que nous reconnaissons les personnes que nous rencontrons tant ici-bas que dans L'AU-DELÀ.

Prenez le temps de penser aux personnes que vous connaissez en ce moment. Que vous soyez ou non convaincu de l'existence de la réincarnation, cela n'a que peu d'importance. Considérez ma question comme un simple exercice mental et demandez-vous : « Dans l'éventualité où la réincarnation est un phénomène réel, est-il possible que j'aie déjà connu cette personne ? » Puis considérez la première réponse qui vous vienne à l'esprit. Si la réponse est affirmative, essayez alors de vous rappeler votre première rencontre. Pour une raison ou pour une autre, cette personne avait-elle quelque chose qui vous était familier ? Bien entendu, je ne parle pas de son apparence physique, mais plutôt d'un ensemble de qualités qui vous a fait dire « C'est toi ! » d'une personne qui vous était apparemment étrangère.

Cette capacité à reconnaître les qualités d'un être quelle que soit son apparence physique entretient le lien affectif qui nous unit éternellement à L'AU-DELÀ. Avec en prime, la chance de nous rappeler tout ce que nous avons vécu tant sur terre que dans L'AU-DELÀ, dès notre retour à La Maison. Il n'y a plus de mystère, dans L'AU-DELÀ, nous savons exactement comment et où nous avons rencontré les êtres que nous connaissons. Nous ne sommes pas comme une ardoise que l'on efface, lors de notre passage dans L'AU-DELÀ, nous ne plongeons pas dans l'inconscience. Si tel était le cas, nous serions incapables de reconnaître qui que ce soit.

Récemment, j'ai pu constater une fois encore que nous ne changeons pas dans L'AU-DELÀ, notre essence demeure la même. La scène a eu lieu durant une lecture que je faisais pour un homme dans la trentaine qui voulait entrer en contact avec sa femme Mélanie. Sa mort le secouait terriblement, il était seul avec deux enfants en bas âge depuis son décès quelques semaines plus tôt dans un accident de la route. Dès qu'il s'est assis dans mon bureau, une femme venue de L'AU-DELÀ s'est mise à me parler au creux de l'oreille, elle jacassait tant et tant que je n'avais d'autre choix que de répéter comme un perroquet ce qu'elle disait. Mon client comprit immédiatement qu'il s'agissait de sa belle-mère et non de sa femme Mélanie. Il était trop poli pour me demander de la chasser, mais il était très déçu et je dois avouer que je l'étais aussi. Je suis toujours heureuse de rencontrer les esprits qui se présentent à moi, mais je savais que seule Mélanie pouvait l'aider en ce moment, c'est pourquoi je souhaitais ardemment qu'il puisse lui parler. J'étais sur le point de mettre fin à la communication lorsqu'une voix plus calme et plus douce se fit entendre. Les brefs messages qu'elle souhaitait lui transmettre n'avaient aucun sens pour moi, mais pour mon client, ils avaient une grande signification. Il m'assura que personne d'autre qu'elle n'aurait pu lui parler ainsi. À la fin de la séance, il paraissait en paix, et pour la première fois depuis le décès de sa femme, il a ri, persuadé qu'il était d'avoir parlé à sa femme et à sa belle-mère. Sa belle-mère, m'expliqua-t-il, parlait beaucoup, en fait, il était toujours très difficile de placer un mot en sa présence. Quant à Mélanie, elle n'interrompait jamais sa mère, elle attendait patiemment qu'elle ait fini de parler. C'était tout le portrait des femmes que je venais de rencontrer, aussi ai-je ri avec lui. Le brillant auteur-compositeur Paul Simon a écrit dans une de ses chansons : « Au fil de toutes nos transformations, nous restons plus ou moins les mêmes. » Cette phrase décrit à la perfection ce qu'il advient de notre personnalité tout au long de notre voyage éternel.

Si vous avez le sens de l'humour sur la terre, vous l'aurez également dans L'AU-DELÀ. Que vous soyez timide, têtu, extraverti, tranquille, d'esprit grégaire, calme ou agité, vos qualités ne disparaîtront pas lorsque vous quitterez cette terre pour L'AU-DELÀ ou encore lors d'une future incarnation. Au contraire, elles seront mieux canalisées, de sorte qu'elles deviendront résolument positives. Croyez-en mon expérience, les milliers de lectures que j'ai effectuées à ce jour m'ont appris que les esprits parvenaient aisément à se faire reconnaître par leurs traits de personnalité. Bien entendu, il leur arrive aussi de faire appel à des souvenirs communs pour se faire reconnaître d'un de leurs proches, mais combien de fois ai-je entendu un client dire : « Cela ressemble à mon père, il n'a pas perdu son franc-parler. » Ou : « Cette Gina, elle blague toujours lorsque j'essaie d'être sérieuse. »

Une fois encore et pour répondre à une question que l'on me pose fréquemment, je me dois de vous dire que chacun d'entre nous a reçu de Dieu un cadeau éternel, à savoir : une essence qui lui est propre.

POURQUOI NOUS N'APPARAISSONS PAS TOUJOURS LORSQU'UN ÊTRE AIMÉ NOUS APPELLE ?

Voici une question dont la réponse n'est pas simple, d'autant plus que les esprits de L'AU-DELÀ ont le don de bilocation, autrement dit, ils peuvent être à deux endroits à la fois. Pourquoi refusons-nous de nous montrer lorsqu'un proche implore notre visite ? Sommes-nous dans l'impossibilité d'exaucer son souhait ?

La bonne vieille nature humaine compte parmi les motifs à l'origine de cette attitude. Je m'explique. Ici-bas, comme dans L'AU-DELÀ, certaines personnes sont des leaders naturels tandis que d'autres sont plutôt des « suiveurs », de même, il y a des introvertis et des extrovertis, des personnes qui préfèrent écouter et d'autres qui préfèrent parler. Bien entendu, ces attitudes ne sont pas coulées dans le béton, certains jours, nous répondons au téléphone avec enthousiasme tandis qu'en d'autres occasions, nous préférons ne pas répondre et laisser le répondeur le faire à notre place, sans que cela ait à voir avec les sentiments que nous portons à la personne qui appelle. Il en va de même dans L'AU-DELÀ, nous avons parfois besoin de solitude, ce besoin est inscrit dans notre nature même. Dans le cas de Mélanie, il s'agissait d'autre chose. Comme la mère de Mélanie jouit toujours du même ascendant sur sa fille, elle a pris l'initiative de la communication. Ce genre de situation se présente fréquemment, l'esprit qui a le plus de leadership ou l'esprit le plus fort d'un groupe initie la communication avec la dimension terrestre.

Nous avons vu un peu plus tôt que notre transition dans L'AU-DELÀ comporte plusieurs étapes. D'un point de vue temporel, certaines étapes paraissent plutôt longues, or nous n'acquérons nos pleins pouvoirs en tant qu'esprit (incluant la bilocation) qu'après avoir complété toutes les étapes du processus de transition. De plus, les esprits qui ne se sont pas détachés de la terre pour une raison ou pour une autre ne jouissent pas du pouvoir de bilocation. Sans compter qu'il n'est pas impossible que l'esprit soit déjà retourné dans l'utérus d'une femme ou soit, à tout le moins, en voie de repartir sur la terre. Toutes ces raisons expliquent pourquoi nos proches décédés ne peuvent pas toujours répondre aux appels que nous leur lançons.

En d'autres occasions, il s'agira de certaines circonstances propres au monde des esprits. Certaines situations requièrent que l'essence des esprits soit entièrement présente, or cet état les rend incapables de se bilocaliser. Par exemple, lorsque j'entre en communication avec Francine par l'entremise du *channeling*, elle ne peut être à deux endroits à la fois, elle doit consacrer toute son essence à la transe. Ainsi, si nous choisissons de devenir le Guide Spirituel de quelqu'un lorsque nous retournerons à La Maison, nous ne serons pas toujours disponibles, étant donné qu'en certaines occasions nous aurons besoin de toute notre essence. C'est pourquoi Francine ne peut pas toujours répondre aux appels de ses proches.

Il faut aussi voir que les esprits sont parfois obligés de faire le tri parmi les appels qu'ils reçoivent. Lorsque j'appelle Francine pour quelque chose d'urgent, elle est toujours là pour moi. Toutefois, si je l'appelle pour connaître la météo du lendemain ou pour savoir où j'ai bien pu mettre mes clés, elle se montre lorsqu'elle est prête. Comme vous le découvrirez dans le chapitre suivant, il lui arrive d'être très occupée, elle mène de nombreux projets de front à La Maison et c'est pourquoi les interrogations banales que je lui soumets passent en second.

Une de mes clientes de la Floride, Anna, a vécu une expérience fascinante deux mois après la mort de son père. Avant de me raconter son histoire, Anna a pris soin de dire ce que des milliers de clients m'ont déjà dit : «Surtout n'allez pas croire que je suis folle.»

Voici son histoire. Un jour, alors qu'elle dormait profondément, elle s'est subitement éveillée pour découvrir que son père se tenait au pied de son lit. Elle était à la fois terrifiée et fascinée. Sur le coup, elle a pensé qu'il s'agissait d'une hallucination attribuable à la peine qu'elle vivait, il faut dire qu'elle ne croyait pas vraiment en l'existence des phénomènes paranormaux… enfin, jusqu'à ce qu'il commence à lui parler.

« Je suis désolé, j'ai mis beaucoup de temps à te rendre visite, je veux dire selon ton temps. Mais j'étais très occupé, j'ai passé par la réorientation et j'ai dû reprendre mes activités normales. »

Anna retrouva finalement la voix et dit : « Que veux-tu dire par tes activités normales ? »

Il lui répondit en souriant : « Je suis professeur ici. »

Elle n'avait toujours pas confiance en ses perceptions, mais ses pensées s'envolèrent affectueusement vers le passé. Son père avait mené une existence heureuse en tant qu'entrepreneur en construction. Il était très fier d'avoir formé plusieurs apprentis et de leur avoir ainsi permis de se lancer dans le métier. Son père avait toujours cherché à partager son savoir et il le faisait avec une telle générosité qu'elle avait suivi ses traces. Anna était enseignante.

Il s'adressa à elle de nouveau, il parlait rapidement, on aurait dit que les mots déboulaient de sa bouche. « Je ne veux pas que tu t'inquiètes à mon sujet, je suis bien. Tout est différent ici, c'est fascinant. Je ne peux pas rester longtemps, pas plus de quelques minutes à l'échelle de votre temps, puisque là où je suis, le temps n'existe pas. Ici, l'espace est très différent de ce que nous connaissons sur terre. Un seul continent d'ici pourrait aisément recevoir les habitants de tous les continents terrestres. Tu as peut-être l'impression que nous ne nous sommes pas vus depuis des lustres, mais en ce qui me concerne, je sais que tu seras bientôt auprès de moi dans cet endroit merveilleux où je me trouve présentement. »

« Est-ce que je te reconnaîtrai lorsque j'arriverai là-bas ? » demanda-t-elle.

« À peu de choses près, je ressemble à la personne que tu vois devant toi en ce moment, seulement j'ai l'air un peu plus jeune. Oui, tu me reconnaîtras toujours et vice-versa. »

Puis, il quitta la pièce sans dire un mot, laissant derrière lui sa fille Anna qui était en proie à des sentiments confus ; la pauvre était à la fois rassurée et complètement bouleversée par cette rencontre. À l'entendre, on voyait tout de suite que cette expérience l'avait jetée dans la plus grande perplexité. « Voyez-vous Sylvia, je ne comprends rien à ce qui s'est passé. Qu'est-ce que cela signifie, mon père enseigne ? Qu'est-ce que ça veut dire tout ça ? Pourquoi m'a-t-il dit que le concept d'espace est différent là où il est ? Pourquoi m'a-t-il dit qu'il aurait l'air plus jeune lorsque je le verrai ? De grâce, n'allez surtout pas me dire que je me fais des imaginations. De toute façon, je ne vous croirai pas, je croirai tout ce que vous direz sauf ça. »

Je lui ai dit que j'espérais depuis des années que le mot « imagination » et ses dérivés soient biffés de tous les dictionnaires tout en lui certifiant qu'il ne s'agissait pas d'un rêve. Puis, j'ai repris chacune des phrases prononcées par son père et je lui ai démontré qu'elles avaient bel et bien un sens. Quelque chose a attiré mon attention dans l'histoire d'Anna. Il faut dire qu'en presque cinquante ans de pratique, j'avais déjà rencontré d'innombrables cas semblables au sien, mais je reste toujours aussi fascinée par ce genre d'histoire. Anna, à l'instar de nombre de mes clients, n'avait jamais lu mes livres ou un quelconque autre livre parlant de la vie dans L'AU-DELÀ, elle n'avait aucune idée préconçue à ce sujet. Elle n'avait jamais rien lu sur l'intemporalité, la possibilité de choisir son apparence physique ou le fait que les esprits de L'AU-DELÀ ont tous trente ans. Je m'apprête à vous dire quelque chose que j'ai déjà dit des centaines de fois, mais je ne peux m'empêcher de le répéter : si des milliers de personnes tout à fait ordinaires et qui ne s'étaient jamais vraiment intéressées à la question m'ont toutes raconté la même histoire, comment pourrais-je ne pas les croire ? Revenons maintenant à la question qui nous occupait, à savoir : pourquoi les esprits ne répondent pas toujours à nos appels ? Le père d'Anna nous fournit une réponse claire à cette question. Bien que sa transition dans L'AU-DELÀ se soit déroulée sans le moindre encombre, le père d'Anna a été retenu par certaines tâches importantes, aussi n'a-t-il pas pu rendre visite à sa fille dès son arrivée.

Dans le monde des esprits, nous disposons tous de la faculté de bilocation, toutefois, en certaines occasions, il nous est temporairement impossible de l'exercer. Vu d'ici, cette incapacité est drôlement embêtante, mais elle ne l'est pas pour les esprits parce qu'ils vivent dans un monde où règne l'éternité. Leur monde est plein de stimulations, ils exercent un travail qu'ils adorent et ils ont tout le loisir de rencontrer leurs amis et les gens qu'ils aiment.

LE MARIAGE ET LA FAMILLE

J'ai connu trop de mariages malheureux et trop de crises familiales pour ne pas me réjouir à l'idée de vous annoncer que le mariage n'existe pas dans L'AU-DELÀ. La famille telle que nous la connaissons sur terre n'existe pas non plus. Je parie que si vous prenez le temps d'y réfléchir un peu, vous serez aussi ravi que moi de l'apprendre.

Sur terre, la famille se compose de toutes les personnes qui ont un ancêtre commun. Dans L'AU-DELÀ, tout le monde ne se reconnaît qu'un ancêtre commun, Dieu, ce qui fait de nous une seule et grande famille. Cette conception nous permet de ne pas oublier que nous avons tous des responsabilités les uns envers les autres. De plus, nous sommes tout à fait libres de choisir nos relations, des liens se tissent en vertu des liens du passé, de nos affinités ou de nos goûts mais jamais en fonction d'un quelconque lien de sang. Nous sommes libérés de cette obligation qui, disons-le, est parfois à la source de beaucoup de ressentiment.

Cela ne veut pas dire que nous sommes incapables de reconnaître les membres de notre famille lorsque nous sommes dans L'AU-DELÀ, toutefois, il nous faut les avoir bien connus et avoir entretenu avec eux une relation profonde pour pouvoir le faire. Pensez-y un instant, passez tous les membres de votre famille en revue, attention toutefois, cet exercice demande beaucoup de franchise et d'ouverture d'esprit. Je parie que vous serez aisément capables de nommer les personnes que vous avez déjà connues dans une autre vie. Par exemple, je suis persuadée que nous n'aurons pas de mal à nous reconnaître dès mon retour à La Maison, mon père et moi, et que nous reprendrons notre relation là où nous venions tout juste de la laisser. Mon père et moi sommes des esprits apparentés, nous avons souvent choisi de nous incarner ensemble et un amour profond nous unit. Par contre, entre ma sœur et moi, ce genre de liens n'existe pas, ainsi lorsque nous nous reverrons dans L'AU-DELÀ, nous aurons des relations polies mais distantes. Nos relations s'apparenteront à celles qu'entretiennent deux anciennes camarades de classe qui ont des souvenirs communs mais qui ne sont pas intéressées à développer des liens d'amitié. Il ne sera pas question d'inimitié ou de haine entre nous. Une fois encore, je me permets de répéter que la haine et l'inimitié sont des sentiments humains, ces émotions ne font pas partie du registre de Dieu. Nous ne serons tout simplement pas attirées l'une envers l'autre, en fait, nous nous sentirons tout à fait à l'aise avec l'idée de ne pas être ensemble.

Ajoutons que la séparation physique n'existe pas dans L'AU-DELÀ. Nous voyageons par transmissions de pensées ; traverser la moitié du monde pour visiter un ami ne nous cause pas plus d'embarras que de nous rendre chez le voisin. Il suffit de penser à la personne que nous souhaitons voir et nous la voyons. Dans L'AU-DELÀ, s'ennuyer d'une personne n'a aucun sens et il va de soi que nos relations ne sont jamais compromises par l'éloignement. Peu importe l'endroit où nous avons choisi de vivre, nous ne sommes jamais qu'à une pensée de ceux que nous aimons !

La famille terrestre traditionnelle commence par le mariage, et l'institution du mariage répond au désir de procréation. Comme nous l'avons déjà dit, la procréation n'existe pas dans L'AU-DELÀ, en conséquence, le mariage traditionnel n'a aucune raison d'être. Or, sans mariage traditionnel, il ne peut y avoir de famille traditionnelle.

Si cette idée vous attriste, si vous avez du mal à envisager la vie sans mariage, je vous invite à considérer ceci : dans

L'AU-DELÀ, nous passons l'éternité en compagnie de ceux que nous aimons. Ces personnes comprennent tous les gens que nous avons aimés dans la vie que nous venons tout juste de quitter ainsi que dans nos vies antérieures, de même que toutes les personnes, et il y en a beaucoup, avec lesquelles nous n'avons jamais eu la chance de nous incarner. Nos Guides Spirituels — nous en avons un pour chacune de nos incarnations — sont avec nous, ainsi que notre âme sœur et tous les esprits que nous n'avions pas eu le temps de rencontrer ou de mieux connaître parce que nous étions beaucoup trop occupés. Nous aimons ces esprits et ils nous aiment ; notre amour est durable et inconditionnel, il ne connaît pas l'égoïsme pas plus qu'il ne craint le rejet ou l'abandon, la rivalité qui naît de l'insécurité et du désir d'exclusivité ne fait pas partie du registre de L'AU-DELÀ. Considérant cette liberté, pourquoi voudriez-vous réserver votre amour à une seule personne ? Pensez-y, comment pourriez-vous prononcer avec sérieux ces mots : « Jusqu'à ce que la mort nous sépare » dans un lieu où la mort n'existe pas ? Dans L'AU-DELÀ, ce serment de fidélité s'étendrait à l'éternité, pourriez-vous faire une telle promesse ? Je ne crois pas que je le pourrais.

Si vous êtes toujours déçu à l'idée que le mariage n'existe pas à La Maison, voici un petit exercice destiné à vous faire voir la question sous un autre angle. Considérez le nombre de vos vies antérieures ; si vous ne savez pas combien d'existences vous avez vécues jusqu'à maintenant, sentez vous tout à fait à l'aise de prendre le nombre de mes vies antérieures, soit cinquante-quatre. Il y a toutes les chances que vous ayez été marié au moins une fois (et cette estimation est conservatrice) au cours de la plupart de ces existences, ce qui nous donne environ cinquante mariages. Considérant que le divorce n'a pas toujours été accepté, nous pouvons estimer la durée de ces mariages à une trentaine d'années, pour le meilleur et pour le pire. Faites le calcul maintenant : cinquante mariages d'une durée de trente ans peuvent facilement équivaloir à mille cinq cents ans de vie terrestre dans le mariage. Bien entendu, toutes ces années ne sont qu'une goutte d'eau dans l'éternité, mais d'un autre côté, après toutes ces années, nous avons l'impression d'avoir fait le tour du jardin du mariage lorsque nous rentrons à La Maison.

LES GUIDES SPIRITUELS

À l'exception des Esprits des Ténèbres qui, dès leur mort, passent directement par la Porte Gauche et retournent immédiatement dans un utérus pour s'incarner à nouveau, chacun de nous jouit de la présence d'un Guide Spirituel. Cet être veille sur nous de La Maison et nous conseille lorsque nous sommes sur terre et ce, que nous en soyons conscients ou non. Bref, notre Guide Spirituel est notre meilleur ami. La plupart d'entre nous sommes amenés à remplir le même rôle auprès d'une âme tout au long de son propre itinéraire spirituel. Cette tâche se révèle parfois douloureuse et elle comporte de lourdes et nombreuses responsabilités. Néanmoins, il n'y a pas de plus grands honneurs que de remplir cette fonction auprès d'une âme.

Nous avons choisi notre Guide Spirituel alors que nous étions encore dans L'AU-DELÀ ; cette relation débute par une amitié qui démarre lentement. De fait, je n'étais pas très chaude envers Francine lors de nos premières rencontres à La Maison. Je la trouvais un brin trop autoritaire, un peu trop tranchante dans ses jugements et plutôt froide, et nos tempéraments ne semblaient pas s'accorder ; je préfère m'entourer de personnes qui ont un sens de l'humour très développé. Puis j'ai pris la décision de m'incarner à nouveau et j'ai commencé à penser que les qualités de Francine feraient d'elle un parfait Guide Spirituel. Elle garderait toujours son calme, aussi pourrait-elle m'aider à traverser toutes les crises et les moments difficiles que j'ai choisi de vivre lors de ma future incarnation. Je pensai que son pragmatisme me serait d'un grand secours. Il faut dire que j'ai tendance à dramatiser un peu les choses. Je savais aussi qu'elle n'était pas du genre à se laisser infléchir, Francine était une personne foncièrement honnête et qui plus est, elle avait son franc-parler. Elle ne se laisserait pas étourdir par mes paroles et il s'avère que je suis rarement à court d'arguments. Autrement dit, les qualités de Francine complétaient admirablement les miennes, il est toujours ainsi entre un Guide Spirituel et une âme.

Notre relation avec notre Guide Spirituel débute avant notre naissance, c'est pourquoi il est rigoureusement impossible que notre Guide soit une personne décédée que nous avons connue durant cette vie. En de très rares occasions, il nous arrive de choisir un de nos ancêtres ou un ami d'une vie passée. Toutefois, notre relation avec notre Guide Spirituel aura tout avantage à être empreinte d'amour et d'une certaine impartialité. Il m'arrive souvent de dire que je suis beaucoup plus médium avec mes clients qu'avec mes proches. C'est ironique, je sais, mais le fait est que l'amour que je porte aux membres de ma famille et à mes amis court-circuite mes habilités. Aussi ai-je du mal à bien lire leur plan de vie et je n'arrive pas toujours à connaître les épreuves qu'ils ont décidé d'affronter lors de cette incarnation.

Tous les Guides Spirituels ont au moins vécu une incarnation sur terre, ils sont donc tout à fait en mesure de compatir à ce que nous vivons. Ils savent par expérience ce qu'est le stress, la négativité et les problèmes émotionnels. L'unique incarnation de Francine sur cette terre a commencé en 1500 apr. J.-C. dans un petit village aztèque du nord de la Colombie. À cette époque, les Incas et les Aztèques entretenaient des liens serrés, il s'agit d'ailleurs du seul moment où ces deux peuples se sont étroitement côtoyés. J'ai bien vérifié ce détail car Francine m'avait dit être une Inca-Aztèque et j'avais du mal à croire que cela ait été possible. Elle vécut sous le règne du roi inca Hunayna Capac, toutefois, l'influence de Montezuma, roi des Aztèques, se faisait sentir jusqu'en Colombie. Enfant, Francine rêvait de devenir professeur, mais à l'âge de dix-huit ans elle épousa un orfèvre et en moins d'un an, elle donna naissance à une petite fille. Elle passait ses journées avec sa fille, elle vendait la marchandise fabriquée par son mari dans un vaste et très coloré marché à ciel ouvert adjacent au colossal domaine du Hunayna Capac. Un jour, au petit matin, un messager venu d'un village voisin leur annonça que l'armée espagnole approchait. Moins d'une semaine après cette annonce, Francine mourut sous la lance d'un conquistador espagnol en tentant de protéger sa fille. De retour dans L'AU-DELÀ, elle fit en gros cette requête : « Seigneur, je ferai ce que Vous voudrez, je suis à Votre service, mais de grâce, je préfèrerais poursuivre ma croissance spirituelle sans avoir à retourner dans ce monde cruel et terrifiant appelé la terre. » Dieu accéda à sa requête et elle débuta immédiatement son apprentissage dans le but de devenir Guide Spirituel, ce qui représentait un défi au moins équivalent à celui de retourner sur terre. Le cas de Francine illustre à merveille cette liberté que nous avons de nous incarner à nouveau. Dieu nous donne un nombre incalculable d'options, nous choisissons ce que nous voulons apprendre et comment nous souhaitons l'apprendre.

Nous discuterons un peu plus loin de l'apprentissage des Guides Spirituels. Contentons-nous de dire ici que nos Guides Spirituels en savent plus sur nous que nous en savons nous-mêmes, du moins consciemment. Je n'oublierai jamais le jour où Francine m'a dit : « Je t'avais bien dit de ne pas retourner sur terre trop vite. Tu t'ennuies toujours lorsque tu es *in* utero. » Comment pouvais-je me rappeler tout ça ? Je ne savais pas que j'étais entrée dans mon corps si tôt, pas plus que je n'avais souvenir de m'être ennuyée dans l'utérus de ma mère ! Aussi, lorsque je dis que nos Guides Spirituels ont une profonde connaissance de qui nous sommes, je n'exagère pas.

On me pose fréquemment cette question : « Si j'ai bel et bien un Guide Spirituel, alors pourquoi je ne cesse de commettre des erreurs ? Pourquoi m'arrive-t-il toutes ces choses désagréables ? » Une partie de la réponse m'est venue de Francine, il y a de ça plusieurs années déjà. J'étais dans une très mauvaise passe à ce moment et je me plaignais de mon triste sort à Francine, qui me demanda : « Qu'as-tu appris des moments de ta vie où tout était facile ? » Elle ajouta que je devais toujours garder à l'esprit, même si cela était parfois difficile, que pour naviguer en eau calme, il vaut mieux rester dans la félicité de L'AU-DELÀ. Nous avons nous-même élaboré notre propre plan de vie et ce, dans ses moindres détails, il s'agit d'un contrat que nous avons passé avec Dieu avant de venir sur terre. Ce faisant, nous visons certains objectifs, toutefois, notre route est parsemée d'obstacles qui se révèlent parfois très difficiles à surmonter. Et notre Guide Spirituel est là pour nous épauler dans cette difficile tâche qui consiste à nous acquitter de notre contrat avec Dieu, il n'est pas là pour nous aider à briser cette alliance.

Une autre raison explique le fait que nos Guides Spirituels n'interviennent pas aussi souvent qu'on le souhaiterait. Nous avons l'impression qu'ils ne sont pas là pour la simple et bonne raison que nous ne les écoutons pas. Vous pourriez croire que ma longue relation avec Francine – cela fait maintenant soixante-trois ans que, jour après jour, j'entends ses gazouillements stridents dans mes oreilles – m'exempte de ce reproche, eh bien, détrompez-vous. Je m'obstine souvent à ne pas la croire, convaincue que je suis d'y voir plus clair qu'elle dans ma vie. Il faut bien avouer qu'il m'arrive de critiquer ses idées parce que je déteste que quelqu'un d'autre me dise quoi faire. Et, tôt ou tard, je finis toujours par l'entendre me dire : « Je te l'avais bien dit », et je dois bien admettre qu'elle ne se trompait pas.

Votre Guide Spirituel n'est peut-être pas aussi aisément perceptible que le mien, mais de grâce, n'allez surtout pas croire que vous n'en avez pas ou que ses messages se font rares. Les Guides Spirituels peuvent nous contacter en nous insufflant une pensée, ils sont aussi capables de faire voyager des informations de leur esprit vers le nôtre. C'est pour cette raison qu'il nous arrive de savoir quelque chose sans que nous sachions où nous l'avons appris. Les Guides Spirituels s'adressent à nous d'une façon très claire et précise, mais nous préférons qualifier leur message de « prémonition », de « prise de conscience », de « rêve ». Il nous arrive aussi de laisser le tout dans le vague en disant : « Mon petit doigt me dit que... ». Remplacez tous ces mots et ces expressions par « Guide Spirituel » et je suis prête à parier que vous n'aurez jamais plus à vous plaindre de lui.

Francine a été la première à me faire remarquer que les Guides Spirituels ne sont pas omniscients. Seul Dieu mérite ce qualificatif. Les Guides Spirituels peuvent lire dans notre esprit, mais ils sont incapables de percer le « dôme d'intimité » qui protège l'intimité sacrée de nos prières à Dieu. Je n'étais pas au courant de l'existence d'une telle disposition jusqu'à ce que je l'apprenne malgré moi. J'étais au début de la trentaine et mon fils Paul venait d'entrer en urgence à l'hôpital, il souffrait d'une infection qui aurait pu lui être fatale. Je suis restée dans la salle d'attente pendant vingt-six heures sans personne pour me réconforter. J'étais malade d'inquiétude et j'ai beaucoup pleuré, mais j'ai aussi prié sans arrêt. J'implorais Francine de m'aider, mais elle n'est jamais venue. Heureusement, Paul s'en tira et je rentrai avec lui à la maison. Là, j'ai tout de suite contacté Francine afin de lui demander comment elle avait pu m'abandonner alors que mon fils était en danger. Elle me répondit : « C'est pour ça que tu es en colère ? » Je savais que quelque chose n'allait pas mais il m'était impossible de lire dans ton esprit, tu sais ? » Non, je ne savais pas. Mais je n'en avais pas encore fini avec elle. Après tout, pourquoi aurait-elle eu besoin de lire dans mon esprit pour entendre mes prières qui imploraient Dieu de faire que mon fils survive à cette infection ? me suis-je dit. C'est à ce moment qu'elle m'a appris que les Guides Spirituels ne pouvaient pas écouter nos prières. Je l'ai appris à mes dépens ce jour-là – de toute façon, j'ai appris la majorité des choses que je sais de cette manière – aussi la prochaine fois que vous aurez besoin du secours immédiat (conseil, orientation ou aide) de votre Guide Spirituel, *formulez votre demande clairement et sans ambiguïté.*

Comme c'est souvent le cas, mon expérience s'est révélée utile à un de mes clients. Un jour, James, le client en question, m'a appelée de l'hôpital quelque temps après le retour de mon fils à la maison. Il était fou d'inquiétude, sa fille de quatre ans s'était cassé un bras, et son médecin s'apprêtait à lui mettre des broches dans le bras. Il avait confiance en son médecin, toutefois, il ne pouvait pas s'empêcher de penser que cette tige provoquerait une très grave infection de l'os. James et moi avions déjà discuté de Leah, son Guide Spirituel, il lui parlait souvent et il lui demandait souvent conseil. Or, ce jour-là, Leah lui refusait son aide, elle restait muette au moment où il avait besoin d'aide pour prendre une décision importante. Je permets rarement à Francine de s'immiscer en moi durant une consultation, mais cette fois-ci la situation exigeait que l'on agisse promptement. Elle lui répéta ce qu'elle m'avait dit : il lui fallait dire très précisément à Leah ce qui se passait et ce qu'il attendait d'elle. Elle n'avait pas pu lire dans son esprit parce qu'il priait, or un Guide Spirituel n'a pas accès aux prières de son protégé. Puis elle ajouta quelque chose que je ne savais pas : nous pouvons donner à notre Guide Spirituel un accès total à nos pensées et à nos prières. Cet accès peut être temporaire, auquel cas il se limite à un événement précis, ou être permanent, c'est-à-dire valable durant toute notre vie. (Aussitôt que j'ai appris cela, j'ai donné à Francine un accès total et permanent à mon esprit. Je vous recommande de faire de même avec votre Guide Spirituel, assurez-vous toutefois d'être parfaitement à l'aise avec l'idée de concéder vos droits sur le « dôme d'intimité ».) Quelques jours plus tard, j'ai reçu un autre appel de James. Il avait parlé à Leah, il lui avait exposé clairement ce qui le préoccupait et elle avait répondu immédiatement. Elle le rassura, ces broches n'étaient pas dangereuses pour sa fille. Il donna l'autorisation au médecin de les installer. Sa fille s'est vite rétablie et on ne détecta pas la moindre trace de l'infection tant redoutée dans son bras.

Nous discuterons bientôt des autres fonctions remplies par les Guides Spirituels, mais pour le moment, il est important de reprendre les points principaux de cet exposé. Dans L'AU-DELÀ, nous vivons avec les Guides Spirituels, nous travaillons avec eux et nous les fréquentons. Si nous le souhaitons, nous pouvons devenir Guide Spirituel. Il suffit de s'être incarné au moins une fois sur cette terre pour suivre l'apprentissage qui nous habilitera à remplir cette fonction qui demande un dévouement sans bornes.

Nous côtoyons un autre phylum, autrement dit, des êtres d'une autre souche généalogique que la nôtre. Ces êtres sont d'une pureté et d'une beauté transcendantes et même si nous les côtoyons tous les jours dans L'AU-DELÀ, ils ne cessent jamais de nous impressionner.

LES ANGES

Les Anges sont d'une espèce différente de la nôtre. Ils ont été créés par Dieu pour être nos messagers et nos protecteurs, ensemble, ils forment une légion de partisans. Ils sont Sa légion divine.

Au contraire des humains, les Anges ne s'incarnent pas. Il leur arrive bien de faire quelques apparitions sur la terre, mais seulement pour nous rendre service. L'AU-DELÀ est leur seul et unique lieu de résidence.

Au contraire des humains, les Anges n'ont pas de sexe. Ils sont tous androgynes. Ils ont tous le même visage et le même corps, les Anges sont d'une grande beauté. La diversité de la couleur de leurs cheveux et de leur peau est semblable à celle qui existe sur la terre. Tous ceux qui les ont rencontrés, tant sur la terre que dans L'AU-DELÀ, ont dit qu'ils scintillaient ou qu'ils brillaient, leur essence étant toujours illuminée par la brillante lumière de leur Créateur.

Au contraire des humains, les Anges ne parlent pas, même entre eux. Ils communiquent par la télépathie. On n'entend jamais un son sortir de leur bouche, à moins qu'ils ne chantent un de leurs magnifiques hymnes à la gloire de Dieu dans le Palais des Voix.

Au contraire des humains, les Anges ne fréquentent pas le reste de la population. Même s'ils habitent L'AU-DELÀ, ils ne travaillent pas, n'étudient pas et ne participent pas aux activités sociales qui font partie de la vie à La Maison. Ils restent entre eux, partout où ils vont, ils exsudent leur puissant amour. Pourtant, ils ne ressentent pas les mêmes sentiments que nous et ils ne possèdent pas une personnalité aussi clairement différenciée que la nôtre. Ils ne rient jamais, ne pleurent jamais et leur expression demeure toujours la même. Curieusement, ils n'ont pas pour autant un air sévère ou malveillant. En somme, ils n'ont jamais ressenti autre chose que la pureté de la dévotion absolue.

Nous ne serons jamais des Anges et les Anges ne s'incarneront jamais pour vivre une vie d'humain. La raison en est simple, nous ne progressons jamais d'une espèce vers une autre, nous restons toujours de la même espèce comme c'est le cas sur la terre. Il ne faudrait pas pour autant en conclure que

Dieu accorde plus d'importance aux Anges qu'à nous, voire qu'Il les aime plus que nous. Aucune n'espèce n'est meilleure qu'une autre, le concept « meilleur » ne s'applique pas à la création de Dieu et ce, tant ici-bas que dans L'AU-DELÀ. Nous sommes tous Ses enfants, notre Créateur nous aime tous sans aucune distinction. Tel a toujours été et cela restera toujours ainsi.

La population des Anges possède une structure hiérarchique, la position des Anges étant fonction de leur expérience. Ainsi, plus un Ange est expérimenté, plus son grade est élevé, et plus son grade est élevé, plus il est puissant. Les Anges montent en grade en raison de la qualité de leur travail et des miracles qu'ils accomplissent au nom de Dieu. Qu'ils nous protégent d'un danger, voire qu'ils nous sauvent la vie, les Anges constituent notre lien le plus direct et le plus puissant avec L'AU-DELÀ. Ils sont une ressource physique pour Dieu puisque à travers eux Il peut nous prendre sur Ses épaules lorsque nous sommes dans la peur, la tristesse et la désolation. Il nous porte jusqu'à ce que nous soyons assez forts pour marcher à nouveau derrière Lui.

Voilà qui est dit. Un des aspects de la vie que je trouve le plus excitant est lié au fait que plus j'en apprends sur le monde et plus j'ai de choses à connaître. Cette vérité s'est toujours appliquée à ma vie, elle était valable lorsque j'avais six ans et elle l'est tout autant à l'âge de soixante-trois ans. Le jour où je n'apprendrai plus rien, je pourrai me dire que je suis en état de « coma dépassé », je serai alors comme ces mourants dont le cerveau est mort mais qui sont toujours en vie. Depuis la parution de mon livre précédent *The Other Side and Back*, j'ai raffiné ma connaissance des Anges, j'ai poursuivi mes recherches, ce qui m'a permis de constater que certaines informations contenues dans mon livre étaient incomplètes, voire carrément fausses. Je tiens à m'en excuser. Et s'il fallait que les paragraphes qui suivent contiennent aussi des erreurs, soyez tous assurés que je veillerai à les corriger dans mon prochain livre.

Dans mon dernier livre, j'ai dit – et je le croyais – qu'il y avait cinq ordres d'Anges et que seuls les Anges du second ordre, les Archanges, avaient des ailes. Je croyais aussi que des tâches spécifiques étaient assignées à chacun des ordres d'Anges.

Toutefois, peu de temps après la publication de mon livre, alors que je dormais chez mon fils Christopher, je me suis réveillée tôt le matin. Comme j'avais très soif, je me suis levée du lit pour aller me chercher quelque chose à boire. Je traversai donc le couloir en direction de l'escalier, mais je m'arrêtai là, médusée par ce que je venais de voir. Au beau milieu du vestibule, et il faut dire qu'il fait près de dix mètres de haut, j'aperçus une fabuleuse et grandiose créature d'une blancheur lumineuse et d'une beauté à vous couper le souffle. Ses ailes bordées d'argent étaient complètement déployées, vous l'aurez compris, cette créature était en fait un Ange. Bouche bée, je restai là sans mot dire tandis que l'Ange infusait en moi certaines informations. J'appris qu'il se nommait Ariel et qu'il était l'Ange de ma petite-fille Angelia. Il avait pour mission de la protéger durant la nuit. Ce matin-là, je me suis trouvée en face de la plus formidable créature qu'il m'avait été donné de voir jusque-là et pourtant, j'y repense encore avec un certain amusement. Il faut dire que la première pensée qui m'est venue à l'esprit en le voyant était : « Bon sang, j'avais tort, ils ont des ailes ! ».

Heureusement, j'ai pris le temps d'approfondir mes connaissances sur le sujet. J'ai beaucoup lu et Francine m'a mise au courant de plusieurs détails les concernant. En réalité, il y a huit ordres d'Anges et tous possèdent des ailes. Tous ces Anges sont les messagers de Dieu. De plus, ils jouent un rôle protecteur auprès des humains, et en conséquence, ils sont en charge des miracles sur terre. Ils se distinguent par la couleur de leurs ailes. À chaque ordre d'Anges est lié une couleur d'ailes, leur couleur faisant office d'insigne, elle indique donc leur place dans la hiérarchie.

Voici les huit ordres d'Anges, en commençant par les moins expérimentés et les moins puissants. Ils sont classés selon le pouvoir qu'ils détiennent et non selon leur importance :

- Les Anges – Leurs ailes sont cendrées, d'un blanc qui tire sur le gris.
- Les Archanges – Leurs ailes sont d'un blanc très pur.
- Les Chérubins – Leurs ailes sont blanches et bordées d'or.
- Les Séraphins – Leurs ailes sont blanches et bordées d'argent.
- Les Vertus – Leurs ailes sont bleu pâle.
- Les Dominations – Leurs ailes sont vertes.
- Les Trônes – Leurs ailes sont d'un pourpre très profond.
- Les Principautés – Leurs ailes très brillantes sont en or massif.

Les sept premiers ordres d'Anges sont toujours prêts à nous aider, que ce soit de leur propre initiative ou parce que Dieu les a envoyés en mission auprès de nous pour intervenir en son nom lorsque nous sommes en situation de détresse physique ou psychologique. Les anges du huitième ordre, ces Anges extraordinairement puissants que l'on nomme les Principautés, ne se présentent que lorsqu'on les appelle. Si notre démarche est sincère et suffisamment soutenue, Dieu peut demander aux Principautés d'accomplir un miracle propre à renverser le cours des choses et ce, même si ce miracle déjoue un plan de vie. Nous explorerons cette question dans un autre chapitre.

LES SAINTS

Je ne voudrais surtout pas manquer de respect à quiconque en disant que la sainteté intéresse davantage les habitants de la terre que ceux de L'AU-DELÀ. Permettez-moi cependant de répéter que des concepts tels que « le meilleur » ou « le plus important » n'ont aucun sens aux yeux de Dieu. Ce qui ne veut pas dire que les personnes qui ont été canonisées ne sont pas évoluées spirituellement ou qu'elles ne méritent pas notre plus profond respect. Par ailleurs, je ne crois pas que Dieu divise les esprits en deux catégories : ceux qui sont canonisés et ceux qui ne le sont pas. Cette distinction n'a que peu d'importance, l'amour de Dieu est éternel, universel et sans équivoque.

La procédure officielle menant à l'élévation d'une personne à la sainteté est longue, elle exige la formation d'un comité, la proposition d'une nomination et enfin le vote. Malheureusement, nos « comités » terrestres se composent de personnes ayant chacune leur propre motivation et leur propre ambition, ce qui a pour effet de les éloigner de Dieu, eux et le projet qu'ils chérissent. Ajoutons que les candidats à la sainteté doivent avoir accompli au moins trois miracles. Autre question digne d'intérêt : à qui revient de faire l'enquête concernant l'authenticité des miracles ? Réponse : à d'autres comités. Ce qui ne fait que compliquer un peu plus les choses puisque de nouvelles motivations et ambitions viennent s'ajouter. Croient-ils – et croyons-nous – vraiment que Dieu attend que l'un de ces comités ait pris sa décision pour savoir si un miracle a eu lieu ou non ? Qui peut prétendre au titre de saint et qui ne le peut pas ?

Ajoutez à cela qu'il y a six milliards d'humains sur la planète. Vous pouvez toujours penser que je suis sceptique, mais je ne peux m'empêcher de penser que parmi tous ces gens, il y a des personnes extraordinaires qui se distinguent par leur désintéressement et leur engagement dans une cause humanitaire. Ces personnes d'exception accomplissent quotidiennement des miracles, mais l'œil des médias n'est pas là pour les voir, en conséquence, les différents comités n'ont jamais entendu parler d'elles. Je connais quelques-unes de ces personnes et je parie que vous en connaissez aussi. Je vous jure qu'une fois dans L'AU-DELÀ, ces êtres auront droit aux mêmes égards que ceux à qui on a décerné un certificat attestant « officiellement » leur sainteté.

En matière d'évolution spirituelle, il existe un nombre incalculable de degrés. Il nous revient de décider du but que nous souhaitons atteindre pour cheminer ensuite vers sa réalisation. Tout se passe à notre propre rythme, rien ne presse, puisque nous disposons de rien de moins que l'éternité. Laisser entendre que les saints ont plus de valeur aux yeux de Dieu que ses autres enfants qui sont rendus à des niveaux spirituels inférieurs, revient à dire que Dieu préfère les collégiens aux enfants de la pré-maternelle. Pour ma part, je n'en crois rien. Et vous ?

Vous partagez sans doute mon opinion.

Oui, nous marcherons côte à côte avec les saints de L'AU-DELÀ. Nous les apprécions, comme nous apprécions toutes les âmes évoluées spirituellement ; nous avons beaucoup à apprendre d'elles. N'oubliez jamais qu'aux yeux de Dieu, le fait d'avoir eu le courage et le désir de faire en son nom l'expérience de la vie sur terre constitue en soi une prouesse qui nous place au même rang qu'elles.

LE CONCILE

Le Concile, aussi connu sous le nom des Aînés ou des Maîtres Professeurs, possède son propre phylum qui se compose de dix-huit êtres membres des deux sexes. Ces êtres très évolués spirituellement sont les porte-parole de Dieu dans L'AU-DELÀ. Leur apparence physique est conforme à leur nom, en conséquence, ils sont l'exception qui confirme la règle, puisqu'ils sont les seuls à ne pas avoir trente ans. Leur apparence témoigne de leur sagesse et de leur sainteté. Ils arborent de longs cheveux d'un beau gris argenté, leurs traits d'une grande douceur et d'une incroyable beauté leur confèrent un air mature bien que leur visage ne présente aucune ride. Les hommes laissent pousser leur belle barbe blanche argentée et tous, hommes et femmes, portent avec grâce une robe souple et soyeuse. À l'instar des Anges, les dignes membres du Concile ne s'incarnent jamais et ils conservent pour l'éternité leur apparence d'Aînés.

Le Concile siège autour d'une étincelante table en U sise dans une des vastes salles de marbre blanc du Palais de la Justice. Une véritable légion d'Anges à ailes dorées, les Principautés, font la sentinelle devant eux, ils représentent symboliquement le sérieux et la grandeur du Concile. Ils ne détiennent aucun pouvoir de gouverner, puisque dans L'AU-DELÀ, les lois et le gouvernement sont inutiles. En raison de leur immense sagesse et de leur amour infini, Dieu leur a toutefois conféré certaines responsabilités importantes susceptibles d'influencer profondément le cours des choses sur terre comme dans L'AU-DELÀ.

J'ai souvent pensé que je devais être dans un état second lorsque j'ai élaboré mon plan de vie. Malheureusement, je suis bien obligée d'admettre qu'il n'en est rien, étant donné qu'il n'y a ni alcool, ni drogue dans L'AU-DELÀ. Blague à part. Le fait est que dans la félicité de L'AU-DELÀ, il nous arrive de nous sentir invincible, prêt à tout affronter. Or, pour le meilleur et pour le pire, ce sentiment peut nous conduire à baliser notre route d'obstacles qui se révéleront très difficiles à franchir une fois sur terre. J'ai personnellement fait face à de tels obstacles dans ma vie. J'en ai d'ailleurs fait état dans mon livre précédent *The Other Side and Back*. Par son comportement, mon ex-mari aurait pu me détruire et entacher sérieusement la réputation que j'ai mis des années à bâtir, me faire perdre ma crédibilité, tout cela à cause de sa trahison et de la fraude qu'il m'a fait subir. Je n'ai aucun doute à ce sujet. Heureusement, ma famille et mes amis m'ont offert tout leur soutien durant cette période difficile de ma vie. Francine avait beau me répéter que je parviendrais à surmonter cette épreuve et que j'en ressortirais grandie et plus forte, pourtant, je doutais. Je me disais en moi-même qu'elle ne savait pas de quoi elle parlait. J'étais persuadée que mon plan de vie était trop difficile.

J'ai fini par comprendre que Francine disait vrai. Aujourd'hui, je suis plus forte, plus sage et « meilleure » que jamais. Francine m'a permis de m'en rendre compte. Une fois la crise passée, j'ai appris que le rôle de Francine dans cette affaire était beaucoup plus important que je ne l'avais d'abord cru. En effet, pendant que je me débattais dans toute cette histoire, Francine a pris rendez-vous avec le Concile pour lui demander de modifier mon plan de vie. Elle ne souhaitait pas me soustraire à toutes les conséquences de ces fâcheux événements. Toutefois, elle demanda que la résolution de cet événement me soit moins pénible afin que ma vie et mon travail ne s'en trouvent pas compromis à jamais. C'est pourquoi je peux attester que le Concile a bel et bien le pouvoir de modifier un plan de vie en fonction des circonstances, à condition, bien sûr, qu'il mène au plus grand bien de Dieu.

J'ai eu la chance de voir un membre du Concile durant un séjour à l'hôpital. J'avais vingt-six ans, j'étais très malade et je devais subir une importante opération. Je ne savais pas si je survivrais à la chirurgie, et personne ne semblait le savoir non plus. J'avais parfois l'impression d'être dans une station de train achalandée tellement ma chambre était bondée : parents, amis, médecins et infirmières s'y succédaient jour et nuit. Il m'arrivait d'être toute seule pendant quelque temps, et c'est précisément à l'une de ces rares occasions qu'une étrange dame entra dans ma chambre sans dire un mot et vint s'immobiliser à côté de mon lit. Cette visite survenait à un moment où je n'avais pas le moral, ma santé se dégradait et j'étais de plus en plus angoissée. Sa robe et ses cheveux, tous deux d'un beau blanc argenté, brillaient, et son visage lisse avait l'apparence de la maturité. Ses yeux dans lesquels se reflétait une infinie sagesse étincelaient d'amour, on aurait dit qu'ils avaient vu Dieu et qu'ils avaient conservé Son empreinte. Elle me regarda et toucha délicatement mon épaule en disant : « Tu veux ceci. ». Rien de plus que : « Tu veux ceci ». Puis, elle se retourna et quitta la pièce aussi silencieusement qu'elle était entrée. J'aurais pu me dire qu'il s'agissait simplement d'une hallucination causée par la fièvre, mais j'avais senti sa main sur mon épaule, elle était aussi réelle que les aiguilles plantées dans mon bras.

Je suis toujours fascinée par l'énergie déployée par les sceptiques (et je m'inclus dans ce lot) pour trouver une explication rationnelle à certains événements inhabituels. Cette explication a beau ne pas s'accorder aux faits, cela ne semble pas poser de problèmes du moment qu'elle soit logique. Dès que cette femme d'une très grande beauté au comportement étrange eut quitté ma chambre, je pensai qu'il devait s'agir d'une infirmière assistante, comme si les infirmières assistantes étaient des êtres errants qui arpentaient de long en large les planchers immaculés des hôpitaux et qu'elles entraient dans les chambres sans même demander aux patients s'ils avaient besoin de quelque chose. Puis, j'ai pensé qu'il pouvait s'agir d'une bénévole ou d'un ministre du culte d'une église locale qui visitait les patients pour leur apporter un peu de réconfort. Pourtant, les bénévoles et les ministres du culte ne sont pas admis dans l'aile des soins intensifs où je me trouvais, sauf si la famille en faisait expressément la demande. Et même si tel avait été le cas, pourquoi donc cette personne n'avait-elle pas pris la peine de se présenter ? Sans compter qu'une personne dont la mission est de rassurer les gens n'entre pas dans leur chambre en disant présomptueusement : « Tu veux ceci ». Qui était-elle pour prétendre qu'elle savait ce que je voulais ?

J'ai passé beaucoup de temps à ressasser cette histoire avant de me décider à aller aux sources. En d'autres termes, j'ai demandé à Francine si elle comprenait quelque chose à tout ceci ; comme à son habitude, Francine prit le temps de répondre à mes questions. Elle m'expliqua que cette femme n'était pas une étrangère, je l'avais côtoyée au Concile à de nombreuses reprises lorsque j'étais dans L'AU-DELÀ. Cette femme souhaitait tout simplement me rappeler que j'avais choisi de vivre tout ce qui m'arrivait, j'avais moi-même consigné ces événements dans mon plan de vie avant de venir sur terre.

Comme nous en avons déjà discuté, le Concile joue un rôle important dans la prévention des crises et il intervient lorsqu'une crise se déclare. Pour le moment, il vous suffira de penser aux dix-huit êtres sacrés qui forment brillamment le Concile comme à un moyen par lequel Dieu nous voit et ne nous laisse jamais seuls.

LES EXTRATERRESTRES

Soyons clairs : je vous jure que cette planète n'est pas la seule planète habitée de l'univers. Croire que nous sommes seuls dans l'univers revient à croire que notre maison est la seule dans le monde parce que de notre fenêtre nous ne voyons pas d'autres maisons.

Est-ce à dire que je crois en l'existence des « petits hommes verts » ? Non, pas nécessairement. Je ne prétends pas savoir de quoi ont l'air les habitants de toutes les planètes habitées, mais je suis certaine de deux choses : les terriens sont des habitants de l'univers et ils ne sont pas « des petits hommes verts ». En fait, je n'ai jamais compris comment on pouvait penser que ces idées ne vont pas l'une sans l'autre.

Certaines personnes, très brillantes, par ailleurs, croient qu'il n'y a pas de vie sur les autres planètes. Pour ma part, je suis convaincue qu'il y en a. Je changerai d'idée le jour où j'aurai vu des photographies me montrant chaque mètre carré de toutes les galaxies et de tous les systèmes solaires de l'univers que nous habitons et me prouvant hors de tout doute qu'il n'y a pas d'autres formes de vie. Ce jour-là, je serai plus que disposée à réviser ma positon. Notre univers est si vaste que nous n'arrivons pas à fabriquer de télescopes nous permettant de l'explorer en détail. D'ici à ce qu'on y arrive, je persiste à croire que nous ne sommes pas les seuls membres privilégiés appartenant à un club sélect, nous sommes plutôt des membres d'une vaste communauté universelle. Il n'y a pas là matière à s'inquiéter, au contraire, je suis d'avis qu'il faut plutôt s'en réjouir. Si nos moyens nous permettent un jour d'aller les visiter, comme ils nous visitent eux-mêmes aujourd'hui, imaginez tous les avantages que nous pourrions tirer de ces rencontres. À moins que nous décidions de les tirer à vue parce que nous avons appris à les craindre.

Les habitants des autres planètes sont aussi des enfants de Dieu. Leur voyage spirituel est semblable au nôtre, ils se réincarnent et ils vivent dans la félicité de leur *AU-DELÀ*, pas le *nôtre, le leur,* qui est en tous points identique à celui de la terre. En d'autres termes, nous ne partageons pas le même AU-DELÀ, chacune des planètes habitées de l'univers possède sa propre Maison. Ces Maisons remplissent les mêmes fonctions que la nôtre et ses habitants reçoivent la même bénédiction. Les habitants des autres planètes ont leur propre Guide Spirituel, leur propre légion d'Anges, leur propre Concile, leurs propres messies sacrés, et par-dessus tout, nous partageons le même Dieu, celui qui nous a tous créés.

D'ici vingt-cinq ans, nous commencerons enfin à communiquer avec des formes de vie qui partagent le même univers que nous. Il faut bien voir que nous en sommes encore au stade de l'enfance en matière de développement spirituel, notre compréhension de Dieu et de son infinie création demeure sommaire en comparaison de la leur. En fait, nous sommes « les enfants qui viennent d'arriver dans le voisinage ». Nous avons tant à apprendre de nos frères et de nos sœurs des autres planètes, et tant d'espoir à recevoir lorsque nous les accueillerons et que nous commencerons à les écouter.

LA MISSION DE VIE

Nous poursuivons tous un but dans cette vie et chacune de nos incarnations constitue une étape dans l'atteinte de cet objectif. La part spirituelle de notre esprit connaît cet objectif. Notre Guide Spirituel le connaît, le Concile le connaît et, bien entendu, Dieu le connaît. Aucun objectif n'est plus important qu'un autre. Il en va dans L'AU-DELÀ comme sur la terre, nous avons tout autant besoin de fossoyeurs, de briqueteurs, de professeurs, d'ambulanciers, d'artistes, de bénévoles que de rois et de présidents. Les armées ne sont pas faites que de généraux, sans soldats, elles seraient incapables de gagner la moindre bataille. Tous les objectifs sont indispensables et de valeur équivalente.

Un des objectifs les plus *avancés*, et non pas le plus *important* qui s'offre à nous, s'appelle la Mission de Vie. Choisir la Mission de Vie revient à dire à Dieu : « Peu importe l'endroit où vous m'enverrez sur cette terre, je suis toujours prêt à remplir les missions que vous m'assignerez, je ferai ce que vous me demanderez. » Les esprits qui choisissent une telle mission doivent être prêts à tous les sacrifices, tant physiques qu'émotifs. Ils ne doivent en rien craindre l'inconnu pour accomplir cette mission spéciale. Leur tâche ne consiste pas à prêcher ou à convertir, mais à sauver, aider, allumer, affirmer, reconnecter et célébrer l'esprit divin qui réside dans tous les enfants de Dieu qu'ils croisent sur leur passage. Les porteurs d'une Mission de Vie respectent les croyances d'autrui. Ils sont d'une extrême gentillesse, ils se montrent toujours impartiaux et ils sont très humbles. La damnation éternelle et l'enfer ne les effraient pas le moins du monde, rien n'intimide ces êtres. Ils ne prétendent pas avoir un lien privilégié avec Dieu, ils ne se croient pas différents des autres et ne s'isolent jamais du monde, et qui plus est, ils ne perdent jamais de vue que seul Dieu détient la Vraie Réponse.

Les gens qui choisissent d'accomplir une Mission de Vie se retrouvent dans tous les secteurs d'activités. Ils atteignent leur but en faisant valoir les qualités innées qui les caractérisent : générosité, ouverture d'esprit et empathie. Ces êtres qui souhaitent ardemment faire leur part pour le bien-être de l'humanité ne s'aigrissent jamais, vous ne trouverez pas de personnes désagréables dans leurs rangs. Pourtant, ces personnes ont choisi de relever un défi de taille, car il faut bien dire que cette mission n'est pas à la portée de tout le monde. Voici pourquoi. D'abord, les personnes qui choisissent une Mission de Vie doivent faire leur classe, leurs incarnations s'apparentent au parcours du travailleur qui a tout fait : de coller des timbres sur les enveloppes à récurer les toilettes. À long terme, ils finissent par avoir expérimenté tous les niveaux de vie qui existent sur terre. Ensuite, ces personnes étant très évoluées spirituellement, elles se composent un plan de vie très difficile, doublé de thèmes de vie très exigeants (nous en reparlerons dans un des chapitres suivants). La route sur laquelle ils cheminent pour atteindre leurs objectifs est parsemée d'embûches, leur parcours sort de l'ordinaire.

Bien entendu, tout le monde n'est pas prêt à s'engager dans une vie remplie de sacrifices, de tourments et de déceptions en retour des quelques instants de profonde satisfaction que la Mission de Vie lui procure. Cela ne signifie pas pour autant que de tels êtres soient paresseux ou que leur dévouement à Dieu soit moins grand. Cela veut tout simplement dire qu'ils ont choisi un autre moyen pour exprimer leur dévouement à Dieu. Le meilleur moyen d'honorer Dieu consiste à mettre en valeur les talents et les intérêts qu'Il nous a légués afin de faire de ce monde un endroit plus positif et plus spirituel. Tel est l'objectif poursuivi par ceux qui ont choisi la Mission de Vie, rien de plus et rien de moins.

LES VOYAGEURS MYSTIQUES

Les Voyageurs Mystiques ont une mission semblable à la Mission de Vie, à ceci près qu'elle s'applique à un plus vaste territoire. Ils ont dit à Dieu avant d'entreprendre leur voyage spirituel : « Peu importe l'endroit où vous m'enverrez dans l'univers, je suis toujours prêt à remplir les missions que vous m'assignerez, je ferai ce que vous me demanderez. ». Les esprits qui ont choisi la Mission de Vie se consacrent à renforcer et à vivifier le lien divin spirituel qui nous unit à Dieu. Leur mission se limite à la terre, tandis que celle des Voyageurs Mystiques s'étend à toutes les planètes habitées de toutes les galaxies, ils s'incarnent là où Dieu a besoin de leur service. La plupart des Voyageurs Mystiques ont déjà vécu plusieurs incarnations sur terre, ils sont donc prêts à « graduer » et à quitter le cycle des réincarnations terrestres. En somme, les volontaires qui s'engagent à devenir des Voyageurs Mystiques sont un peu comme les étudiants qui poursuivent des études postdoctorales.

L'histoire du fils de mon amie Oona, une Kenyane, illustre de façon poignante le pouvoir extraordinaire détenu par les Voyageurs Mystiques. Dès sa naissance, Jared fit preuve d'une spiritualité et d'une sagesse hors du commun. Dans les yeux bruns de cet enfant à la fois joyeux et serein, sensible et tranquille, il y avait tant d'amour et de lumière que l'on sentait tout de suite qu'il s'agissait d'une très vieille âme.

Alors qu'il n'avait que quatre ans, Jared fut frappé par la leucémie. Peu après son cinquième anniversaire, Oona dut se rendre à l'évidence : son fils se mourait. Ce soir-là, elle se glissa dans son lit pour le tenir dans ses bras pour la dernière fois. Il n'avait passé que quelques années auprès d'elle, pourtant le courage qu'il avait démontré tout au long de sa terrible maladie lui avait donné foi en Dieu et en l'existence de l'Après-Vie. Elle savait maintenant qu'elle n'aurait jamais pu faire cette prise de conscience sans lui et elle remerciait Dieu de l'avoir gratifiée de la présence de cet esprit fantastique. Juste avant de mourir, Jared s'était redressé pour murmurer à l'oreille de sa mère d'une voix à peine audible : « Maman, je m'en vais vers Dieu maintenant. S'il te plaît, tiens-moi la main. »

Au moment où elle saisit sa petite main, elle sentit l'esprit de Jared s'élever au-dessus de son corps. Puis, tout à coup, son propre esprit se détacha de son corps pour venir se poser à côté de celui de son fils ; cette expérience à la fois fascinante et terrorisante restera à jamais gravée dans sa mémoire. Plutôt que de l'emmener dans le tunnel qui l'attendait, le Voyageur Mystique s'élança avec elle vers le ciel étoilé. Bientôt, elle se retrouva au milieu d'une mer de velours noir parsemée de millions de diamants. Elle se retourna vers son fils pour partager la joie qui venait de s'emparer de tout son être, et il lui dit : « Je voulais te montrer les étoiles avant de rentrer à La Maison. »

Puis, dans la lumière éblouissante des étoiles, elle vit lentement se dessiner un brillant tourbillon d'amour parfait et, de ses profondeurs, surgir des êtres qu'elle ne pouvait pas bien distinguer tant la lumière blanche qu'ils irradiaient était puissante. Un immense sentiment de paix l'envahit à l'idée que ces êtres silencieux et éblouissants, dotés d'une grâce saisissante, étaient venus accueillir son fils bien-aimé. Elle leva les yeux vers lui et leurs regards se croisèrent : « Merci maman », dit-il, « merci de m'avoir accompagné aussi loin ». Il pressa sa main et partit rejoindre les êtres qui flottaient déjà au loin, puis il disparut dans la lumière de Dieu.

Au même moment, Oona fut projetée dans son corps qui était étendu sur le lit dans la petite chambre, là où elle tenait toujours la main froide et sans vie de son fils. Des larmes coulèrent de ses yeux, des larmes de douleur parce qu'elle était triste et des larmes de joie parce qu'elle était heureuse pour lui, puis elle murmura : « Merci Jared » sachant qu'il l'entendrait. Depuis ce jour, elle s'est engagée à bonifier la vie spirituelle des personnes de son entourage, sous le regard du Voyageur Mystique Jared qui la contemple de La Maison. Ce dernier attend une nouvelle assignation de Dieu quelque part dans les étoiles avec la certitude que sa brève mission a été un succès, puisque sa présence a insufflé à ce monde un peu plus de beauté, de respect et d'amour pour Dieu.

Notre Au-Delà et les autres AU-DELÀS de l'univers entretiennent des relations soutenues. Les membres du Concile d'Andromède et des Pléiades, par exemple, sont des conférenciers très respectés qui assistent aux sessions de notre Concile. De même, les chercheurs et les professeurs de la communauté universelle échangent entre eux des informations capitales. Surtout, n'allez pas croire que nous sommes seuls dans notre lutte contre le SIDA, la sclérose en plaques, le cancer et toutes les maladies qui sévissent sur la terre. Nous ne sommes pas seuls non plus lorsqu'il s'agit de protéger les espèces en voie de disparition et l'environnement ou pour trouver des moyens techniques qui nous permettraient de mettre fin à la violence ainsi qu'aux autres plaies de notre monde. Nos chercheurs font déjà de grands efforts et ces efforts sont supportés par tous les brillants scientifiques des AU-DELÀS de l'univers tout entier. Ces chercheurs échangent constamment des informations entre eux et toute découverte majeure nous est transmise par l'entremise de la connaissance infuse. La prochaine fois que vous contemplerez le ciel étoilé, arrêtez-vous un instant pour penser que vous êtes en train d'admirer une des plus grandes sources d'espoir et de guérison de l'humanité.

Le sentiment que nous avons d'être séparés du reste de l'univers est tout à fait normal au stade primaire où nous en sommes, il fait partie du cycle de développement de toutes les planètes. Avec le temps, le sentiment d'être isolés et seuls dans l'univers s'estompera au sein de la population. Nous réaliserons que nous comptons pour une infime part de cette grande confrérie d'esprit.

L'AU-DELÀ COSMIQUE

La vie est sans fin. La vie a toujours été et elle sera toujours, sur toutes les planètes habitées de l'univers. On ne peut jamais parler de « fin ». Pourquoi ? Parce que les AU-DELÀS des planètes habitées, ce qui inclut tous les êtres vivants, à l'exception des Esprits des Ténèbres qui refusent la lumière de Dieu, sont immortels et éternels.

Plus les habitants des planètes habitées deviennent spirituellement avancés, moins ils sont séparés les uns des autres, ce mouvement tend à s'accentuer lorsque l'environnement de la planète ne supporte plus aucune vie. À partir de ce moment, les AU-DELÀS se fondent dans le grand AU-DELÀ éternel et universel. Si la terre était détruite demain – et faites confiance à mes dons de médium, elle ne le sera pas – nous et notre AU-DELÀ irions rejoindre les êtres originaires des planètes dont le cycle naturel est fini. Ces êtres vivent la même vie dans la félicité sacrée du monde qui nous attend au-delà des étoiles, là où se trouve notre ultime Maison, celle où nous nous épanouissons dans l'éternité.

De grâce, n'allez surtout pas penser que l'existence d'un AU-DELÀ cosmique fait de L'AU-DELÀ de la terre un endroit sans importance. Les gouvernements des cinquante-cinq États des États-Unis ne renforcent-ils pas le pouvoir du gouvernement de Washington D.C. ? Et pensez aux milliers et aux milliers d'églises catholiques que l'on trouve dans le monde, de la plus grandiose à la plus modeste, toutes ces églises ont-elles jamais menacé l'existence du Vatican ? N'oubliez pas ces faits concernant Dieu et sur lesquels nous n'insisterons jamais assez : tout ce que Dieu a créé possède une raison d'être et rien de ce qu'Il a créé n'est bon à mettre à la poubelle.

L'AU-DELÀ cosmique est l'exact reflet de l'univers, tout comme notre AU-DELÀ est l'exact reflet de la terre. Il est peuplé de tous les esprits, Guides Spirituels et messies des planètes, désormais inhabitées, de toutes les galaxies. Il possède son propre Concile et ses propres Anges. Les résidants de L'AU-DELÀ cosmique sont les êtres les plus évolués de l'univers, mais notre Créateur nous aime autant qu'eux, nous qui sommes arrivés beaucoup plus tard.

NOUVEAU

Nouveau est une région fantastique de L'AU-DELÀ cosmique. Afin de la localiser dans le ciel étoilé, fiez-vous à cette ancienne conceptualisation du ciel que l'on appelait « Le Grand Homme ». Sa tête est formée par la constellation du bélier, ses pieds par celle des poissons et le reste de son corps par les dix autres constellations qui composent le zodiaque.

Maintenant que vous connaissez la configuration du « Grand homme », imaginez-vous Son cœur et ainsi vous trouverez *Nouveau*.

Nouveau est le lieu sacré de L'AU-DELÀ cosmique, les Voyageurs Mystiques de toutes les galaxies convergent vers lui de leurs AU-DELÀS afin d'être réorientés et d'y recevoir l'entraînement utile à leur prochaine incarnation sur une des planètes habitées de l'univers.

En d'autres termes et pour répondre à la question qui vous brûle les lèvres : oui, il y a bel et bien des Voyageurs Mystiques parmi nous, des êtres qui ont vécu plusieurs autres incarnations sur d'autres planètes. Si certains d'entre eux se montrent plutôt discrets et ne se font pas remarquer, d'autres se distinguent par leur dévouement hors du commun pour une cause humanitaire, si bien qu'ils finissent par être reconnus comme de grands leaders. Plutôt que de les nommer ici et d'être accusée de traiter nos plus grands hommes et nos plus grandes femmes « d'extra-terrestres », je vous laisse le soin de trouver de qui il s'agit.

NOIR

La création est faite de dualité : mâle / femelle, blanc / noir, terre / eau, jour / nuit et lumière / noirceur, comme nous en avons déjà discuté.

Tout comme il existe un AU-DELÀ cosmique et tout comme il existe des êtres de « lumière » appelés Voyageurs Mystiques, envoyés de *Nouveau* pour s'incarner aux quatre coins de l'univers et répandre la félicité de la spiritualité, il existe une Porte Gauche dans cet ultime AU-DELÀ qu'est L'AU-DELÀ cosmique. On l'appelle *Noir*, ce dernier se situe à l'exact opposé de *Nouveau* dans la configuration du « Grand Homme ». Il est l'équivalent de la Porte Gauche de L'AU-DELÀ. Ceux que nous pourrions appeler les « Esprits Mystiques des Ténèbres », ces entités originaires des autres planètes habitées de toutes les galaxies, passent directement dans l'abîme impie et universel de *Noir* lorsqu'elles meurent et sont immédiatement reconduites à la vie intra-utérine. Le Concile décide de la planète de leur nouvelle incarnation, il peut tout aussi bien s'agir de la même que d'une autre. Dieu n'a pas rejeté les Esprits Mystiques des Ténèbres ; à l'instar de nos Esprits des Ténèbres, ces êtres se sont volontairement détournés de Dieu. Leur mission est identique à celle du Monde des

Ténèbres sur la terre. Ainsi, ils cherchent à détruire la lumière de Dieu dans le plus grand nombre d'esprits possibles, étant donné que la noirceur ne peut survivre là où il y a de la lumière.

Tout comme les Voyageurs Mystiques, les entités des Ténèbres de *Noir* sont très avancées et très puissantes. Malgré tout, rien n'est plus puissant et plus évolué qu'un univers peuplé d'âmes unies dans la lumière blanche et divine du Saint-Esprit. De toute façon, les soldats de la puissante armée de Dieu n'ont rien à craindre et ce, qu'ils soient sur terre ou sur une planète éloignée dont nous n'avons jamais entendu parler.

LE VISAGE DE DIEU

Certaines personnes prétendent que Dieu est une Force invisible et par conséquent, il est peu probable qu'il possède un visage, voire une forme déterminée.

Pourtant et pour faire une comparaison simple, l'Électricité est aussi une force, ce qui ne nous empêche pas de la voir, bien que rarement, lorsqu'elle forme des arcs.

Une fois encore, il nous faut bien admettre que les lois terrestres sont trop limitées pour s'appliquer à Dieu.

En vérité, Dieu le Père et Azna, Dieu la Mère, qui à eux deux forment la Divinité, font de brèves et éblouissantes apparitions sacrées dans L'AU-DELÀ. Tous les esprits de L'AU-DELÀ ont pu assister à ces rares apparitions, moments bénis entre tous.

Les apparitions d'Azna, qui représente la dimension émotive de la Divinité, sont plus nombreuses et plus longues, elle maintient son Apparence pendant plusieurs minutes. L'honorable statue qui se dresse en face du Palais de la Justice illustre admirablement la perfection de cette femme d'une grande beauté qui porte des cheveux longs. L'artiste qui l'a sculptée a reçu une bénédiction lui permettant de La contempler assez longtemps pour produire cette œuvre.

J'aimerais maintenant partager avec vous une lettre que j'ai reçue. Cette lettre résume à merveille tout ce que je pourrais vous dire concernant le fait qu'Azna est tout à fait l'égale de Dieu le Père en tant que moitié de la Divinité. Sans compter qu'elle nous démontre à quel point Azna, dans la magnificence et la grâce qui sont siennes, est toujours prête à nous aider.

Un jour, une femme nommée Jacqueline m'a écrit pour me dire qu'elle n'avait jamais rencontré le concept d'Azna avant de lire mon livre *The Other Side and Back*. Toutefois, elle avait eu du mal à concevoir l'existence d'un Dieu féminin pour une protestante conservatrice comme elle, cette idée était pour le moins farfelue. Néanmoins, elle avait trop d'ouverture d'esprit pour la rejeter du revers de la main mais d'un autre côté, elle était beaucoup trop sceptique de nature pour l'accepter sans poser de questions.

Elle n'eut pas le temps de réfléchir à cette question bien longtemps ; des événements graves la détournèrent de ses cogitations. Elle venait de finir de lire mon livre lorsque son mari fut victime d'une grave crise cardiaque, il ne restait qu'un mince souffle de vie en lui lorsqu'il arriva à l'hôpital. Elle passa dix-neuf longues heures sans fermer l'œil une seconde, dans la salle attenante à l'aire de réanimation, pendant que quatre médecins s'affairaient désespérément à sauver la vie de son mari. Un des quatre médecins, un cardiologue réputé, émergea finalement de la chambre de Rick, il lui prit la main avec compassion et lui dit : « Je suis désolé, nous avons tout fait pour le sauver. Nous allons vous laisser seule avec lui pendant quelques minutes pour que vous puissiez lui faire vos adieux. Mais je dois vous dire qu'il ne bouge pas et qu'il est inconscient. Il est trop faible pour parler et honnêtement, je ne sais pas s'il peut vous entendre. »

Jacqueline se ressaisit et entra silencieusement dans la chambre de Rick. Elle s'approcha de son lit, son cœur battait si fort qu'elle n'aurait pas été étonnée qu'il rende son dernier soupir. Son mari ne bougeait pas, autour de lui s'étalait tout un arsenal de moniteurs, de respirateurs et d'appareils de réanimation. Ses yeux étaient clos, son teint livide et grisâtre révélait sa fragilité. Il semblait presque transparent et sa peau était tendue sur son corps. Lui qui, hier encore, paraissait en parfaite santé, fort et débordant de vie. Elle lui dit doucement : « Rick ? » Il ne répondit pas. Elle approcha son visage du sien et répéta son nom un peu plus fort : « Rick ? ». Il resta muet. Il ne savait pas qu'elle était là. Puis, alors que le désespoir l'envahissait à la pensée que son regard pétillant ne se poserait plus jamais sur elle et que son rire contagieux ne résonnerait plus dans la maison, une certitude l'envahit soudain. Non, elle ne le perdrait pas. Contre toute apparence, elle en avait la certitude.

D'un geste réflexe, elle posa sa main sur son cœur, puis elle s'entendit prononcer ces paroles : « Azna, Dieu la Mère, de grâce aidez-le. Je vous en prie, ne l'emmenez pas loin de moi. » Elle continua à prier de toute son âme, surprise de l'apaisement que cela lui apportait, sans pour autant connaître la suite des événements.

Soudain, son mari ouvrit les yeux, et il lui dit en la regardant : « Ce que tu fais, fais-le encore, ça marche. »

Rick survécut, et quelques jours plus tard, il était assez fort pour subir des pontages. L'opération fit merveille, il se sentait plus jeune et plus heureux qu'il ne l'avait été depuis longtemps. Les quatre médecins qui avaient été témoins de son extraordinaire rétablissement admirent que sa survie était inexplicable d'un point de vue médical. La lettre que Jacqueline m'adressa regorgeait de remerciements sincères que je me suis empressée de transmettre à notre Mère éternelle Azna, puisque de fait, c'est à elle qu'ils revenaient.

Dieu le Père, le pendant intellectuel de la Divinité, se manifeste par l'entremise d'un arc électrique flamboyant, ces apparitions sont plus brèves que celles d'Azna. On peut voir

Son magnifique Visage le temps de quelques battements cardiaques, mais Son image est trop chargée électriquement pour qu'on puisse clairement distinguer Ses traits.

Tous ceux qui ont été en présence du visage d'Azna et de la Divinité transcendante – aussi fugace que fût cette rencontre – ont raconté qu'il s'agissait d'une expérience unique qui transcende le sacré et même l'amour absolu en rejoignant notre esprit dans ce qu'il y a de plus grand et de plus sacré. Francine n'est pas particulièrement émotive, pourtant, lorsqu'elle me parle des manifestations physiques de la Divinité, sa voix s'entrecoupe et les mots lui manquent. Comme elle me l'a expliqué, il n'y a pas de mots pour décrire cette véritable Épiphanie, puisque nous n'avons jamais vécu rien de tel sur terre. Il s'agit d'un privilège rare, éternellement réservé aux habitants de L'AU-DELÀ.

Je me plais à l'idée que je jouirai un jour de ce privilège, cette pensée me ravit et me réconforte : un jour nous serons agenouillés avec les Anges et nous partagerons ensemble ce privilège sacré. N'est-ce pas merveilleux ?

Surtout ne craignez rien, jusqu'à ce qu'il vous soit donné de vivre cet instant béni, vous ne vous ennuierez pas dans la félicité de L'AU-DELÀ, il y a trop à faire à La Maison, beaucoup de choses auxquelles vous n'aviez jamais songé sur la terre.

Chapitre 8

VIVRE DANS L'AU-DELÀ : CARRIÈRE, RECHERCHES ET LOISIRS

Maintenant que nous savons que nous ne sommes jamais seuls dans L'AU-DELÀ, il est temps d'ajouter qu'il est impossible de s'ennuyer dans L'AU-DELÀ. Personnellement, je crains plus l'ennui que la mort. Si j'apprenais que nous ne faisons rien à La Maison, je crois que je devrais réviser quelque peu mes positions en ce qui concerne L'AU-DELÀ, et pour tout dire, j'irais peut-être jusqu'à penser que la terre n'est pas le seul lieu de tourments qui existe. Heureusement, il n'en est rien. Rappelez-vous, dans L'AU-DELÀ, nous n'avons pas besoin de sommeil, aussi lorsque je dis que nous avons autant d'occupations que nous le souhaitons, je voulais dire que nous sommes constamment occupés.

Je ne répéterai jamais assez que nous ne faisons pas notre première visite dans L'AU-DELÀ le jour de notre mort ; nous avons tous visité ce lieu au moins une fois. De retour à La Maison, nous retrouvons nos occupations habituelles. Notre vie devient très stimulante, nous reprenons nos recherches là où nous les avions laissées et nous recommençons à nous adonner à nos passe-temps préférés. Nous aimons tout ce que nous faisons et nous le faisons dans la joie et je ne parle pas seulement de nos responsabilités. Quant à nos relations sociales, elles sont tout simplement extraordinaires, et le fait est que nous n'avons pas pu, ou si peu, les entretenir lorsque nous étions loin de La Maison. Je suis très heureuse de pouvoir dire que nous nous amusons beaucoup dans L'AU-DELÀ, après tout, il ne peut en être autrement au paradis.

Et croyez-le ou non, notre principale source de plaisir se trouve dans les études. Il ne fait aucun doute que nous sommes beaucoup plus brillants dans L'AU-DELÀ que nous le sommes sur terre. Notre esprit atteint son plein potentiel dans L'AU-DELÀ. Tout ce que nous avons appris lors de nos vies passées remonte soudainement à la surface de notre conscience pour notre plus grand bonheur. Tout notre savoir est pour ainsi dire libéré de l'étroit carcan de notre conscience humaine. Nous ne faisons plus qu'un avec notre intellect éternel, celui que nous avons reçu à notre création, et cela nous semble tout naturel bien que nous nous en réjouissions.

Nous avons reçu de Dieu notre brillant intellect et nous disposons de rien de moins que l'éternité pour acquérir de nouvelles connaissances, mais nous n'en devenons pas pour autant omniscients, cette qualité appartenant à Dieu et à lui seul. Vous avez sans doute entendu dire, par des personnes qui ont vécu une expérience au seuil de la mort, que la formidable lumière qu'elles ont aperçu au bout du tunnel semblait contenir toute la connaissance et toute la sagesse de l'univers, comme celle qui émane de l'Esprit Saint. Pourtant, il n'en est rien. En fait, ces personnes ont eu accès à des domaines qu'elles ne pensaient pas connaître, qu'il s'agisse d'astronomie, de calcul, de langues ou de psychologie. Or, durant les quelques instants terrestres pendant lesquels elles étaient hors de leur corps, ces personnes se trouvaient bel et bien dans L'AU-DELÀ et ce bref séjour a suffi à restaurer le vaste savoir inconscient qu'elles détiennent. Ainsi, elles ont retenu quelques bribes de ce savoir malgré le fait qu'elles ont décidé de revenir sur terre parce qu'elles jugeaient que leur travail n'était pas terminé.

Dieu nous a tous gratifiés d'un esprit surprenant qui fait montre d'une insatiable curiosité pour tous les sujets auxquels nous nous intéressons, mais l'univers est trop complexe pour prétendre épuiser les domaines de connaissance que nous explorons. Dans L'AU-DELÀ, tous les cours imaginables sont offerts, à l'exception de ceux qui sont susceptibles de semer la discorde et la violence ou de causer du tort à qui que ce soit. Ces cours sont donnés par les esprits les plus brillants que le monde connaisse. Certains choisissent de poursuivre leurs études dans des domaines connexes au travail et aux loisirs qu'ils avaient dans leurs vies précédentes. Ce choix peut néanmoins être à la source de sentiments de nostalgie lors de notre séjour sur terre, de sorte que nous ne serons pas heureux avant de retourner à La Maison.

Si vous avez toujours rêvé d'exercer une profession donnée, mais que pour des raisons qui sont hors de votre contrôle – peu importe votre ardeur et votre vaillance – vous n'êtes pas parvenu à vos fins, n'allez surtout pas croire que vous avez raté la chance de votre vie. Des milliers de clients m'ont confié avoir désespérément tenté de devenir médecin ou avocat sans toutefois en avoir les moyens financiers ou intellectuels. D'autres souhaitaient devenir des athlètes professionnels, mais ils ne détenaient malheureusement pas les capacités physiques nécessaires, d'autres rêvaient de briller dans le domaine des arts mais ils n'avaient pas le talent qu'il fallait pour y parvenir. Récemment, un homme adorable qui travaille comme ouvrier d'entretien est venu me voir. Il voulait que je l'aide à surmonter le sentiment d'inutilité qui l'habitait. Durant la régression hypnotique, nous avons découvert qu'il était un médecin très réputé dans L'AU-DELÀ et qu'il reprendra son travail dès qu'il sera de retour à La Maison. Son travail temporaire en tant que préposé à l'entretien était loin d'offrir à son esprit les mêmes satisfactions que son passionnant travail de guérisseur. Dans un même ordre d'idées, voici un exemple dont les conséquences sont moins dramatiques. Une femme m'a raconté au cours d'une lecture qu'elle avait dépensé une petite fortune en cours de danse afin de devenir une excellente partenaire de danse pour son mari, un P.D.G. qu'elle accompagnait dans les soirées. Malheureusement, aucun professeur n'a réussi à dompter ses deux pieds récalcitrants. Quelle ne fut donc pas sa surprise d'apprendre qu'elle était danseuse étoile dans L'AU-DELÀ, elle avait « pris congé » de ce talent dans cette incarnation, pour pouvoir mener une vie plus tournée vers la spiritualité. Si vous pensez vivre les mêmes frustrations, permettez-moi de vous dire ce que je leur ai dit : vous n'êtes pas un raté. Et de grâce, n'allez pas croire que vous êtes fou parce que vous vous acharnez à obtenir quelque chose que vous n'avez visiblement pas. Vous n'êtes pas fou, vous vous languissez de retrouver les activités pour lesquelles vous excelliez, bref, la vie stimulante que vous meniez dans L'AU-DELÀ vous manque. Si vous choisissez de remettre ces activités au programme de votre plan de vie, comment pouvez-vous espérer apprendre quoi que ce soit de neuf ?

Il arrive pourtant que nos talents et nos passions nous suivent jusque sur terre, tel est le cas des génies et des enfants prodiges. Sous le regard divin, ces esprits évolués sont porteurs d'une partie de la connaissance et du savoir-faire de L'AU-DELÀ sur terre, ils ont pour mission d'amener l'humanité vers de nouveaux sommets. Pour peu que nous y portions attention, il est facile de se rendre compte que leur réalisation nous donne un avant-goût de notre propre éternité.

Dans L'AU-DELÀ, nous étudions, même si nous sommes déjà « diplômé » parce que nous avons toujours quelque chose à apprendre sur les sujets qui nous passionnent. Dans L'AU-DELÀ, nous étudions parce qu'apprendre est, en soi, une joie. Dans L'AU-DELÀ, nous étudions parce que notre curiosité insatiable est un don de Dieu, et qu'Il bénéficie de ce que nous faisons de notre esprit.

Nous étudions parce que nos études profitent aussi à l'ensemble de l'humanité de même qu'à l'univers. Si nous chérissons la vie dans L'AU-DELÀ et que nous sommes toujours heureux de rentrer à La Maison après nos incarnations, nous n'en conservons pas moins un vif sentiment d'attachement envers la terre. Malgré toutes ses imperfections désolantes, la terre reste néanmoins notre résidence lorsque nous sommes loin de La Maison et nous nous sentons profondément concernés par tout ce qui lui arrive. Après tout, nous y avons vécu, nous nous y sommes battus, nous y avons appris beaucoup de choses sur terre ; nous avons perdu, gagné, aimé, souffert et nous y retournerons peut-être en tentant de faire mieux que la dernière fois. Nous sommes liés à la terre, nous voulons aider la terre et ses habitants, ceux que nous avons laissés derrière nous, et dans L'AU-DELÀ, nous disposons des moyens nécessaires à cette entreprise qui nous tient à cœur.

Dans L'AU-DELÀ, les écoles, les bibliothèques et les centres de recherche abondent et ils comptent parmi les lieux les plus fréquentés, ce qui témoigne éloquemment de nos priorités et des priorités de Dieu. Dans L'AU-DELÀ, les études et le travail vont bon train, ce travail est à l'origine de nombreuses percées dans les domaines de la médecine, de la science, de la psychologie, de l'environnement ou de la société. Rappelez-vous, dans L'AU-DELÀ, la maladie, la pollution, la faim, la sécheresse, la violence et les mauvais traitements, l'intolérance, les handicaps, la maladie mentale et la lutte pour la survie n'existent pas. Pourquoi ? Parce que les habitants de L'AU-DELÀ sont rassurés, ils ont conscience de leur éternité. Parce que chacun d'entre eux a conscience d'appartenir à cette vaste communauté qu'est l'univers. Le fait d'être humain fait partie de notre nature, et dans L'AU-DELÀ, nous avons le luxe de concentrer notre immense générosité et nos efforts, là où ils sont requis.

C'est pourquoi nos recherches sont en grande partie guidées par les besoins terrestres dans un esprit de partenariat visant à améliorer la qualité de vie sur terre. Les brillants esprits de La Maison travaillent sans relâche pour trouver un moyen de guérir le cancer, le SIDA, la sclérose en plaques, la maladie de Parkinson, la maladie d'Alzheimer et toutes les maladies débilitantes qui sévissent sur terre. Nous poursuivons également des recherches en agriculture, de même que nous essayons de trouver des sources d'énergie qui soient plus propres ; nous tentons de parvenir à cloner des organes de façon plus sécuritaire et de trouver des solutions à différents problèmes qui vont de la psychose aux comportements de dépendance en passant par les gangs de rue et les diverses expressions de l'égarement dont les adolescents sont victimes. Nous travaillons aussi à établir un pont entre la terre et les autres planètes habitées de toutes les galaxies. Pour les avoir eux-mêmes rencontrés, les habitants de L'AU-DELÀ connaissent bien les problèmes colossaux auxquels l'humanité fait face. C'est pourquoi il est de leur devoir d'aider la terre à les surmonter, il s'agit là d'une tâche très difficile. Malgré tout, ce travail est l'un des plus gratifiants qu'il ne nous sera jamais donné d'accomplir.

C'est à ce moment qu'entre en scène la connaissance infuse, en d'autres termes : le processus par lequel les connaissances voyagent directement d'un esprit à un autre. Le processus se déroule en dehors de la conscience, aussi celui ou celle qui les reçoit ne saurait dire d'où il tient ces connaissances. C'est par l'entremise de la connaissance infuse que L'AU-DELÀ partage ses découvertes avec les esprits les plus brillants et les plus volontaires de la terre, bref avec les personnes qui sont capables de les mettre en application. Des hommes et des femmes des quatre coins du monde ont inscrit dans leur plan de vie qu'ils joueraient le rôle d'activateurs. Autrement dit, ils étaient prêts à travailler de concert avec La Maison et à consacrer à cette tâche

CARRIÈRE, RECHERCHES ET LOISIRS

tout leur talent, leur sagesse, leur dévouement et leur ouverture d'esprit. Il s'agit là d'un modèle de coopération et d'interaction sans pareil. L'AU-DELÀ a besoin de partenaires terrestres qui détiennent l'expertise nécessaire à la concrétisation de ses découvertes, tout comme les chercheurs de la terre ne pourraient surmonter les obstacles qui se dressent sur le chemin de la découverte sans le secours divin de L'AU-DELÀ. Vous est-il déjà arrivé de vous demander pourquoi certains chercheurs font la même découverte en même temps ? Tout simplement parce que L'AU-DELÀ a fait une découverte et qu'il l'a placée entre « bonnes mains ».

LES SEPT NIVEAUX D'ÉVOLUTION

Tout ce que Dieu a créé possède un ordre, et l'évolution de notre esprit dans L'AU-DELÀ n'y échappe pas. Nous grandissons au fil de nos apprentissages et de nos expériences, et plus nous grandissons, plus nous évoluons, notre évolution étant fonction de notre expérience et de notre apprentissage, comme c'est le cas pour les étudiants. Un étudiant de première année n'a certainement pas le même bagage qu'un étudiant en dernière année. Cette différence ne compte pas aux yeux de Dieu, Il nous aime tous pour ce que nous sommes.

Les sept niveaux d'évolution sont simplement des catégories basées sur l'expérience. Ces catégories évaluent nos progrès. Pour faire une autre comparaison avec l'université, pensez à ces niveaux en termes d'années d'études universitaires. Ainsi, plusieurs niveaux s'offrent à nous lorsque nous entreprenons notre cursus, nous disposons de tout le « temps » qu'il nous faut pour compléter chacun des niveaux. Tout dépend de nos aptitudes, de nos intérêts et de notre bien-être. Toutefois, l'appartenance à un niveau ne nous distingue pas des autres, pas plus qu'il fait de nous des êtres supérieurs ou inférieurs. Par exemple, vous ne verrez jamais quelqu'un de niveau six regarder de haut quelqu'un de niveau trois, il ne lui dira jamais : « Ah ! Ah ! Je suis plus évolué que toi ». Tous les niveaux jouissent de la même appréciation et du même respect.

Voici une brève description de chacun des sept niveaux d'évolution :

Niveau un : il est marqué par notre retour dans L'AU-DELÀ. Il comprend nos retrouvailles avec les êtres que nous avons aimés et la consultation du scanographe.

Niveau deux : il englobe le processus d'Orientation, dont nous avons discuté précédemment. Il peut comprendre un stage en Cocooning, aux Tours ou toutes autres activités qui feront de notre retour à La Maison une expérience apaisante et agréable.

Niveau trois : il se concentre sur les habilités physiques et scientifiques. Il englobe toutes les vocations pratiques, de l'agriculture à la botanique, de l'élevage à la chimie, de la menuiserie à la foresterie, de la physique au jardinage, de la géologie à la marine et de la biologie au métier de tailleur de pierre.

Niveau quatre : il comprend les arts et la création, incluant l'écriture, la sculpture, la musique, la peinture et les arts de la scène.

Niveau cinq : il se concentre sur la recherche dans tous les secteurs de pointe. Les découvertes de L'AU-DELÀ sont transmises à ces personnes par le biais de la connaissance infuse.

Niveau six : il se compose de professeurs, d'Orienteurs, de conférenciers et de dirigeants de séminaires.

Niveau sept : peu d'âmes choisissent d'atteindre ce niveau dans leur évolution. À ce niveau, l'esprit renonce à son identité pour se dissoudre volontairement dans la « masse incréée » ou en d'autres termes, dans l'infini et insondable champ de force duquel émanent l'amour et le pouvoir de Dieu.

Je répète que ces niveaux sont le reflet de notre évolution et dans la majorité des cas, le niveau d'une âme est fonction du nombre des incarnations que nous avons choisi de faire. Bien entendu, toutes les fois que nous retournons à La Maison, nous repassons par les deux premiers niveaux, mais dans l'unique but de faciliter notre transition d'une dimension à l'autre. Ainsi, une fois que nous nous serons acclimaté à notre nouvel environnement, nous n'aurons pas à repasser par tous les autres niveaux à chacune de nos incarnations. Nous retrouvons les responsabilités liées au niveau d'évolution que nous avions atteint juste avant de quitter pour notre précédente incarnation. Par exemple, si vous étiez professeur dans L'AU-DELÀ avant de partir pour la terre, vous serez appelé en Orientation à votre retour à La Maison et au sortir de ce processus, vous pourrez immédiatement retourner à votre travail, soit l'enseignement au niveau six, dans le cas qui nous occupe.

Aucun signe extérieur ne témoigne du niveau que nous avons atteint. Nous ne portons pas d'uniformes ou quelques autres ornements propres à nous distinguer des autres. De plus, il existe une mobilité constante entre les niveaux. Par exemple, dans L'AU-DELÀ, je suis un Orienteur de niveau six, or je passe aussi beaucoup de temps au centre d'élevage animal, une occupation de niveau trois, et je fais de la recherche en archéologie, travail de niveau cinq. Cette mobilité ne fonctionne pas à l'inverse, autrement dit, il nous est impossible de passer d'une activité de niveau trois à une activité de niveau six. Cette disposition n'a rien à voir avec un quelconque snobisme, elle relève de considérations tout à fait pratiques. Il est évident que ces esprits ne possèdent pas assez de connaissances pour pouvoir travailler à un niveau qu'ils n'ont pas encore atteint. En toute logique, il ne nous viendrait jamais à l'idée de placer des étudiants de première année dans un cours destiné aux finissants.

Il est important de garder à l'esprit que ces niveaux d'évolution ne s'appliquent qu'à notre vie dans L'AU-DELÀ et qu'ils n'ont rien à voir avec les défis que nous avons choisi de relever durant nos incarnations. Imaginez que vous ayez choisi de remplir une Mission de Vie, une responsabilité réservée aux esprits évolués qui se portent volontaires pour une incarnation sur la terre. À votre retour dans L'AU-DELÀ, vous reprendrez immédiatement votre travail, lequel requiert un niveau avancé. Il est ainsi possible d'avoir une Mission de Vie sur terre et de travailler comme Orienteur, enseignant ou conférencier à La Maison, sans pour autant que ces deux « carrières » entrent en conflit.

Néanmoins, le niveau sept fait exception à ces règles, puisqu'il constitue en soi une dimension. Les esprits de cet ultime niveau acceptent de faire le don de ce qu'ils sont et ils deviennent une part de l'insondable champ de force de Dieu. Ils ne reviennent jamais à un autre niveau et ils ne s'incarnent pas, ces esprits ayant renoncé à leur identité. Ils ne cessent pas d'exister pour autant, ils se dissolvent dans la plus formidable des énergies qui soient. À une échelle plus petite, disons que cela revient à verser une tasse d'eau dans l'océan Pacifique. Dans les faits, la tasse d'eau existe toujours, mais il est impossible de la séparer de la masse d'eau à laquelle elle appartient désormais. Francine m'a raconté qu'elle avait déjà jeté un œil à travers le « voile » qui la sépare de cette dimension. Elle a vaguement aperçu quelques formes physiques indistinctes, mais l'intensité de cette expérience qui la mettait tangiblement en présence de Dieu l'a tant bouleversée qu'elle est partie avant de « s'y évanouir ».

Pour vous montrer à quel point les esprits du septième niveau sont rares, je peux vous dire qu'en soixante-trois ans de vie, je n'ai rencontré qu'une seule personne qui l'atteindra à la fin de son incarnation actuelle. Cet homme est professeur de théologie et Voyageur Mystique depuis des siècles. Il est si éthéré qu'il n'a jamais semblé faire partie de ce monde. Il sait pertinemment que son dernier voyage vers La Maison sera le dernier, mais il est bien décidé à offrir son identité à la masse incréée de Dieu.

Je ne saurais dire si c'est mon ego qui parle ou ma peur, mais je dois avouer que je n'ai nullement l'intention d'accéder au niveau sept à mon retour dans L'AU-DELÀ. Néanmoins, j'ai appris à ne jamais dire jamais, et il est possible que je change d'idée. Il faut dire que je suis à ma dernière incarnation sur terre, mais je ne crois pas que cela se fera bientôt, cela me prendra plusieurs éons d'éternité. Pour le moment, je pense sincèrement qu'il m'est possible d'exprimer ma totale dévotion à Dieu en conservant mon identité et en la mettant à Son service en travaillant pour les six autres niveaux. Si ces quelques lignes au sujet du septième niveau vous ont donné la frousse, croyez-moi, vous n'êtes pas seul et votre refus d'y accéder ne vous limite en rien. Aussi longtemps que nous dédions nos talents à Dieu et à Son œuvre, Il aura besoin de nous.

LE LIEN ENTRE LES NIVEAUX ET LES QUADRANTS

Nous avons déjà dit un peu plus tôt que chacun des continents de L'AU-DELÀ est partagé en quatre quadrants, lesquels sont destinés à des fonctions spécifiques (élevage, recherche, art, Orientation, etc.) Les quadrants correspondent aux niveaux d'évolution, ainsi, nous passons la majorité de notre temps dans les quadrants réservés au travail que nous accomplissons.

Nous pouvons nous déplacer librement à travers tous les quadrants. En fait, aucune région de L'AU-DELÀ n'est interdite à qui que ce soit. Imaginez que vous travailliez dans un quadrant affecté à la recherche et qu'un de vos amis compositeur travaille dans le quadrant destiné aux arts et à la création. Vous pourrez lui rendre visite dans son quadrant et vice-versa et passer autant de temps que vous le voudrez en sa compagnie. Pour reprendre la comparaison avec l'université, disons qu'un étudiant en littérature peut visiter un ami dans le pavillon des sciences, sans pour autant suivre les cours qui s'y donnent. De plus, une sentinelle est placée à la porte de chaque quadrant. Ce « garde-barrière » prend note des allées et venues de tous les êtres qui travaillent dans le quadrant, aussi est-il toujours en mesure de vous dire où se trouve la personne que vous cherchez. Par exemple, si je souhaite rendre visite à mon père, je n'ai qu'à me rendre à l'entrée de son quadrant, et là, on me dira immédiatement où il se trouve, même s'il est dans un autre quadrant. Qu'il soit en pleine méditation dans les Jardins du Palais de la Justice, là où il a ses habitudes, ou qu'il assiste à une réception dans la maison d'un ami qui habite le troisième quadrant nommé Atlantide, je suis certaine de le trouver. Quoi qu'il en soit, rappelons-nous qu'il suffit d'une seule pensée pour nous conduire immédiatement vers la personne que nous souhaitons rencontrer. Dans L'AU-DELÀ, nous ne sommes jamais seul, à moins que nous choisissions de l'être.

DEVENIR GUIDE SPIRITUEL

Un jour ou l'autre, cela ne fait aucun doute, nous endosserons le rôle de Guide Spirituel à notre tour et ce, quel que soit notre niveau d'évolution. À l'instar de Francine, vous vous demanderez peut-être si vous aviez toute votre tête au moment où vous avez accepté cette immense responsabilité, d'autant plus que la personne qui vous a choisi ignorera probablement votre existence, ou pire, vous fera des reproches lorsqu'elle sera sur terre.

Notre relation avec notre Guide Spirituel débute dans L'AU-DELÀ, lorsqu'une personne avec laquelle nous entretenons des liens particuliers prend la difficile décision de quitter La Maison pour une nouvelle incarnation. La personne qui nous demande de devenir son Guide Spirituel ne peut qu'avoir confiance en nous, elle croit en notre bon jugement et elle sait qu'elle pourra toujours compter sur nous. À partir du moment où nous acceptons de remplir ce rôle, nous nous engageons dans un long processus qui peut prendre des années, des décennies, voire des centaines d'années, avant de se concrétiser.

Notre première tâche consistera à apprendre tout ce qu'il y a à apprendre au sujet de notre ami. Nous débutons nos recherches dans le Palais des Archives. Là, nous nous astreignons à une étude rigoureuse, nous nous fusionnons aux vies passées de notre futur protégé et nous consultons le scanographe. Bref, nous étudions cet esprit jusqu'à ce que nous connaissions les événements majeurs de ses existences passées ainsi que ses motivations, ses triomphes, ses échecs, ses forces, ses faiblesses, ses talents et ses lacunes. Nous avons l'avantage d'avoir déjà vécu au moins une incarnation sur terre, et ainsi nous savons de quoi est faite l'émotivité humaine. Les Anges et les membres du Concile n'ont jamais expérimenté la négativité, la méchanceté, l'agressivité, la haine, la dépression et les autres facettes négatives de la vie terrestre.

Notre apprentissage commande que nous acquérions une excellente connaissance du tempérament de notre ami, étape comparable à celle par laquelle nous nouons des relations amicales sur terre. Cette connaissance approfondie nous permettra d'anticiper le comportement de notre ami face à une situation donnée, de connaître les sentiments que suscite en lui son comportement et de comprendre l'impact de ce comportement sur le reste de sa vie. De même, nous dégageons les stratégies les plus efficaces afin d'être entendu lorsque viendra le temps de le conseiller. Est-il du genre à écouter sagement ? Ou a-t-il tendance à être sur la défensive, voire rebelle à l'autorité ? Est-il hypersensible à la critique, ses réactions sont-elles impulsives ou est-il du genre à ressasser ses problèmes ? Est-il autodestructeur, et malgré tous vos efforts, est-il du genre à ne pas vouloir entenre raison ?

Tout au long de notre apprentissage, nous devons veiller à ne jamais dépasser la fine ligne qui sépare la profonde compassion de la perte d'objectivité. La tâche pour laquelle nous nous préparons requiert beaucoup de calme et de maîtrise. Nous devons être en mesure d'apaiser les craintes de notre protégé lorsqu'il sera confronté aux dures leçons qu'il a choisi d'apprendre. En période de crise, nous devons faire preuve de jugement pour décider si notre intervention est nécessaire ou s'il vaut mieux laisser tomber. Nous devons toujours garder notre sang-froid lorsque notre protégé se trouve au milieu de la tourmente. Il ne faut jamais perdre le but de notre tâche auprès de lui, nous devons l'aider à panser ses blessures et à guérir et non pas à l'épargner. De même, nous savons pertinemment que la vie terrestre ne nous donne pas accès à nos souvenirs de L'AU-DELÀ, aussi sommes-nous en mesure de comprendre pourquoi cet ami bien-aimé auprès duquel nous jouons le rôle de Guide Spirituel ne prend pas acte de notre existence, voire la dénie.

Il peut arriver que nous ayons à aiguiller notre protégé à poser des gestes impliquant d'autres personnes. Dans ce cas, nous élaborons un plan d'action en collaboration avec les Guides Spirituels des personnes concernées afin de faire avancer les choses. Voici un exemple de ce genre d'action. Après m'avoir vue à l'émission de Montel Williams à la télévision, une femme a immédiatement téléphoné à mon bureau. Elle n'avait pas de but précis en tête, elle souhaitait simplement obtenir des informations au sujet de mes lectures. Trois jours plus tard, sa mère lui demanda, « comme ça, juste pour discuter », si elle m'avait vue à l'émission de Montel. Soit dit en passant, toutes deux avaient déjà vu plusieurs de mes apparitions à la télévision, mais elles n'en avaient jamais discuté ensemble auparavant. « Pourquoi me demandes-tu ça ? » lui dit-elle. « Parce que j'aimerais t'offrir une lecture avec elle pour ton anniversaire », répliqua la mère. Sur quoi, elle prit rendez-vous. La lecture était prévue dans neuf mois, mais quelques annulations, d'ordinaire assez rares, firent que sept mois plus tard l'idée me vint « comme ça » de lui trouver une place entre deux rendez-vous. À l'issue de la lecture téléphonique, nous avions toutes deux l'impression d'avoir rencontré une « âme sœur ». Notre amitié ne cessa de grandir « comme ça » sans faire le moindre effort et plusieurs mois plus tard, il nous vint « comme ça » l'idée d'écrire un livre ensemble. Un peu plus tard, Francine m'avoua qu'elle avait travaillé de concert avec le Guide Spirituel de Lindsay Harrison et le Guide Spirituel de la mère de Lindsay afin d'organiser cette rencontre qui devait nous mener à reconnaître en l'autre quelqu'un de très spécial, puisque, comme nous l'avons découvert plus tard, nos plans de vie respectifs spécifiaient que nous deviendrions amies et que nous écririons un livre ensemble. Trois Guides Spirituels ont travaillé à la concrétisation de notre projet. J'ai eu envie de demander à Francine pourquoi ils avaient mis tant de temps à mettre en branle ces événements, mais la connaissant, je sais qu'elle en aurait profité pour me demander pourquoi je mets toujours autant de temps à appliquer ses conseils.

Les esprits qui souhaitent devenir Guides Spirituels ont rarement l'occasion de se plaindre et il faut bien admettre qu'ils ont souvent du mal à capter l'attention de leur protégé. Quoi qu'il en soit et malgré l'ignorance dont ils sont l'objet ou les rebuffades qu'ils essuient, les Guides Spirituels demeurent toujours au service de leur ami et ce, du premier jour de leur incarnation jusqu'au dernier. Notre Guide Spirituel est le premier être que nous rencontrons à notre retour à La Maison, et il nous accueille avec la même infinie compréhension et le même amour inconditionnel que lorsque nous l'avons quitté pour notre voyage sur la terre.

Comme nous en avons discuté dans un chapitre précédent, les Guides Spirituels demeurent auprès de leur protégé tout au long du processus d'Orientation. De même, il leur revient de décider si notre plan de vie doit être modifié en cas de crise grave, auquel cas ils devront rencontrer le Concile pour lui soumettre une demande de modification, ou s'il vaut mieux pour nous qu'ils n'interviennent pas dans la destinée que nous avons choisie pour nous-même. Au chapitre suivant, nous verrons à quel point les Guides Spirituels sont dévoués lorsqu'il s'agit d'aider leur protégé à composer leur plan de vie.

Les Guides Spirituels ont d'immenses responsabilités qui commandent une attention de tous les instants, malgré tout, ils poursuivent leurs activités habituelles. Ils travaillent à plein temps et mènent une vie sociale bien remplie. Je me suis demandé des milliers de fois comment les Guides Spirituels pourraient abattre un tel boulot s'ils n'avaient pas le don d'être à deux endroits à la fois.

Même dans nos moments les plus difficiles, Francine m'a juré qu'elle n'a jamais regretté la décision qu'elle a prise de s'engager envers moi et de devenir mon Guide Spirituel et je suis persuadée qu'elle le pensait de tout cœur. En soixante-trois ans, elle ne m'a jamais menti, vous pouvez lui faire confiance. Lorsque mon tour sera venu de remplir ce rôle important auprès d'une âme, je souhaite avoir sa patience, sa sagesse, sa générosité et son amour.

DEVENIR ORIENTEUR

Il n'y a pas de psychologues plus compatissants et dotés d'un aussi grand savoir-faire que les Orienteurs et je ne le dis pas parce que je suis moi-même Orienteur dans L'AU-DELÀ. Ils ont pour mission de veiller à notre bien-être physique et psychologique avant que nous reprenions notre vie à La Maison, mais ils jouent aussi ce rôle tout au long de nos incarnations, comme nous en discuterons un peu plus loin.

Des équipes d'Orienteurs sont continuellement de garde dans tous les centres d'Orientation situés dans les édifices de l'entrée de L'AU-DELÀ. Avant notre arrivée, ils étudient notre plan de vie et les circonstances de notre mort, aussi sont-ils en mesure de nous guider vers la ressource d'Orientation dont nous avons le plus besoin. Nous choisissons nos Orienteurs, il s'agit toujours de personnes que nous avons connues lors de nos précédents séjours à La Maison. Notre équipe comptera entre deux et quinze Orienteurs, tout dépendant de notre état mental à l'arrivée. Il arrive que nous soyons trop ébranlé pour choisir notre équipe, dans ce cas, notre Guide Spirituel, qui est toujours à nos côtés, s'en chargera à notre place.

À l'instar des Guides Spirituels, tous les Orienteurs ont expérimenté au moins une incarnation sur terre, sans quoi ils pourraient avoir de la difficulté à comprendre les émotions complexes et puissantes qui s'emparent de nous au moment où nous quittons notre vie terrestre. Les Orienteurs ont tous atteint le niveau six, autrement dit, ils ont passé des « centaines d'années » terrestres à étudier la médecine, la psychologie et la facette spirituelle de l'esprit afin de pouvoir s'acquitter des importantes responsabilités qu'ils ont choisi d'endosser.

Bien que tous les Orienteurs aient reçu une formation qui leur permet de faire face à toutes les circonstances imaginables, ils sont tous spécialisés dans un domaine particulier.

- *Les arrivées consenties* : ceux qui ont fait la paix avec leur mort et leur retour à la Maison. Ils ont hâte de reprendre leur vie là où ils l'avaient laissée.
- *Les arrivées réticentes* : ceux qui ont accepté la mort, mais qui ont néanmoins le sentiment d'avoir quitté la terre trop vite. Ces personnes ont l'impression de ne pas avoir fini leur travail sur terre. Elles ont besoin d'un peu plus de soins et d'attention que les personnes consentantes. Néanmoins, la consultation du scanographe devrait suffire à leur rappeler qu'elles ont elles-mêmes choisi le moment de leur mort, de même qu'elles ont décidé de partir en laissant derrière elles certaines choses qu'elles n'avaient pas finies.
- *Les nourrissons et les enfants* : ceux qui ont choisi de faire un bref séjour sur la terre, de sorte que leurs souvenirs heureux de L'AU-DELÀ sont encore frais à leur mémoire. Les nourrissons et les enfants sont les cas les plus faciles que les Orienteurs aient à traiter. Il ne faut pas oublier que tous les enfants, même les nourrissons qui ne parlent pas encore, sont des personnes matures de trente ans qui ont plusieurs incarnations derrière elles et des occupations bien à elles dans L'AU-DELÀ.
- *Les personnes en état de choc* : ceux qui sont morts subitement à la suite d'un accident, d'une agression violente ou d'un effondrement psychologique fatal. Ces personnes sont le plus souvent sous l'emprise d'un choc émotionnel important et elles n'apprécient pas du tout d'avoir été transportées dans L'AU-DELÀ sans avertissement. Une fois encore, le scanographe les aidera à prendre conscience du fait qu'elles ont voulu ce qui leur arrive, et que les événements dans lesquels elles ont été impliquées

visaient un but précis. Dans la plupart des cas, elles reprendront petit à petit leur vie dans L'AU-DELÀ après avoir bénéficié d'un support attentionné, ce qui inclut des visites de leurs proches bien-aimés qui sont restés à la Maison et la pratique d'activités apaisantes qu'elles appréciaient sur terre : pêche, lecture, jardinage, etc.

- *Les patients en Cocooning* : ceux qui sont profondément affectés par le fait qu'ils sont séparés d'un être bien-aimé qui est resté sur terre. Une des étapes essentielles de leur traitement consiste à les envelopper dans une couverture bien chaude et à les faire entrer dans un état de demi-sommeil sous la surveillance constante de leur Guide Spirituel et d'une équipe d'Orienteurs spécialisés dans l'assistance aux personnes en détresse.

- *Les patients aux soins intensifs* : ceux qui sont complètement désorientés à leur arrivée. Ces personnes n'ont pas conscience de leur identité et par conséquent, elles doivent se retrouver elles-mêmes avant de reprendre leur existence dans la félicité de L'AU-DELÀ. Les victimes de lavage de cerveau, les cas les plus sévères de la maladie d'Alzheimer et les personnes qui se sont suicidées en raison de graves problèmes mentaux appartiennent à cette catégorie d'arrivants. Elles sont immédiatement dirigées vers les Tours pour y subir une cure. Les patients entrent dans un état de demi-sommeil ponctué de périodes d'éveil durant lesquelles ils bénéficient des soins attentifs de l'équipe d'Orienteurs qui les soumettront à une « déprogrammation ». Tout ce processus se déroule au rythme des patients, sans les bousculer le moindrement.

Vous entretenez peut-être certaines inquiétudes au sujet de votre propre transition dans L'AU-DELÀ ou de celle d'un de vos proches, c'est pourquoi il est important de souligner que *l'Orientation est un processus qui ne connaît aucun échec.* Notre seule présence à La Maison constitue en soi la garantie de notre bonheur éternel dans la paix sacrée de l'amour absolu de Dieu. Les Orienteurs qui sont à Son service répondent toujours à ce souhait divin.

SE DÉTENDRE DANS L'AU-DELÀ

Bien que notre vie dans L'AU-DELÀ soit plutôt bien remplie par notre travail, nos activités liées à la recherche et nos études, nous ne nous privons pas pour autant des plaisirs liés à de nombreuses activités sociales. Certaines personnes se montrent incrédules lorsqu'on leur dit qu'il n'y a pas d'alcool ou de drogues dans L'AU-DELÀ. De fait, l'alcool et les drogues ne sont pas des substances illégales, et c'est l'évidence, puisqu'il ne faut pas perdre de vue qu'il n'y a pas de lois dans L'AU-DELÀ. De même, la consommation de drogues et d'alcool n'est pas l'objet de jugements moraux, puisque, comme nous le savons, les habitants de L'AU-DELÀ se gardent de tout jugement. Ces substances n'existent pas pour la simple et bonne raison qu'elles sont rigoureusement inutiles. Disons d'abord que nous n'éprouvons aucun besoin physiologique de prendre ces substances. Disons ensuite que l'amour de Dieu est à la source d'une atmosphère que l'on pourrait aisément qualifier d'électrisante. Baignés que nous sommes par cet amour, un sentiment d'euphorie s'empare de nous, sentiment bien plus puissant que ceux que nous procurent l'alcool ou les drogues. D'autre part, le fait est que nous ne ressentons nullement le besoin d'échapper à la réalité ; dans L'AU-DELÀ, la négativité n'existe pas. De plus, les habitants de L'AU-

DELÀ ont pleinement conscience d'être des enfants de Dieu et en tant que tels, ils se gardent de toute forme d'autodestruction.

Dans L'AU-DELÀ, on dénombre autant d'occasions de se rassembler (réceptions, festivals, etc.) que d'églises, d'écoles et de centres de recherche. Ces événements donnent lieu aux activités les plus diverses, on s'y livre tantôt à de savantes conversations, tantôt à la danse, tantôt au chant, et on peut toujours entendre les éclats de rire des participants. Ces rassemblements se tiennent dans des maisons privées, dans des appartements communautaires, dans des parcs, des foires, des salles de danse ou dans tout autre lieu qui n'est pas destiné au culte, à la méditation ou à l'étude. Les activités sont ouvertes à tous ; à La Maison, il n'y a pas de « cliques » ou de « coteries » et par conséquent, personne n'est jamais considéré comme « un étranger ». Bien entendu, les personnes qui partagent les mêmes intérêts et le même sens de l'humour se fréquentent assidûment, sans pour autant exclure qui que ce soit de leurs relations. Dans L'AU-DELÀ, personne ne se comporte de façon déplacée ou choquante. Il est intéressant de voir que l'application du concept de respect universel, qui, soit dit en passant, commence par le respect de soi, permet d'éradiquer tout comportement déplacé ou agressif.

De toute évidence, je crois que tous les divertissements auxquels nous pouvons songer, et tous ceux qui dépassent notre imagination, sont praticables dans L'AU-DELÀ, à l'exception de ceux qui représentent un danger pour nous ou pour les autres. Lorsqu'un client me demande s'il pourra faire de la broderie, s'adonner à la peinture à l'huile, cultiver des bonsaïs, jouer du ragtime au piano ou tresser des paniers sous l'eau, je lui dis oui, sans l'ombre d'un doute. Non seulement ces activités sont très populaires dans L'AU-DELÀ, mais il est plus que probable que les personnes qui les apprécient, mais qui n'ont pas eu la chance de s'y consacrer totalement, les enseignent dans L'AU-DELÀ.

Nous avons dit un peu plus haut que nous choisissons souvent notre métier ou notre profession sur terre parce qu'il nous rappelle le travail bien-aimé que nous exerçons dans L'AU-DELÀ, il en va de même lorsque nous choisissons un passe-temps ou un loisir. J'en veux pour exemple le frère de ma bru, Chris. Nous l'aimions tous, et sa mort à l'âge de vingt-six ans a fortement secoué toute notre famille. Il n'a jamais pu réaliser son rêve le plus cher, soit devenir guitariste. Il n'avait malheureusement pas tout à fait le talent pour y arriver. Les guitaristes avaient toujours été ses idoles, il admirait tout autant le talent d'Andrés Segovia que celui d'Eric Clapton. Je n'ai reçu des nouvelles de Chris que plusieurs mois après sa mort, sa transition avait été difficile et il avait fait un séjour en Cocooning. « Devine quoi ? Je joue de la guitare ! » furent les premières paroles qu'il m'adressa de L'AU-DELÀ et non sans une grande fierté dans la voix.

Il en va de même des habiletés pour les sports et les jeux. Dans L'AU-DELÀ, les personnes talentueuses dans ces domaines sont aussi nombreuses que sur terre. Certaines personnes sont très déçues d'apprendre qu'il n'y a pas de sports de contact à La Maison, je me dois de les rassurer sur-le-champ : personne ne s'en plaint. Les infrastructures destinées aux sports de spectacle tels que le tennis, le baseball, le basket-ball, le soccer, le jai alai sont tout simplement impressionnantes par leur allure et leur dimension. Toujours remplis, les stades et autres enceintes sportives accueillent des foules dont l'enthousiasme n'est pas partisan. Les spectateurs ressentent un réel plaisir à regarder des athlètes exercer, avec talent et brio, un sport qu'ils apprécient. Le golf, les quilles, le croquet, la descente en eau vive, l'escalade, les sports de randonnée, la gymnastique, le ski et toutes les autres activités sportives terrestres n'impliquant pas de contact sont pratiqués dans L'AU-DELÀ pour le seul et pur plaisir de la participation.

Les salles de concert de L'AU-DELÀ sont tout simplement somptueuses, tant par leur architecture que par leur décor. Toujours bondées de spectateurs, ces salles voient défiler des artistes de tous les arts de la scène. Pensez au plus grandiose des spectacles de ballet, d'opéra, de chanson populaire, de musique symphonique, de jazz, de blues, de rock, de danse, de poésie ou d'humour que vous n'avez jamais vu et magnifiez-le en pensée jusqu'à lui donner un caractère divin, vous aurez alors un aperçu des spectacles de L'AU-DELÀ. À l'instar de ce qui se passe dans les sports et les jeux, certaines personnes préfèrent regarder tandis que d'autres choisissent de se mettre en scène. Ces deux attitudes sont également encouragées et respectées.

Quelques-unes des distractions soi-disant incontournables de la terre sont absentes de L'AU-DELÀ, de fait, elles seraient tout à fait superflues là-bas. La télévision, le cinéma, la radio, les ordinateurs n'en sont que quelques exemples. Ces moyens de communication et ces distractions ne constituent que de bien piètres outils en comparaison de ce qui s'offre à nous dans L'AU-DELÀ. Que l'on pense seulement à la communication instantanée ou au fait que nous jouissons d'un accès instantané à tous les spectacles et à tous les divertissements qui se déroulent dans L'AU-DELÀ. Soit dit en passant, j'aimerais ajouter que l'échec scolaire n'existe pas à La Maison, pas plus que les concours de beauté, les galas de remise de prix ou toutes autres manifestations destinées à mettre en valeur la supposée supériorité d'un quelconque individu.

Au paradis, nous ne sommes pas tous égaux en vertu de la loi. Nous le sommes en vertu de cette vérité sacrée, éternelle et universelle qui émane de Dieu.

Chapitre 9

LE RETOUR : REVENIR SUR TERRE DEPUIS L'AU-DELÀ

Nous voilà donc au paradis, parmi la beauté infinie, côtoyant les anges et les saints, occupés et inspirés, aimés et aimants, stimulés et stimulants, dans une atmosphère vivante et énergisante rendue électrique par la présence de Dieu. Cependant, et aussi incroyable que cela puisse sembler, la plupart d'entre nous choisissent de temps à autre de quitter le paradis de L'AU-DELÀ pour se réincarner sur terre et revivre dans cette dure et cruelle dimension.

Ce choix, qui n'a rien à voir avec un quelconque masochisme, s'explique par un fait incontestable :

Au moment de notre création, Dieu a doté chacun de nous d'un potentiel unique et il nous a gratifiés d'une destinée divine nous permettant d'atteindre ce potentiel en dépit du temps, des souffrances et des sacrifices. Un jour ou l'autre, nous y arrivons ; il ne saurait en être autrement. Que ce soit en courant, en marchant, en nageant ou en empruntant de vains raccourcis, chacun atteindra inévitablement sa grandeur, car c'est son droit. Et ces brefs périples loin de La Maison font partie de la route menant à cette grandeur.

Francine me demanda un jour : « Quels enseignements as-tu tirés des jours heureux ? » et il faut bien dire qu'à La Maison, les jours ne sont pas seulement heureux, mais idylliques. C'est vrai, dans L'AU-DELÀ, il est possible d'étudier tous les sujets, même les plus négatifs. Cependant, étudier la négativité sans en faire l'expérience et sans acquérir la force et la sagesse que nous confèrent nos luttes et nos triomphes, c'est un peu comme apprendre à conduire une voiture en lisant un livre, sans jamais avoir été derrière le volant, ou encore apprendre à devenir chirurgien du cerveau en lisant tous les manuels sur le sujet. Comme la négativité n'existe pas dans L'AU-DELÀ, nous devons venir l'affronter ici, sur la terre. Nous tirons nos leçons, puis, éventuellement, nous en triomphons pour le bien de toute l'humanité, pour nous-mêmes et pour Dieu. Qu'une seule incarnation soit nécessaire ou qu'il en faille cent, nous tenons toujours la promesse que nous avons faite au Créateur, soit de porter à leur sommet les cadeaux qu'Il nous a offerts, et soyez assurés qu'Il tiendra toujours celle qu'Il nous a faite.

Nous ne nous incarnons jamais sans d'abord avoir un plan précis, sans avoir un objectif en tête, pas plus que nous ne partirions étudier dans une université sans être inscrits à un programme spécifique, sans savoir quels cours nous suivrons et sans connaître l'endroit où nous habiterons pendant nos études. Ainsi, nous préparons chacune de nos vies à travers une série d'étapes méticuleuses destinées à faire de notre séjour sur terre une réussite. Toute l'aide requise nous est d'ailleurs garantie, à condition d'être attentifs et d'écouter. Il s'agit d'un long processus qui s'échelonne sur des semaines, des mois, des années, des décennies ou sur des siècles, cela dépend de la période (elle peut être relativement courte ou plutôt longue) que nous jugeons nécessaire à l'atteinte de notre but. Cela dit, un aspect de la préparation est toujours constant : nous ne quittons La Maison que lorsque nous sommes totalement prêts.

Tout comme nous avons besoin d'Orientation pour effectuer une transition harmonieuse dans L'AU-DELÀ, nous avons besoin d'Orientation au moment de repartir. Ainsi, une fois prise la décision de retourner vivre sur terre, il nous faut recruter un Guide Spirituel ainsi qu'un responsable du conseil d'Orientation. Ces derniers nous étudient et évaluent les objectifs de notre démarche.

La première rencontre préparatoire officielle a lieu dans l'une des dizaines d'antichambres du Palais de la Justice. Là, nous nous assoyons avec notre Guide Spirituel ainsi qu'avec le responsable de notre conseil d'Orientation et nous discutons des détails concernant notre vie à venir. « J'aimerais étudier la patience plus en détail, atteindre le Niveau Cinq, puis faire de la recherche », pourrions-nous dire. Ou encore : « J'aimerais devenir Orienteur dans les Tours, mais je dois d'abord approfondir mes connaissances sur la guérison. »

Nous discutons des différentes approches, des écueils ainsi que des autres choix qui s'offrent à nous pour réaliser notre projet. Qu'avons-nous appris dans nos vies antérieures sur les sujets qui nous intéressent ? Qu'avons-nous négligé d'explorer ? Pourrions-nous atteindre nos objectifs sans quitter L'AU-DELÀ, évitant ainsi les affres d'une autre incarnation ? Notre Guide Spirituel et notre responsable d'Orientation ont tous deux vécu sur terre à maintes reprises, ils savent donc combien la vie sur terre peut être parfois pénible et compliquée. C'est pourquoi, bien que leur rôle consiste à nous soutenir dans notre démarche, ils tiennent à s'assurer que nous savons ce que nous faisons et que nous souhaitons vraiment nous engager dans cette aventure.

Plusieurs d'entre nous changent d'avis après la longue séance de pré-Orientation. Certains décideront de demeurer à La Maison pour y continuer leur travail, d'autres voudront limiter leur passage sur terre à quelques mois ou années seulement, le temps d'honorer une promesse d'aide faite, par exemple, à un parent toujours sur terre ou pour rendre service à la communauté, que ce soit en travaillant en médecine pédiatrique, en s'engageant à lutter contre la violence envers les enfants ou en portant secours à un malade en attente d'une greffe d'organe. Toutefois, la plupart d'entre nous auront déjà pris la ferme décision de continuer leur croissance spirituelle sur terre et refuseront d'écourter leur périple ou de faire marche arrière avant même de participer à la séance de pré-Orientation.

Une fois que les objectifs généraux de notre future incarnation ont été examinés et, possiblement, modifiés suivant les conseils de notre Guide Spirituel et de notre responsable d'Orientation lors de la séance de pré-Orientation, nous nous dirigeons vers une autre des nombreuses pièces du Palais de la Justice. C'est là que débutera le long et complexe processus d'Orientation.

LA SALLE D'ORIENTATION ET LE PLAN DE VIE

Les salles d'Orientation sont de vastes pièces faites de marbre blanc, meublées de bancs et de tables en marbre blanc, elles ressemblent en somme à des salles de classe d'une blancheur étincelante. Les murs, très hauts, sont tapissés de cartes, de tableaux et de supports visuels ayant des fonctions bien précises.

On nous convoque d'abord dans l'une de ces salles, puis nous rejoignons notre Guide Spirituel, notre responsable d'Orientation ainsi que le reste des membres du conseil d'Orientation que nous avons choisis. Avec leur aide et le support de certains outils, nous procédons à l'élaboration d'un plan de vie très détaillé. Ce plan devra nous permettre d'accomplir les objectifs que nous nous sommes fixés pour notre prochaine incarnation.

Dès le départ, afin d'obtenir une bonne vue d'ensemble, nous choisissons les « moteurs » qui nous aideront à traverser les obstacles et à atteindre la ligne d'arrivée. Le premier de ces « moteurs » est notre Thème de Vie.

Les Thèmes de Vie

Cela fait maintenant quelques décennies que je pratique l'hypnose, et plus particulièrement des régressions hypnotiques dans les vies antérieures, et je dois dire que tous mes clients, sans exception, ont toujours su répondre à cette question sans la moindre hésitation : « Quel était votre dessein dans cette vie ? ». Des milliers de personnes formulent encore et encore les mêmes réponses qui, inévitablement, appartiennent à l'une des quarante-quatre catégories représentant les Thèmes de Vie que chacun choisit avant de s'incarner. Ces catégories sont si fondamentales qu'elles provoqueront à coup sûr une réponse instantanée chez celui à qui l'on demande : « Quel était votre dessein dans cette vie ? ». On pourra consulter en appendice la liste et la description des quarante-quatre Thèmes de Vie.

Chacun d'entre nous choisit deux Thèmes de Vie – le Premier Thème et le Second Thème. Le Premier Thème de Vie est le but principal de notre vie à venir, alors que le Second Thème de Vie détermine la lutte que nous nous proposons de mener sur terre, car, encore une fois, plus il nous faut trimer dur pour obtenir une chose, plus nous l'apprécions. Dans ma présente vie, par exemple, mon Premier Thème de Vie est humanitaire. C'est là le dessein de ma vie, ce que j'ai prévu afin de continuer mon évolution spirituelle. Mon Second Thème de Vie, quant à lui, est la solitude. J'ai toujours été tourmentée par un désir d'intimité et de solitude, mais il s'agit aussi d'une menace à l'exercice de la tâche que je suis venue accomplir. En fait, il ne se passe pas un jour sans que je n'aie à combattre cette inclination. Toutefois, si mon Premier Thème de Vie était trop facile à réaliser, si je n'avais pas à me battre, ma passion pour mon objectif principal ne serait pas ce qu'elle est. Le Second Thème de Vie constitue en quelque sorte un obstacle à l'accomplissement du Premier Thème de Vie. En revanche, on peut aussi se représenter les choses plus positivement : le Second

Thème de Vie serait au Premier Thème de Vie ce que l'eau est au moulin, soit l'énergie lui permettant d'accomplir son travail.

La plupart d'entre nous arrivent à se reconnaître dans plusieurs des quarante-quatre Thèmes de Vie. Cependant, l'étape d'identification des Premier et Second Thèmes de Vie exige souvent que l'on lise et relise les Thèmes et que l'on y réfléchisse longuement et honnêtement. Vous trouverez votre Premier Thème de Vie en vous posant la question suivante : « Mis à part ce que je dois faire pour gagner ma vie et ce que je fais dans mes temps libres, lequel de ces Thèmes correspond le mieux à la force qui pousse chaque jour mon âme plus loin ? ». Et pour trouver votre Second Thème de Vie, vous vous demanderez : « Lequel de ces Thèmes correspond le mieux à la force qui, jour après jour, tente de détourner mon âme de sa quête ? ».

Pourquoi donc vous donner la peine d'identifier vos Thèmes de Vie ? Parce qu'à travers eux, vous pourriez découvrir les raisons réelles de votre vie actuelle et reconnaître une difficulté que vous avez choisi d'affronter et ce, tant et aussi longtemps que vous ne l'aurez pas surmontée une fois pour toutes. Vous pourriez peut-être même avoir l'occasion, avec un peu de chance, de vous entrevoir, assis à une table dans une salle de marbre blanc, en compagnie de votre Guide Spirituel et des membres de votre conseil d'Orientation, en train d'étudier la liste des quarante-quatre Thèmes de Vie, inscrite en lettres dorées défilant sur un mur de marbre d'un blanc parfait.

Après avoir complété la laborieuse tâche qui consiste à sélectionner notre Premier et notre Second Thème de Vie, nous passons à une autre liste, intitulée : Les Domaines.

Les Domaines

Vous aurez sans doute déjà remarqué que même lorsque nous croyons mener une vie agréable, une existence qui nous permet d'avoir un certain contrôle sur les choses, il semble toujours y avoir un aspect de cette vie que nous parvenons mal à maîtriser et ce, malgré tous les efforts et l'énergie que nous y consacrons.

Cet aspect particulier est votre « Domaine », un autre des choix que nous faisons dans L'AU-DELÀ en prévision du travail de notre vie à venir. Si la vie sur terre est une dure école – et elle l'est – alors votre Domaine est la branche dans laquelle vous avez choisi de vous spécialiser. Votre Domaine est aussi le lieu où vous rencontrerez vos plus grands défis au cours de cette incarnation.

Il y a sept Domaines, soit :

- la santé
- la spiritualité
- l'amour
- la vie sociale
- les finances
- la carrière
- la famille

Mon Domaine, par exemple, est la « famille ». Mon père était chaleureux, drôle et merveilleux, et ma mère névrosée, narcissique et abusive. Malgré cela, j'ai tenté tout au long de mon enfance de faire de nous une famille idéale. Or, j'en suis maintenant persuadée, mes dons de médium et mon franc-parler n'ont pas facilité les choses à la maison. Il faut tout de même dire qu'avec une mère qui menaçait régulièrement de me poignarder durant mon sommeil et un père qui – comment l'en blâmer – se demandait ce qui pouvait bien le retenir de quitter sa femme, il était plutôt difficile de créer un climat agréable. C'est ainsi que j'ai finalement laissé tomber mon idéal de conte de fée et que j'ai entrepris de créer ma propre famille. Résultat ? Un premier mari violent ; un autre qui m'a conduite à la faillite ; deux enfants que j'adore, tous deux de pères différents et qui sont loin d'être entre eux de grands amis, ainsi qu'une aversion partagée pour mon beau-frère. À soixante-trois ans, alors que j'ai connu des hauts et des bas dans les six autres Domaines, sans jamais cependant y rencontrer d'obstacles insurmontables, rien encore ne saurait susciter en moi de tels sentiments d'impuissance, d'inaptitude, voire de torpeur que cette partie de ma vie appelée « famille ».

J'aimerais vous promettre que la connaissance de votre Domaine vous conduira nécessairement à la maîtrise parfaite de cet aspect de votre vie, mais je n'ai jamais rien vu de tel. En revanche, vous vous sentirez probablement moins coincé lorsque de nouveaux obstacles se présenteront dans ce Domaine de votre vie dont la maîtrise vous échappe. Attendez-vous à ce qu'il y ait des obstacles, et réjouissez-vous de leur présence ! Par-dessus tout, rappelez-vous que votre Domaine, quel qu'il soit, n'est ni une punition ni un mauvais sort. Il s'agit bien d'un choix que nous faisons avant d'arriver ici, un défi que nous nous sommes lancé et qui, je puis vous l'assurer, prend tout son sens à notre retour à La Maison.

Une fois que nous avons choisi nos Thèmes de Vie et notre Domaine, la création du plan de notre prochaine incarnation se poursuit en procédant au choix d'un dernier élément important. Nous savons combien dure et souvent ingrate peut s'avérer la vie sur terre, aussi prévoyons-nous cinq « sorties de secours » possibles, cinq occasions de se tirer d'affaire et de retourner dans L'AU-DELÀ. On les appelle les Points de Sortie.

Les Points de Sortie

Les Points de Sortie sont ni plus ni moins ; des circonstances prédéterminées avant notre arrivée sur terre, ces événements peuvent mettre fin à notre vie au moment où ils se présentent, mais seulement si nous y consentons. Nous en prévoyons cinq, mais nous ne devons pas nécessairement attendre le cinquième avant de quitter la terre. En effet, nous pouvons, par exemple, dès le second Point de Sortie, décider que nous avons accompli notre tâche, et rentrer à La Maison. Nous avons la possibilité d'espacer à notre guise nos Points de Sortie. Nous pourrions, par exemple, faire en sorte d'en avoir deux au cours de la même année et trois autres, vingt ou trente ans plus tard.

Certains Points de Sortie sont si évidents qu'ils ne sauraient passer inaperçus c'est le cas des maladies graves, des accidents sérieux et, tous ces événements tragiques risquant d'entraîner la mort et auxquels nous survivons parfois... par chance. Certains Points de Sortie sont cependant si subtils qu'ils échappent à notre conscience puisqu'on les évite à la suite d'un hasard ou d'une décision « apparemment sans conséquence ». Ainsi avons-nous décidé de prendre une route plutôt qu'une autre ; de nous perdre sur une route que nous connaissons pourtant très bien ; de ne pas quitter la maison à l'heure prévue parce qu'un incident banal nous en a empêchés ; de changer nos projets de voyage à la dernière minute ; de reporter un rendez-vous ou de ne pas aller à une fête parce que nous n'en avons « soudainement plus envie ». Ainsi, il arrive que certains incidents, en apparence insignifiants, soient en fait des Points de Sortie. Nous les avons inconsciemment reconnus et nous avons décidé de ne pas les utiliser.

Il peut aussi arriver que les Points de Sortie se présentent à notre inconscient sous la forme d'un rêve récurrent au cours duquel nous revoyons toujours le même lieu, la même personne ou la même situation. Ces rêves sont empreints d'étrangeté, ils nous laissent une impression désagréable qui peut aller jusqu'à la terreur. Il est possible que l'un de ces rêves se concrétise car il peut s'agir d'un rêve prémonitoire, mais il est également possible que vous pressentiez l'approche de l'un de vos Points de Sortie, signal que vous aurez bientôt un choix à faire.

Il n'est pas rare de rencontrer des gens qui ont le sentiment inconscient d'avoir évité un Point de Sortie. En fait, ils éprouvent ce sentiment lorsqu'ils se remettent de l'événement en relation avec ce Point de Sortie qui, répétons-le, est toujours optionnel. Alors qu'il était en extension à l'hôpital, un ami me demanda de l'hypnotiser et de le ramener en arrière jusqu'à l'accident de motocyclette dans lequel il s'était blessé. Il désirait retrouver le souvenir de cet instant pour enfin comprendre ce qui s'était passé. Pendant la régression, il se souvint de plusieurs détails, il n'aurait jamais cru que cela fut possible. D'abord, il se souvint d'avoir braqué les roues de sa moto pour quitter la route et foncer vers le talus. Son geste lui avait permis d'éviter la collision avec un camion qui venait vers lui dans la mauvaise voie. Il se rappela également qu'après avoir repris conscience, alors qu'il était dans l'ambulance, une voix (son Guide Spirituel, selon Francine) lui avait murmuré : « C'était le numéro quatre ». Mon ami me demanda ce que « le numéro quatre » pouvait bien signifier. Et, bien qu'il n'eût jamais entendu parler des Points de Sortie, il comprit immédiatement que je disais la vérité. Finalement, comme la plupart des gens, et j'en suis, mon ami fut très réconforté de savoir que nous avons tous, que nous en soyons conscients ou pas, cinq possibilités de quitter ce monde et de rentrer à La Maison.

    Une dernière chose doit être précisée à propos des Points de Sortie : mis à part quelques rares exceptions, le suicide n'est jamais un de nos choix de Points de Sortie ! Nous n'inscrivons jamais le suicide dans notre plan de vie. D'ailleurs, si notre plan de vie nous lie par contrat avec nous-même, il nous lie aussi à Dieu. Et rompre ce contrat, à moins d'être mentalement malade au point de ne plus répondre de nos actes, aura pour conséquence de nous renvoyer directement *in utero*, sans séjour aucun au paradis. Personnellement, je ne peux m'imaginer vivre sur cette terre en tournant le dos à Dieu. Et vous ?

LES TOTEMS

Le respect que nous avons envers les animaux dans L'AU-DELÀ est tel qu'il serait impensable de venir sur terre sans avoir au préalable choisi notre propre totem. Il s'agit simplement de choisir n'importe quel membre du règne animal pour qu'il nous protège, en bon et loyal compagnon. Une image illustre bien cette idée, c'est celle de votre Guide Spirituel et de vos Anges veillant sur vous à chaque instant, et ayant avec eux une splendide bête dont le cœur pur et parfait vous est dévoué tout au long de votre dur périple loin de La Maison.

Certains de mes clients m'ont raconté avoir parfois entendu des sons étranges venus du lointain qui ressemblaient à ceux d'un animal. Ils ont enfin compris de quoi il s'agissait lorsque je leur ai parlé de leur totem. D'autres m'ont confié avoir une fascination inexplicable pour un animal qu'ils n'avaient pourtant jamais côtoyé de près, sauf au zoo et dans les documentaires de la télévision. Considérons, par exemple, le cas de Bernie, un client qui m'est très cher ; le pauvre se demandait pourquoi les rhinocéros l'avaient toujours fasciné, jusqu'à ce qu'il apprenne que son animal totem était un rhinocéros. Jusque-là, il avait cru que cette curieuse fixation était un signe du destin et qu'il aurait un jour un rhinocéros « domestique ». Heureusement, il n'avait jamais osé passer à l'acte.

Une de mes histoires préférées, à propos des clients et de leur totem, est celle de ce policier qui se présenta un jour à mon bureau. Il avait l'air penaud, il voulait me parler d'un problème qu'il ne parvenait pas à résoudre seul et qui lui causait bien des ennuis dans sa vie. Il avait divorcé quelques mois auparavant et il avait emménagé dans un petit appartement d'un immeuble où il était strictement interdit d'avoir des enfants et des animaux, mais il ne s'en plaignait pas. Toutefois, son propriétaire, un homme plutôt méchant et déplaisant, n'avait de cesse de le menacer de l'expulser sous prétexte qu'il gardait un animal. Pourtant, il n'avait pas d'animal domestique et il n'en avait jamais eu. Il ne comptait plus les fois où le propriétaire était entré pour chercher l'animal sans le trouver et, frustré, avait quitté l'appartement en l'accusant de l'avoir caché pour l'occasion. Évidemment, la menace d'expulsion qui planait sur lui l'inquiétait, mais il était encore plus embarrassé par le fait d'être accusé, lui, un policier, de ne pas observer le règlement de l'immeuble. Ainsi, après que toutes ses tentatives d'explication eurent échoué, il décida de venir me voir pour me demander si son appartement était hanté.

Avant qu'il ne poursuive son récit, je l'arrêtai et lui demandai : « Juste par curiosité, savez-vous ce qu'est un totem ? ». Il n'en avait aucune idée. Je lui ai expliqué de quoi il s'agissait, puis j'ai ajouté : « Si je vous disais que votre totem est une panthère, cela aurait-il une quelconque signification pour vous ? ».

Il resta bouche bée pendant quelques secondes, puis un éclat de rire retentit. Il riait en pensant à son propriétaire qui, à maintes reprises, s'était plaint d'un « animal domestique » qui ressemblait à « un énorme chat noir » d'allure mystérieuse et menaçante. Le policier était quelque peu vexé de n'avoir pas lui-même aperçu cette magnifique créature alors que son misérable propriétaire, lui, l'avait vue. Je lui expliquai qu'un animal totem ne se montre jamais à moins qu'il sente que son maître a besoin de protection.

Depuis cette lecture, il m'est souvent arrivé de sourire en imaginant quelle aurait pu être la réaction des propriétaires des maisons et des appartements successifs où j'ai été locataire (particulièrement dans les immeubles où on interdisait les animaux), s'ils avaient aperçu mon totem, un éléphant !

LES DÉTAILS DE NOTRE PLAN DE VIE

Une fois que les grandes lignes de notre plan de vie sont établies : notre Premier et notre Second Thème de Vie, notre Domaine, nos Points de Sortie et notre totem, nous pouvons passer à la planification de chacune des composantes de la vie que nous sommes sur le point d'entreprendre. Certes, la tâche est exigeante, longue et ardue, mais elle contribue grandement à élever nos chances d'atteindre nos objectifs. On ne doit donc rien négliger.

Nous choisissons :
- Nos parents et nos frères et sœurs.
- Notre apparence physique jusque dans ses moindres détails – cheveux, peau, couleur des yeux, grandeur, poids, fluctuations diverses, marques particulières et autres caractéristiques.
- Le lieu précis, la date et l'heure de notre naissance, ce qui signifie que nous déterminons tous les détails de notre carte céleste.
- Nos amis(es), nos amoureux (ses), nos époux(ses), nos enfants, nos patrons, nos collègues, nos connaissances, et même nos animaux domestiques.
- Les Esprits des Ténèbres qui croiseront notre route.
- Les villes, les quartiers et les maisons où nous habiterons.
- Nos préférences, nos faiblesses, nos vices, notre sens de l'humour (même inexistant), nos talents et habiletés, ainsi que nos champs d'incompétence.

Nous consignons ainsi tous les détails de notre vie à venir, du plus important au plus insignifiant.

En dépit de la rigueur et de la précision de ces préparatifs, nous jouirons néanmoins d'une grande liberté d'être et de choisir. Si votre plan prévoit qu'à l'âge de quatre ans vous vous écorcherez le genou, c'est à vous qu'il appartiendra d'en faire soit une blessure mineure, soit une blessure nécessitant une intervention chirurgicale. Si votre plan de vie indique qu'à l'âge de trente ans, on vous invitera à une fête pour l'anniversaire d'un ami, vous êtes libre de refuser l'invitation, d'y aller et de vous ennuyer terriblement ou, au contraire, d'y aller et d'être le point de mire de la fête. Si vous planifiez un accident de voiture, il pourra s'agir soit d'un simple accrochage, soit d'un accident majeur qui enverra votre voiture à la casse, cela dépendra de ce que vous déciderez sur le moment. Une maladie inscrite à votre plan de vie aura des conséquences tantôt graves, tantôt bénignes, selon l'attention que vous mettrez à vous soigner. Lorsqu'un Esprit des Ténèbres prévu dans votre plan se présentera dans votre vie, il n'en tiendra qu'à vous de vous éloigner de lui ; de l'affronter et de périr ; ou encore, d'entrer prudemment en contact avec lui et d'apprendre à le connaître afin de mieux vous en écarter la prochaine fois. Il serait faux de croire qu'une vie planifiée de la sorte est une vie sans options. Ici, la valeur de nos vies dépend moins de ce à quoi nous sommes confrontés que de notre façon d'aborder les événements.

Pendant tout le processus de création du plan de vie, notre Guide Spirituel fait face à de grandes difficultés. Il doit en effet s'inspirer de toutes les situations qu'il a rencontrées et de tous les sentiments qu'il a éprouvés lors de ses vies antérieures, afin de « s'humaniser », pour mieux nous aider. Nous ne devons pas perdre de vue l'état d'esprit dans lequel nous nous trouvons dans L'AU-DELÀ, notamment pendant la période d'Orientation : nous sommes euphoriques, intrépides et totalement sûrs de nous-mêmes. Nous nous sentons prêts à tout tenter, nous voulons tout entreprendre pourvu que cela nous aide à grandir spirituellement. Élaborer le plan de vie dans ces conditions est un peu comme aller faire ses emplettes au supermarché avec l'estomac vide et un portefeuille plein. On ramènera deux fois plus de nourriture (le plus souvent des aliments malsains qui nous feront gagner du poids ou qui nous rendront malades, à moins qu'on prenne la sage décision de les jeter en rentrant à la maison) qu'on ne pourra en manger avant qu'elle ne se gâte. Peu importe à quel point votre vie peut vous sembler lourde, je puis vous assurer que sans l'intervention de votre Guide Spirituel, les défis que vous auriez voulu relever auraient été encore plus redoutables. C'est pourquoi notre Guide Spirituel veille à ce que nous fassions des choix réalistes.

D'autres esprits sont également appelés à intervenir durant le processus d'Orientation, il s'agit de ceux auxquels nous avons attribué des rôles importants dans notre plan de vie. Ils sont invités à valider nos choix et à nous aider à compléter la coordination du projet, de manière à ce que nous puissions un jour nous retrouver et nous reconnaître, et ce, en dépit de l'amnésie qui nous frappe dès que nous arrivons sur terre. Évidemment, ces esprits ne se sont pas encore incarnés, pas plus qu'ils ne sont des Esprits des Ténèbres en exil volontaire hors de L'AU-DELÀ. Si les personnages les plus importants de notre vie sont déjà incarnés, nous devons rencontrer leurs Guides Spirituels. Les jumeaux, les triplés et autres naissances multiples se rencontrent toujours en Orientation pour discuter des détails de leurs plans de vie. Cependant, tout autre esprit destiné à jouer un rôle capital dans notre vie, et dont la vie sera en retour grandement affectée, fera assurément partie de notre Orientation. Le but de ce contact est, entre autres, de générer une impression mutuelle de familiarité, ce vague sentiment qui nous permettra sur terre de distinguer le connu de l'étranger.

Durant notre vie sur terre, nous aurons à un moment ou à un autre, mais encore faudra-t-il y être sensibles, la preuve de l'étonnante complexité de notre plan de vie. Par exemple, nous faisons tous l'expérience de ces petits moments, souvent triviaux, qui nous semblent s'être déjà produits auparavant.

Cette impression, qui ne dure qu'une ou deux secondes, prend habituellement une forme ou une autre. C'est à ces moments que nous disons : « Je me suis déjà assis sur cette chaise pour boire un café et comme aujourd'hui le téléphone a sonné juste au milieu du bulletin de nouvelles télévisées ». Nous y repensons en silence ou nous en parlons en termes d'impression de « déjà-vu », puis la vie reprend son cours et nous oublions cet événement anodin. Pourtant, nous avons nous-même inscrit dans notre plan de vie cette situation subtile à l'occasion de la période d'Orientation et ce, dans le but de nous signaler que nous sommes en parfaite synchronisation avec notre plan de départ. Il s'agit en somme d'un message de notre inconscient à notre conscient : « Je me souviens du plan que j'ai établi », un contact bref, sacré, avec La Maison.

En d'autres occasions, ces repères prennent la forme de coïncidences. Je suis persuadée que vous avez déjà vécu suffisamment de coïncidences dans votre vie pour comprendre ce que je veux dire. Sans savoir pourquoi, vous avez soudainement en tête une chanson que vous n'avez pas entendue depuis des années, et une heure plus tard, dans votre voiture, vous entendez votre chanson à la radio. Ou encore, vous écrivez une lettre à un ami à qui vous n'avez pas parlé depuis des années et il vous appelle au même moment. Il est facile de faire de ces coïncidences des événements anodins ou, au mieux, de les trouver amusantes. En réalité, il s'agit d'un phénomène beaucoup plus passionnant. Les coïncidences sont des souvenirs qui remontent à notre conscience, en fait, nous nous rappelons avoir inclus certains événements dans notre plan de vie. Elles constituent donc une preuve supplémentaire de l'existence de La Maison, et elles nous donnent la confirmation qu'à cet instant précis, notre vie se déroule en parfait synchronisme avec le plan que nous en avions fait.

Après avoir complété cette longue et laborieuse étape qui consiste à préparer notre plan de vie (objectifs, Thèmes de Vie,

Domaine, etc.), nous quittons la salle d'Orientation et nous nous dirigeons, en compagnie de notre Guide Spirituel, vers un vaste et magnifique amphithéâtre de marbre blanc qui se trouve au cœur du Palais de la Justice. Là nous attendent les membres du Concile, assis sur une plate-forme, autour d'une table étincelante en forme de « U ».

LE CONCILE ET NOTRE PLAN DE VIE

Le Concile joue un rôle déterminant dans la préparation de notre voyage sur terre. Ses membres, de vénérables et savantes entités, se gardent bien de tout jugement irrévocable lorsqu'ils se prononcent sur les détails de notre plan de vie. Autrement dit, les « oui » et les « non » tranchants ne font pas partie de leur vocabulaire. Toutefois, ils peuvent nous demander de revoir les éléments de notre plan de vie qui sont susceptibles de constituer une difficulté si grande qu'elle nous empêchera d'accomplir le but premier de notre entreprise. Ainsi, malgré les efforts de notre Guide Spirituel, le Concile se voit fréquemment présenter des plans de vie aux ambitions trop peu réalistes. Le cas échéant, les membres du Concile, toujours prudents, revoient avec nous chacune des étapes prévues, ils nous posent des questions, puis, dans notre propre intérêt, ils nous suggèrent d'apporter certaines modifications.

Ils diront par exemple : « Joël, vous avez choisi le thème du rejet, mais vous avez fait en sorte d'être désavoué par votre père presque au même moment où vous perdez votre emploi. Comment vous tirerez-vous d'affaire ? Ne risquez-vous pas de devenir malade, d'adopter un comportement autodestructeur, de sombrer dans l'amertume ? Est-ce que cet épisode de votre vie sera l'occasion de procéder à un examen de conscience visant à déterminer votre part de responsabilité dans ces rejets ? Ou déciderez-vous alors d'utiliser l'un de vos Points de

Sortie ? Ne pensez-vous pas que vous pourriez apprendre plus si vous laissiez passer un peu plus de temps entre chacune de ces expériences ? » Ou encore : « Pam, avec ce thème de conciliatrice, ne croyez-vous pas qu'il serait judicieux que le plan de vie d'au moins un membre de votre famille n'entre pas directement en conflit avec le vôtre ? Il vaudrait mieux que vous attendiez un peu plus tard avant d'avoir votre premier enfant, puisque, selon vos prévisions, vous ne vous serez pas remise de votre agression au moment où vous accoucherez.

S'il le juge nécessaire, le Concile pourra faire des recherches dans n'importe quelles vies, celles d'autres personnes, où les mêmes thèmes ont été abordés, afin d'y trouver des exemples, pour le meilleur ou pour le pire, des différentes façons possibles de traiter ces thèmes. Comme si l'absolue confiance que nous avons envers le Concile n'était pas suffisante, on nous offre aussi l'occasion de visualiser, littéralement, les conséquences de nos choix avant de mettre la dernière touche à notre plan. Inévitablement, ces visualisations combinées aux encouragements bienveillants du Concile nous conduisent à procéder à des ajustements, ici et là, de nos plans de vie, maximisant ainsi la valeur des leçons que nous tenons à apprendre durant notre passage sur terre.

En de très rares occasions, il arrive qu'une personne, par excès d'ambitions, de confiance ou d'optimisme ne tienne pas compte des recommandations du Concile, il lui faut alors repenser la fréquence et la séquence des événements de son plan de vie. En fait, chaque fois que quelqu'un revient sur terre sans avoir suivi les conseils du Concile, son incarnation devient trop lourde et se termine par un suicide.

J'aimerais ici faire une petite mise au point concernant la théorie qui veut que les personnes ayant une existence particulièrement difficile, sont punies pour des actes horribles qu'elles ont commis lors de leur vie antérieure. La vérité est presque diamétralement à l'opposé de cette idée. Lorsque le Concile approuve un plan particulièrement difficile, il exprime sa confiance en celui qui l'a écrit. Il lui dit : « Nous vous savons capable de mener à bien votre projet et nous croyons que les raisons qui vous ont poussé à choisir ce parcours justifient les sacrifices que vous vous proposez de faire ». En d'autres termes, vous pouvez être sûrs que les personnes qui ont des vies exceptionnellement rudes ont toute l'estime du Concile et non pas toute leur rancune.

À ce propos, le cas d'une petite fille nommée Abby est l'un des plus frappants que je connaisse. Cet esprit avait fait le choix d'une vie courte et difficile afin d'atteindre un dessein plus grand, avec l'approbation du Concile. Sa mère ayant été gravement malade pendant la grossesse, Abby est née aveugle, sourde et muette. Et pour compliquer les choses, elle était la douzième enfant d'une famille pauvre. Les parents d'Abby étaient complètement dépassés par la situation, ils étaient incapables de contenir leur progéniture déchaînée et indisciplinée. Leurs enfants avaient de sérieux problèmes à l'école et avec la police locale.

Comme j'avais déjà été présentée à la famille peu avant la naissance d'Abby, j'ai personnellement été témoin du miracle qu'a suscité la venue de l'enfant dans cette famille pauvre et perturbée. Dès qu'ils l'ont aperçue, tous les membres de la famille ont immédiatement été pris de compassion pour cet innocent et vulnérable petit bébé. Cette petite fille sourde, muette et aveugle est parvenue à toucher le cœur de ses proches, sa présence leur donna le sentiment d'être utiles, importants et responsables. Son sourire, la moindre de ses caresses, la confiance inconditionnelle de ses petits bras autour de leurs cous lorsqu'ils la portaient ou qu'ils la berçaient pour l'endormir, et les baisers qu'elle leur rendait avec tant de plaisir et d'enthousiasme ont permis à onze enfants et deux adultes de vaincre leur désespoir. Désormais, un commun sentiment de compassion et de responsabilité les unissait. Tous les membres de la famille travaillaient ensemble pour subvenir aux besoins d'une enfant qui ne pourrait jamais y arriver toute seule. Et en aimant Abby, ils réapprirent à s'aimer entre eux.

Abby n'avait que huit ans lorsqu'elle mourut des complications d'une pneumonie. D'un point de vue purement égoïste, sa perte fut une tragédie pour quiconque l'avait connue, y compris moi-même. Je connais aussi les treize membres de la famille qu'Abby a laissés derrière elle et qui, à cause d'elle, sont devenus les gens les plus généreux, les plus bienveillants, les plus spirituels et les plus besogneux que je n'ai jamais rencontrés.

Qu'en pensez-vous ? Croyez-vous sincèrement qu'Abby avait été punie pour des crimes commis dans des vies passées ? Non, pas le moins du monde. Elle était, et elle est toujours une âme de classe supérieure, en qui le Concile avait placé toute sa confiance. Elle est la preuve que peu importe les difficultés que nous incluons dans notre plan de vie, c'est notre façon de les aborder qui déterminera la valeur de nos vies.

Une fois notre plan de vie complété et révisé, il nous reste un dernier geste à poser en la présence sacrée du Concile. Nous devons recruter l'aide spéciale de ceux — les Anges — qui seront chargés de nous protéger tout au long de notre vie à venir. Selon la difficulté de nos Thèmes et de notre plan de vie, on nous assignera, par exemple, deux Anges, deux Archanges et l'une des Principautés, qui, comme nous l'avons expliqué, sont les « gros canons » de la légion de Dieu. J'ai remarqué que les gens arrivent maintenant de L'AU-DELÀ avec un nombre grandissant d'Anges accompagnateurs, et je crois que cela reflète bien l'état des choses sur la terre : les conditions de vie y sont de plus en plus difficiles, les gens se malmènent entre eux et maltraitent la planète. Alors qu'il était normal de voir un ou deux Anges aux côtés de la plupart des gens, je n'en dénombre aujourd'hui jamais moins de deux, il s'en trouve parfois même jusqu'à cinq ou six. En outre, les Anges proviennent de classes plus variées, tels les Archanges, les Dominations et les Trônes ; ces derniers accompagnent les esprits les plus avancés lors de leur dernière incarnation.

À propos, il ne faudrait pas croire que les Anges que nous recrutons pour veiller sur nous constituent notre unique source d'aide au cours de notre vie. Tous les Anges nous surveillent et sont prêts à nous venir en aide à chaque instant. Les Principautés, cependant, ne viennent à notre rescousse que si l'on fait expressément appel à elles et celles-ci n'interviennent que dans les cas où un miracle est nécessaire, rien de moins. Tout comme le Guide Spirituel qui nous est assigné reconnaît le fait que les êtres chers qui nous ont quittés sont impatients de nous venir en aide à partir de L'AU-DELÀ, l'équipe d'Anges que nous avons choisis avant de quitter La Maison ne peut que confirmer l'existence de cette grande, puissante et merveilleuse armée toujours sur un pied d'alerte et toujours compatissante.

Nous ne pouvons quitter le divin Concile que lorsque notre plan de vie a été dûment modifié et complété, et que nous nous sommes assurés d'être sous son protectorat angélique.

Nous prenons ensuite la direction des Tours, où se déroulera la prochaine étape du processus de notre départ vers la terre.

Chapitre 10

LE DÉPART

Le moment du rassemblement avec nos amis les plus chers et notre Guide Spirituel, qui sont tous venus nous rejoindre à l'intérieur des Tours pour saluer notre départ, est plutôt dignement sombre et silencieux que triste. Nous savons que le temps passé hors de L'AU-DELÀ sera bref, un clignement des yeux à la face de l'éternité. Nous savons aussi que nos innombrables occupations ne nous empêcheront pas de ressentir cette peine toute naturelle que provoque l'absence des personnes qui nous sont proches.

Nous n'en sommes pas moins conscient d'une autre des lois indubitables de l'incarnation : dès notre retour sur terre, nous n'aurons que très peu de souvenirs, sinon aucun, de La Maison, de l'existence excitante et extatique que l'on y mène et de nos amis bien-aimés. En fait, il est très probable que l'on doute de leur existence et que l'on ne ressente pas l'étreinte dont nos bien-aimés restés dans L'AU-DELÀ nous gratifient lors de nos moments de joie ou de tristesse, bref lors de tous ces moments intenses que nous avons choisi de vivre avant notre départ.

Ils nous souhaitent un bon voyage et ils prient afin que nous nous rappelions La Maison du mieux que nous le pouvons. Puis ils se retirent, geste indispensable à notre départ. Ce n'est pas un geste de rejet ou de cruauté mais un geste d'une grande gentillesse et d'un profond respect ; de fait, ils ont autant de mal à nous quitter que nous en avons. La raison pour laquelle ils se retirent est bien simple : s'ils restaient, nous aurions beaucoup de mal à quitter l'amour parfait qu'ils nous donnent, nous pourrions facilement perdre la volonté nécessaire pour traverser la dure épreuve que nous avons choisie de traverser pour notre progression, et ainsi, nous resterions éternellement avec nos amis adorés, au paradis de Dieu. Jamais ils ne remettent en question la décision d'entreprendre une nouvelle vie ou ne nous en demandent les justifications. Ils nous aiment autant qu'ils se tiennent à l'écart et nous laissent partir en promettant qu'ils seront là à chacune des étapes de notre chemin. Malheureusement, nous n'entendrons peut-être pas leurs voix qui nous saluent de L'AU-DELÀ.

Si vous vous êtes déjà demandé pourquoi vous avez toujours entendu résonner au plus profond de votre cœur un sentiment d'abandon, et ce, que les événements de votre vie expliquent ou non cette impression, eh bien, je vous assure que vous êtes arrivé ici sur terre avec ce sentiment, depuis cette dernière rencontre dans les Tours où vos amis les plus proches et votre Guide Spirituel, dans tout leur amour, vous ont laissé seul à la préparation du reste de ce dur voyage en solitaire que vous entreprenez au nom de Dieu.

LES BÉNÉDICTIONS SACRÉES

Après avoir dit au revoir à leurs amis, les esprits qui quittent L'AU-DELÀ pour la terre ont ce privilège indiciblement divin de participer à deux entretiens privés.

Le premier se déroule en compagnie de notre messie. Tous les messies ont été incarnés afin de porter le message de Dieu sur terre, ils sont tous vivants, actifs et profondément vénérés dans L'AU-DELÀ, pensons à Jésus, Bouddha, Mahomet, Baha-Allah, Apollonios de Tyane et à tous les grands chefs spirituels que ce monde a eu la grâce de connaître. Bien qu'ils ne vivent pas parmi les gens, ils donnent des conférences et des séminaires, offrent des conseils et poursuivent l'œuvre qui fut la leur, à savoir être les enseignants les plus sacrés, les plus aimants et élevés que Dieu a pu créer.

Avant de retourner sur terre, nous avons le loisir de passer plusieurs moments avec le messie duquel nous nous sentons le plus proche, et ce, dans un lieu de notre choix. Beaucoup préfèrent l'intimité de leur centre d'Orientation. Quant à moi, j'ai choisi de vivre cette brève rencontre sacrée avec Jésus et dans le silence feutré d'un massif de roses, aux Jardins du Palais de la Justice.

Quel que soit le choix que l'on fait, le messie est là, puisqu'il connaît d'expérience les épreuves et toute la douleur qui attendent celui qui part. Il est là pour le nimber de lumière divine et pour lui rappeler sa présence indéfectible, sachant très bien qu'on l'oubliera peut-être. Le message du messie est simple et profond : « Je suis toujours à tes côtés, je te tiens par la main avec force pour te guider par tous les chemins, surtout lorsque la vie semble terriblement injuste et que le cruel doute humain assombrit ta foi, même si tu ne me reconnais pas ».

Le deuxième entretien nous offre un extraordinaire aperçu de la présence actuellement matérialisée de Azna, Dieu la Mère, l'exquise et parfaite part émotionnelle de la déité qui nous a créé. Dès qu'elle pose les yeux sur nous, ne serait-ce qu'un instant, nous savons immédiatement que nous avons une place éternelle dans Son cœur en tant que Son enfant chéri.

Le messie et Azna nous bénissent et reçoivent nos prières, tout en nous promettant que notre voyage vers La Maison se fera sans encombre et que nous reviendrons dans l'amour unique de leurs bras éternellement ouverts. Puis, nous les quittons, aimés et aimants, débordants d'une joie humble et pleine de vénération.

LA PRÉPARATION FINALE

Nous pénétrons maintenant dans l'une des aires de départ les plus sereines qui soient, à savoir celle qui se situe dans les Tours. Ce lieu apaisant baigné par la douce lumière pastel qui filtre à travers une façade de verre bleu calme nos appréhensions face au grand voyage que nous nous apprêtons à faire. Notre responsable d'Orientation nous y attend. Compétent, calme et débordant d'amour, il est là pour nous aider à traverser cette étape importante qui consiste à quitter La Maison pour la terre.

Nous sommes confortablement étendu sur une table et emmitouflé dans plusieurs couvertures bien chaudes.

Notre plan de vie est encore frais à notre esprit, notre destination connue, tandis que notre corps est en train de prendre forme dans le ventre de la femme que nous avons choisie comme mère biologique.

Puis, nous sommes plongé dans un état de demi-sommeil qui marque le début de notre descente.

J'espère que vous ne vous lasserez jamais de m'entendre dire à quel point je suis heureuse de savoir que nous avons toujours quelque chose à apprendre ; j'en suis persuadée et je le serai jusqu'à mon dernier souffle. Il y a quelques mois encore, j'étais convaincue que Francine et moi avions passé en revue tous les aspects de la descente de L'AU-DELÀ vers la terre. Or, un matin, Angelia m'a parlé du voyage qu'elle avait fait la nuit précédente dans les Tours de La Maison. Elle m'en parlait comme d'un rêve. Un peu plus tard, Francine m'expliqua qu'Angelia avait plutôt fait un voyage astral vers l'une de ses destinations favorites. Francine l'y avait d'ailleurs aperçue.

Comme à son habitude, Angelia faisait une petite promenade dans un esprit contemplatif à travers les Tours, lorsqu'elle se retrouva devant une pièce dont la fenêtre était voilée. Curieuse et habituée à la grande liberté dont on dispose dans L'AU-DELÀ, elle voulut voir ce qui se trouvait derrière le voile. Mais Francine, qui l'observait depuis un moment, l'arrêta et lui dit : « Je suis désolée, Angelia, tu ne peux pas y aller pour l'instant ». Angelia ne se souvenait pas précisément de la suite de la conversation, néanmoins, elle avait compris qu'à l'intérieur de cette pièce, derrière le voile qui se dressait devant elle, des esprits se préparaient à descendre dans un corps qui se faisait de plus en plus petit.

J'ignorais tout ceci. J'avais toujours pensé que nous passions de notre corps de trente ans au ventre de notre mère en un claquement de doigts. En fait, je n'y avais jamais vraiment réfléchi. Lorsque je fis part de mon idée sur la question à Angelia, elle roula des yeux et secoua la tête pour me signifier à quel point mon ignorance la consternait. « Mais Bagdah, ils ne peuvent entrer sans être d'abord devenus petits, cela n'est-il pas évident ? » me répondit-elle en poussant un soupir.

J'ai ma fierté, même lorsqu'il s'agit de ma petite-fille, aussi me suis-je empressée d'aller voir Francine afin de tirer cette histoire au clair une fois pour toutes. Elle sembla aussi impatiente avec moi qu'Angelia l'avait été avant elle : « Mais bien sûr que les esprits doivent rapetisser lorsqu'ils descendent ». Et pour la millième fois, elle répéta : « Si tu ne me poses pas la question, comment veux-tu le savoir ? ». Vous seriez étonné de voir combien de temps je peux passer à imaginer des questions, et je ne fais que commencer.

Ainsi, au moment *où la taille de notre esprit diminue de manière physique*, un phénomène semblable à celui qui se produit au cours de la mort survient : un tunnel, ne mesurant qu'un mètre, se crée à partir de notre substance éthérée et c'est par ce passage que nous accédons à l'utérus qui nous attend sur terre.

Le phénomène s'apparente à celui qu'éprouvent les grands malades et les grands blessés avant de mourir, ces personnes entrent dans un état qui oscille entre la conscience et l'inconscience. Ainsi, notre esprit entre et sort de son embryon à plusieurs reprises avant que nous ne naissions. Cela permet de réduire les risques de choc émotionnel ou spirituel que pourrait occasionner un retour trop brusque. Notre Guide Spirituel veille à établir quel sera pour nous le moment le plus opportun pour faire notre entrée finale dans l'utérus en se basant sur l'expérience de nos vies passées. La plupart du temps, nous suivons son conseil. Or, comme je l'ai déjà dit, je n'en ai pas tenu compte. J'ai défié Francine, j'ai fait mon entrée finale trop tôt, et je me suis ennuyée à mourir jusqu'à ce qu'on me mette enfin au monde pour la cinquante-quatrième fois.

Toutefois, peu importe l'étape de la grossesse où s'effectue notre transition finale vers l'utérus, il nous est donné de vivre un instant de pure grâce, cet instant est béni entre tous. Juste avant de quitter L'AU-DELÀ pour notre nouvelle vie, il nous est donné d'être touché par le doigt de Dieu, juste au-dessus de l'arête de notre nez, là où se trouve notre troisième œil. C'est le baiser de Dieu, il ne s'agit pas d'un adieu, mais d'un au revoir. Car Dieu sait que si nous quittons le paradis pour notre propre croissance spirituelle, nous le quittons aussi pour Lui. C'est Sa façon de nous dire que Son amour éternel et inconditionnel nous éclairera tout au long de notre voyage terrestre, jusqu'au jour où nous retraverserons enfin le tunnel qui mène à La Maison.

BÉNÉDICTION

Une prière à offrir à tous nos frères et à toutes nos sœurs

Dieu adoré,
   Je vous implore, je veux tant pour eux tous, puissions-nous être forts, sages et grands.
   Serons-nous prêts, oh ! Mon Dieu, serons-nous prêts à combattre dans la terrible noirceur de notre nuit solitaire ?
   Sachant que notre seule défense est la foi, que le temps fuit et que l'ennemi se tapit.
   Pendant que dans l'arène retentissent les cris de la foule en liesse qui chérit notre nom. Est-ce hérésie ou sainteté ? Ou n'est-ce pas la même chose ?
   À la fin, c'est à Vous que nous nous présenterons ; Dieu bien-aimé, posez Vos mains sur nous pour toujours.
   La gloire et la célébrité ne nous importent pas. Nous sommes l'expression de Votre existence, le plumage qui porte Votre Nom.
   Nous ne craignons ni l'égoïsme, ni l'orgueil, ni la richesse. Nous craignons comme la peste le temps qui file en douce entre nos doigts,
   Sans nous laisser le temps de leur transmettre nos connaissances et de les guider pour qu'un jour, eux aussi, se moquent du vain orgueil.
   Tenons pour vraie la seule certitude que nous avons : nous nous réjouissons de ce que nous sommes et nous nous réjouissons de ce que Vous êtes.
   Aidez-nous, Dieu bien-aimé, aidez-nous à les rejoindre, et peut-être entendront-ils enfin le chant de paix de l'oiseau bleu.

— Sylvia C. Browne

POUR CLORE

C'était une nuit froide et sans lune. Ma bru chérie, Nancy Dufresne, et moi étions blotties l'une contre l'autre au bord de la mer. Le récent décès de son père lui causait un vif chagrin, un chagrin aussi implacable et insistant que les vagues qui venaient se casser à nos pieds. Je la serrais contre moi et je lui caressais les cheveux en souhaitant de tout mon cœur que cela adoucirait sa peine. Soudain, elle me regarda avec une expression d'impuissance et murmura : « Nous sommes orphelines maintenant, et nous sommes toutes mamans. Nous avons cela en commun ».

Elle avait raison, pourtant, je ne m'étais jamais perçue comme une orpheline, bien que mes deux parents fussent décédés. J'avais toujours eu l'impression qu'une limite d'âge était tacitement associée à ce mot. Cette simple phrase, comme toute vérité, résonna au plus profond de mon être, et des larmes coulèrent sur mes joues. Nous nous sommes enlacées encore plus fort et avons observé les eaux sombres en nous demandant silencieusement si nous pourrions être pleinement heureuses à nouveau. Grâce à Dieu, malgré le désespoir qui était le nôtre, nous n'étions pas seules, « nous nous avions ». Et à partir de ce moment, nous avons su que nous pourrions toujours compter l'une sur l'autre.

Je me suis alors prise à penser que nous étions tous orphelins lorsque nous arrivons ici pour la première fois, si loin de la présence tangible des parents divins qui ont originellement insufflé la vie éternelle dans nos esprits, il m'arrive souvent de me refaire cette réflexion dans les moments où je m'ennuie de La Maison. Il n'est pas étonnant que notre premier son sur cette terre soit un cri.

Peu après cette nuit sans lune passée au bord de la mer, Nancy laissa quelques pages manuscrites sur ma table de nuit. Une note disait : « S'il te plaît, lis ceci quand tu seras seule. Je l'ai écrit pour toi ».

Avec sa permission, je vous présente ce texte, en espérant qu'il vous apportera autant de réconfort qu'à moi. Il m'a aidée à traverser les moments de désespoir que j'ai rencontrés, ceux qui nous font regretter l'amour inconditionnel et infini de nos parents divins.

Perdue dans la nuit, sauvée par la mer
de Nancy Barteletti Dufresne

Dans le calme de la nuit, j'ai eu un frisson. J'ai tiré l'édredon jusqu'à m'en recouvrir à mi-visage, mais la chaleur ne vint pas.

Mon cœur semblait battre différemment. J'ai entendu comme un écho. L'écho de la solitude.

Les mains sur les oreilles, j'ai voulu arrêter le son, mais rien n'y fit.

Toute seule, j'ai bien essayé de m'enlacer moi-même, de me serrer dans mes bras, mais mes pauvres membres n'arrivèrent pas à reproduire l'effet bienfaisant de ces bras qui me manquaient tant.

J'ai regardé dans l'ombre en me demandant qui pourrait bien reconnaître la petite fille qui se cache derrière mes yeux. Qui comprendrait la raison de mes soupirs ? Quelqu'un s'apercevrait-il que mon rire n'est plus aussi profond ou vrai qu'avant ? Que mon sourire n'a plus la même force ?

Y aura-t-il un endroit où je me sentirai à nouveau chez moi ? Où trouverai-je cette personne qui prendrait ma main pour calmer ma souffrance pour que je trouve enfin le repos, ne serait-ce qu'un instant ? Qui saura voir la force de ma souffrance, plutôt que ma faiblesse. Sur quelle joue couleront des larmes dont le tracé sera semblable à celui que suivent les miennes ?

En proie à la panique, j'ai repoussé l'édredon et j'ai cherché le réconfort auprès d'une personne qui n'était plus là. La main sur le téléphone, la respiration courte et rapide, j'ai été frappée par la réalité : il n'y avait personne à la maison.

Je me suis levée et j'ai allumé la lumière en espérant que la clarté me donnerait du courage et un peu de recul. Mais ce ne fut pas le cas.

Je me suis ensuite placée devant le miroir et je me suis mise à étudier mon visage. Je ne me suis pas reconnue. J'ai vu une petite fille qui avait encore besoin d'être protégée, aimée, encouragée et guidée. J'ai eu envie de les appeler, car ils venaient toujours lorsque j'avais peur. Mais je savais que personne ne viendrait maintenant.

Alors je me regardai fixement dans les yeux, dans l'espoir de les y trouver. Peut-être les ai-je aperçus un bref moment, mais au bout du compte, cela m'apporta plus de souffrance que de réconfort. Je me suis laissée glisser sur le sol, en laissant traîner ma main le long du mur pour éteindre la lumière au passage et me soustraire à l'image du miroir.

J'ai replié mes jambes contre ma poitrine et je les ai solidement entourées de mes bras, comme pour me créer une armure, bien vite j'en sentis toute la futilité. Puis, dans l'obscurité, j'ai rampé comme un nourrisson, tâtonnant pour trouver mon lit mais aussi tout indice susceptible de se cacher dans la nuit.

C'est alors que, dans la tranquillité de la nuit, je me suis soudainement sentie enveloppée par quelque chose de doux et de chaud, comme si des vagues d'apaisement déferlaient sur moi. Les yeux ouverts, j'ai aperçu un mince filet de lumière vacillant à travers les volets. Pendant que je fixais cette lumière, je me suis souvenue d'un moment passé au bord de la mer. J'avais été attirée par la mystérieuse essence de cette vaste mer. Je me rappelai aussi que mes yeux s'étaient soudainement remplis de larmes, des larmes qui prenaient source dans mon cœur. La petite fille pleurait sa détresse, silencieusement. L'instant suivant, l'orpheline que j'étais devenue releva la tête et aperçut une autre enfant triste et perdue. Ses beaux yeux émouvants étaient eux aussi remplis de larmes. Je pouvais entendre les cris de son cœur et sentir sa douleur. Et sur son visage, je pus lire le courage et la peur.

Puis elle m'entoura de ses bras, les bras accueillants d'une enfant, les bras forts d'une femme et les bras aimants d'une mère, les bras d'une amie et les bras d'un parent. Un moment parfait où nos cœurs et nos yeux se sont parlé. Nos chagrins ont trouvé la porte menant à un endroit paisible, un endroit où nous pouvions être celles que trop souvent nous avions dû cacher, un endroit que nous avions créé, un endroit où nous pouvions nous rejoindre, un endroit où nous nous sentions chez nous.

Ainsi, lorsque le visiteur de la nuit reviendra, et il le fera, lorsqu'il me tourmentera avec ses questions lancinantes et sans réponses, lorsqu'il me tenaillera avec le passé qui n'est plus, lorsqu'il me menacera de me faire perdre la tête, je me souviendrai de notre porte. Lorsque le visiteur me rappellera à quel point j'ai besoin d'un endroit pour me reposer et d'une âme en qui je peux avoir confiance, je me souviendrai de ton contact et de tes larmes.

POUR CLORE

Lorsque, pendant la nuit, le visiteur viendra à toi et que tu te sentiras désorientée, souviens-toi que j'offre à ton cœur le même précieux refuge que tu as offert au mien. Lorsque le visiteur reviendra nous embêter, ne nous occupons pas de cet importun, et retournons en pensée vers cet instant que nous avons partagé au bord de la mer.

APPENDICE

Les quarante-quatre Thèmes de Vie suivants forment, comme nous en avons discuté au chapitre neuf, la liste à partir de laquelle nous choisissons les Premier et Second Thèmes de Vie qui contribueront à l'atteinte de nos objectifs à l'occasion de notre bref passage sur terre. En parcourant la liste, demandez-vous lequel de ces Thèmes décrit le mieux la force qui vous pousse toujours plus loin, jour après jour, et quel autre Thème représente le plus justement ce qui tente d'entraver cette force.

L'activateur. Les activateurs sont des experts en résolution de problèmes. Ils prennent plaisir à accomplir un travail et à l'accomplir bien, réussissant là où d'autres ont échoué. Leur erreur la plus fréquente est de se perdre à trop vouloir en faire.

L'amuseur. Qu'il soit le bouffon de la classe, le comique du bureau ou le premier dans une soirée à défiler avec un abat-jour sur la tête, l'amuseur aime avant tout divertir. Toutefois, quand il est question d'estime de soi, il dépend trop souvent des autres. C'est pourquoi, afin de réussir, l'amuseur doit apprendre à développer des façons de trouver en lui-même l'inspiration et la nourriture spirituelle dont il a besoin.

L'analyste. Les analystes sont souvent ceux qui souhaitent faire de la recherche dans L'AU-DELÀ. Ils ne se lassent jamais de chercher à comprendre le pourquoi et le comment du fonctionnement des choses, ce qui en fait de brillants techniciens. Toutefois, ils ont parfois du mal à avoir une vue d'ensemble et à regarder plus loin.

Le bâtisseur. Les bâtisseurs sont ces héros discrets de la société qui fabriquent les trophées qui seront remis aux personnes possédant des Thèmes de Vie plus flamboyants. Si leur contribution à l'avancement de l'humanité est majeure, ils doivent pourtant travailler fort afin de se persuader de l'importance de leur rôle. Ils doivent cesser de penser qu'ils ne sont pas appréciés.

Le catalyseur. Il est celui qui aiguillonne la société, celui qui inspire, mobilise et provoque les événements. Dans un groupe, il est le premier à dire : « Assez parlé, passons maintenant aux actes ! ». De plus, le catalyseur réagit particulièrement bien dans les situations de stress. Il a du mal à apprécier le calme, il déteste les périodes creuses où les projets sont rares.

Le conciliateur. Le conciliateur rejette la violence et la guerre avec ardeur ; ironiquement, il peut même tenter de mettre fin à un conflit en adoptant un comportement de belligérant, un peu à la manière de certains protestataires radicaux qui s'opposaient à la guerre dans les années soixante. Sa passion pour la paix dépasse largement sa passion pour la patrie ou pour toute organisation dont il pourrait faire partie. De plus, le conciliateur est prêt à aller jusqu'où il faudra afin que son message rejoigne le plus de gens possible ; il s'arrange pour que les projecteurs restent braqués sur sa cause, et parfois, sur lui-même. Sa croissance spirituelle s'amorce lorsqu'il prend pleinement conscience que toute violence est condamnable, même au nom de la paix, puisque se servir de la violence, c'est aussi la perpétuer.

Le contrôleur. Il excelle dans l'organisation, la supervision et la délégation de tâches, il s'acquitte de ses propres tâches avec discrétion et diplomatie. Par contre, il peut parfois se comporter en dictateur, il est parfois enclin à la critique et au mécontentement perpétuel face aux efforts, même les plus sincères, de ceux dont il considère avoir la charge. Au pire, le contrôleur va jusqu'à perdre son sang-froid.

Le dominateur. Il est sur terre dans le seul but d'exercer sa domination sur les autres. Son action résulte non pas d'un désir d'améliorer la vie de ses victimes, mais bien d'un besoin vorace de se prouver sa puissance, aussi vide et destructive puisse-t-elle être. Il prend le visage de l'époux ou de l'amoureux pathologiquement contrôlant, du parent zélé à outrance, du criminel harcelant ou du patron malveillant. Le dominateur comprend inconsciemment mais ignore sciemment que le pouvoir qu'il exerce brutalement sur les gens n'est pas un pouvoir réel. Le vrai pouvoir se trouvant dans la capacité de garder près de soi une personne ayant l'entière liberté de partir si elle le désire, mais qui préfère rester.

L'émotivité. Le thème de l'émotivité est à la fois bon et mauvais pour celui ou celle qui le choisit. Ces personnes détiennent une extraordinaire habileté à ressentir toute la gamme des émotions humaines, de la plus douce à la plus dure. Si l'émotif est capable d'une grande empathie, il doit malgré tout tenter de conserver son équilibre, sans quoi il perdra le contrôle de sa vie qui prendra l'allure d'un voyage en montagnes russes.

L'expérimentateur. Il a un insatiable besoin de satisfaire sur-le-champ la moindre de ses envies. Les concepts de diversité et de participation sont au cœur de la vie de l'expérimentateur. Ce dernier ne voit ainsi rien d'incohérent à varier ses activités. Il peut, par exemple, être superviseur dans un restaurant, se joindre à l'équipage d'un voilier en voyage autour du monde, participer à un camp de baseball pendant tout un été, pour ensuite confectionner des encensoirs et les vendre via Internet. S'il est souvent d'une spontanéité stimulante, l'expérimentateur peut aussi être d'une exaspérante irresponsabilité.

La faillibilité. Seuls les esprits les plus avancés optent pour le thème de la faillibilité et choisissent de naître avec un handicap physique, mental ou affectif. Sur terre, ils sont une source d'exemples (bons ou mauvais) quant aux différentes façons de composer avec les obstacles particuliers. À La Maison, ils sont des éducateurs et des orienteurs avisés.

Le gagnant. Bien que ceux qui ont le thème du gagnant ne gagnent pas toujours, ils sont toujours extraordinairement disposés à gagner. Éternels optimistes, voire irréalistes, ils développent au besoin une amnésie instantanée à propos de toute perte et se convainquent que leur prochaine relation, leur prochain emploi, leur prochain billet de loterie, leur prochain coup de fil, leur prochaine course de chevaux, leur prochain mariage ou leur prochain enfant leur apportera enfin le bonheur et la sécurité qu'ils recherchent. Leur aptitude à récupérer rapidement et à aller de l'avant avec la même confiance peut s'avérer stimulante. Mais leur propension à éviter l'introspection et la discipline, de même que leur tendance à considérer qu'ils pourraient avoir plus que ce qu'ils ont déjà, risquent de les rendre vulnérables aux promesses sans lendemain que l'on pourrait leur faire.

Le guérisseur. La plupart des gens qui font carrière dans un domaine médical ont choisi ce thème. Toutefois, le thème de la guérison appartient avant tout à ceux qui se dévouent pour soulager la souffrance et améliorer la condition physique et mentale des individus. Les guérisseurs doivent trouver un équilibre entre l'empathie et l'objectivité, ainsi qu'une façon saine de composer avec l'immense stress que leur impose ce thème.

Le guerrier. Celui qui opte pour le thème du guerrier devient le héros qui, d'un courage anonyme, se dirige là où l'on a besoin de lui, pour y affronter le défi de l'heure. Les guerriers sont pompiers, ambulanciers, policiers, astronautes, pionniers, explorateurs, enseignants, chercheurs. Ils sont aussi secouristes lors des catastrophes naturelles, bénévoles dans la guerre contre la drogue, le crime, la violence chez les adolescents ; certains travaillent à prévenir le suicide, ils aident les sans-abri et tentent d'apaiser la faim. Ou ce sont les soldats qui participent aux missions de paix à travers le monde. Ces personnes prennent des risques et leur dévouement est plus grand que leur ego. Étant intrépide et énergique, le guerrier peut devenir dangereux s'il est désorienté ou privé d'un but. Mais lorsqu'il investit son énergie dans la lutte pour la paix, la sécurité et le mieux-être de la communauté mondiale, sa contribution au progrès de l'humanité est habituellement d'une très grande valeur.

L'harmonie. Le thème de l'harmonie requiert paix, calme et équilibre. Ceux qui le choisissent arrivent avec une relative facilité à régler un malentendu ou à restaurer l'ordre, comme par miracle, dans une situation de crise. Leur plus grande épreuve est de traverser ces moments où la paix, le calme et l'équilibre ne sont aucunement possibles.

L'humanitaire. Les humanitaires n'ont pas le temps de s'asseoir pour parler des problèmes et des injustices de la vie, car ils sont bien trop occupés à les affronter et à tenter de les régler sur le terrain. Ils se battent avec fougue et détermination au nom des affamés, des sans-abri, des blessés, des gens vivant un deuil et des victimes d'abus, de viols et de désastres. Malheureusement, cette tâche est sans fin. Afin d'éviter l'épuisement ou le découragement, ils doivent trouver un rythme raisonnable.

L'infaillibilité. S'il vous est arrivé de rencontrer quelqu'un qui semblait avantagé sur tous les plans, sans doute s'agissait-il d'une personne ayant choisi le thème de l'infaillibilité. De prime abord, on a tendance à envier ces gens. Cependant, parce qu'ils prennent rarement leurs inévitables problèmes au sérieux, parce que plusieurs personnes éprouvent du ressentiment à leur égard et parce qu'ils ont reçu tant de privilèges sans avoir à les gagner, ils sont particulièrement vulnérables aux comportements autodestructeurs et aux excès, que ce soit pour se mettre au niveau des gens ayant été moins avantagés qu'eux ou parce qu'ils n'ont pas acquis de force de caractère en travaillant pour obtenir ce qu'ils ont.

L'intellectualité. Celui qui a le thème de l'intellectualité est poussé par un insatiable besoin d'étudier et d'acquérir de nouvelles connaissances. Au mieux, il appliquera son savoir à l'amélioration du monde autour de lui. Cependant, selon son second Thème de Vie, il peut aussi se contenter d'utiliser son savoir dans le seul but d'entretenir un faux sentiment de supériorité.

L'irritant. Si vous n'avez jamais au cours de votre vie rencontré un irritant, vous êtes probablement trop jeune pour lire ceci. Les irritants sont la négativité personnifiée. Toujours de mauvaise humeur et en train de se plaindre, ils cherchent constamment à prendre en faute les gens autour d'eux, même ceux-là qu'ils disent aimer plus que tout. Alors que le plus difficile pour les irritants est de surmonter leur nature négative, le travail de celui qui entre en rapport avec eux est de développer sa tolérance tout en refusant de céder à leur perspective.

La justice. Le thème de la justice exige que l'on cherche sans cesse à faire régner la justice et l'équité, à tous les niveaux. Lorsque Dieu est au centre du concept de justice, ce thème est superbement évolué et produit l'œuvre de gens tels le révérend Martin Luther King junior, Abraham Lincoln, Clarence Darrow, et Nelson Mandela. À l'opposé, il peut arriver que ce désir de justice soit empreint de prétention, noir et impie, ce thème peut alors inspirer des attitudes agressives et des crimes haineux.

La légitimité. Ceux qui choisissent ce thème s'engagent à défendre les lois (qui ne correspondent malheureusement pas toujours à la notion de justice) et sont d'habitude nos agents de la paix, les avocats, les juges et les professeurs de droit. Les meilleurs sont d'infatigables fonctionnaires sans qui nos sociétés seraient en proie à une constante anarchie. Les pires abusent de leur pouvoir et vont jusqu'à corrompre la loi.

Le manipulateur. Les manipulateurs possèdent l'habileté singulière de contrôler à leur avantage les actions et les sentiments des autres. Lorsqu'ils utilisent leur don à bon escient, les manipulateurs ont habituellement une influence très positive sur la société. Mais à l'inverse, s'ils emploient leur talent à servir leurs intérêts égocentriques, les manipulateurs peuvent avoir un impact néfaste sur des personnes trop naïves pour voir qu'il s'agit d'une lutte de pouvoir.

Le médium. Malgré ce que l'on pourrait croire, mon thème n'est pas le médium. Dans mon cas, le don de médium est l'un des véhicules me permettant de réaliser mon thème Humanitaire. Ceux qui ont le thème du médium sont, en général, fortement dénigrés par leur entourage. Lorsqu'ils sont enfants, période où leurs dons se manifestent pour la première fois, on les croit souvent retardés mentalement. Afin de grandir, ils doivent, d'une part, apprendre à utiliser leurs habiletés pour améliorer la condition humaine, en évitant de sombrer dans l'escroquerie ou la manipulation, et d'autre part, ne jamais oublier que le crédit du bien qu'ils font ne leur revient pas, il appartient à Dieu.

Le meneur. À première vue, le thème du meneur suscite l'envie pour plusieurs d'entre nous. Cependant, ceux qui ont ce thème optent invariablement pour la prudence en choisissant d'exercer leur talent dans des domaines sûrs, au lieu de tenter d'innover ou de percer dans de nouveaux champs d'activité. Dans le monde de la politique, par exemple, les élus démontrent en général d'évidentes qualités de meneur, mais pourtant, ils préfèrent le plus souvent éviter les risques, plutôt que d'utiliser leurs talents pour faire avancer l'humanité.

Le militant. Si les porte-étendards sont les simples soldats de l'armée de la résistance passive, les militants en sont les généraux. Ils participent activement aux débats sociaux qui les inspirent ou sont eux-mêmes les instigateurs d'une polémique autour d'une cause qui leur tient à cœur. Mais, à l'occasion, et c'est là leur principale faiblesse, les militants attirent l'attention sur eux-mêmes plus que sur la cause qu'ils défendent.

Le partisan. Les partisans remplissent une fonction essentielle : sans eux, les meneurs ne pourraient pas exister. En effet, des partisans forts, fiables et généreux représentent un pouvoir social appréciable. Or, les partisans l'oublient parfois, tous les meneurs ne méritent pas qu'on les soutienne.

La passivité. Le thème de la passivité se caractérise par une extrême sensibilité à la discorde affective et par une approche de la résolution des conflits consistant à éviter la confrontation. Les passifs exposent calmement leur pensée afin de s'épargner les désagréments que leur causent les disputes. Alors que l'on interprète souvent cette attitude comme de la peur ou de la faiblesse, il faut savoir que ces dernières manifestations sont les premières à disparaître lorsque l'on fait trop peu de cas du passif.

La patience. Ceux qui choisissent le thème de la patience ont de l'ambition, car il existe peu de vertus aussi difficiles à honorer sur terre. D'ailleurs, il n'est pas rare qu'un esprit doive s'attaquer à ce thème pendant plus d'une incarnation avant de bien le maîtriser. Les écarts de conduite sont inévitables dans les situations de tension extrême, de même qu'un certain ressentiment devant l'apparente facilité de certains, moins patients, à obtenir des résultats et de l'attention.

La pauvreté. Le thème de la pauvreté ne signifie pas nécessairement une absence d'argent et de possessions matérielles. Bien qu'elle soit plus apparente dans les pays du Tiers-Monde, la pauvreté peut aussi se manifester chez quiconque vit dans un état de constante privation, peu importe son niveau économique. S'il s'agit d'un thème plutôt difficile, surtout à son paroxysme, le triomphe ultime en vaut la peine : la conscience non seulement d'un espoir, mais d'une promesse de vie éternelle et la certitude que même les plus pauvres sur terre sont parmi les plus riches dans L'AU-DELÀ.

Le perdant. Les gens qui choisissent le thème du perdant sont au départ aussi favorisés que n'importe qui d'autre. Seulement, ils tiennent tant à être les laissés-pour-compte qu'ils trouvent tous les moyens possibles de gâcher leurs avantages et de blâmer ensuite tout le monde sauf eux-mêmes pour les difficultés, réelles ou imaginaires, qu'ils traversent. Comme ils s'ennuient facilement quand il n'y a pas un mélodrame dans leur vie, au besoin, ils en inventeront. La plus grande tâche du perdant consiste à cesser d'accuser les autres pour ses maux et à trouver les façons d'apporter sa contribution à la société. Quant à ceux parmi nous qui ont des perdants dans leur entourage, le travail est d'apprendre à ne pas se laisser prendre à leur jeu et de tenter de les amener à se responsabiliser face à leurs problèmes.

Le persécuteur. Tout comme le sont les Esprits des Ténèbres, les persécuteurs sont d'impitoyables sociopathes capables de tout justifier. Cependant, si les Esprits des Ténèbres peuvent passer la Porte Gauche et immédiatement se recycler, il en est autrement des persécuteurs. Car ces derniers proviennent de L'AU-DELÀ et ils y retournent à travers ce thème ardu, l'espace d'une seule et unique incarnation. Leur objectif est de faire progresser l'humanité en provoquant des améliorations sur les plans légal, judiciaire, social et moral.

Le persécuté. Le persécuté est constamment effrayé et tendu, il attend le prochain coup, la prochaine crise, le prochain désastre. Il est persuadé qu'il y a toujours quelque part un missile sur le point de lui tomber sur la tête. Il préfère éviter le bonheur parce qu'il est convaincu qu'une fois qu'il s'y sera habitué, on le lui ravira. C'est ainsi qu'il trouve dans le malheur une zone de confort relativement fiable. Apprendre à s'élever au-dessus du thème de la persécution et entreprendre une recherche de bonheur réel en dépit des risques d'une éventuelle déception peut faire grandement progresser cet esprit.

Le pion. Il occupe une fonction cruciale dans le monde. En effet, parce qu'il accepte volontiers d'être manipulé, il sert souvent de catalyseur pour un événement important, pour le meilleur ou pour le pire. Il a fallu un pion du nom de Judas, par exemple, pour trahir Jésus-Christ et contribuer, de façon tragique, à la naissance du christianisme. Il a fallu des dizaines et des dizaines de pions pour découvrir et faire tomber des supercheries destructives et narcissiques comme celles de Jim Jones, de David Koresh, de Charles Manson ou des dirigeants de *Heaven's Gate*. De toute évidence, la plus grande tâche du pion consiste à discerner le mieux possible quelles sont les causes qui méritent que l'on s'y dévoue et quelles sont celles que l'on doit refuser de soutenir.

Le porte-étendard. Il est le manifestant, le lobbyiste, le contestataire, celui qui dénonce haut et fort ce qu'il croit être une injustice. L'écueil le plus courant que rencontre le porte-étendard est de ne pas saisir certaines occasions de faire passer son message plus efficacement lorsqu'une approche plus mesurée le lui permettrait.

La quête esthétique. Ceux qui ont un Thème esthétique ont une propension à créer la beauté artistique, sous une forme ou une autre, que ce soit en musique, en danse, en théâtre, en littérature, en peinture, en sculpture ou en architecture. Toutefois, si ce Thème peut conduire à de grands honneurs, ceux-ci deviendront un fardeau si le Second Thème est porteur d'une tendance autodestructrice.

Le rejet. Choisir le thème du rejet signifie souvent choisir une enfance marquée par la séparation et l'abandon, suivie d'une suite de relations amoureuses et amicales où persiste cette tendance de départ. Le thème est pénible, soit, mais rappelons-nous qu'il ne s'agit pas d'une affliction involontaire, lancée au hasard, mais bien d'un Thème de Vie que l'on s'impose à soi-même dans le but de découvrir que nous sommes tous les enfants de Dieu, de sorte que les rejets vécus en ce monde deviennent, à nos yeux, de plus en plus insignifiants.

La responsabilité. Le concept de responsabilité, pour ceux qui ont choisi ce thème, a moins à voir avec un quelconque fardeau qu'avec une forme d'exigence affective. Ceux qui ont ce thème ne sont jamais plus heureux que lorsqu'ils travaillent à la réalisation de projets. En outre, il leur est presque impossible de fermer les yeux sur une tâche et ce, qu'elle soit de leur ressort ou non. Mais le plus difficile pour eux est de contrôler le stress résultant de la recherche constante d'activités. Ils doivent apprendre à se retirer quand il le faut afin de laisser à d'autres la chance de vivre la satisfaction découlant de la prise de responsabilité.

Le sauveteur. Il est animé par le besoin de venir en aide à tous ceux qu'il considère des victimes. Il est attiré vers la faiblesse et l'impuissance, et il excelle dans les situations de crise. Il est donc susceptible d'être exploité par ceux-là qui aiment que l'on se précipite près d'eux au premier signe de drame. Le sauveteur peut être un héros très altruiste, mais il doit apprendre à différencier une crise réelle d'une crise imaginaire, ainsi qu'à reconnaître sa valeur personnelle tant à l'intérieur qu'à l'extérieur de ses missions de sauvetage.

Le solitaire. Les solitaires ne sont pas nécessairement des antisociaux. D'ailleurs, beaucoup semblent parfaitement à l'aise dans de nombreux contextes sociaux. Dans l'ensemble, cependant, ils se sentent mieux lorsqu'ils sont seuls. Aussi essayent-ils de structurer leur vie de manière à ne pas avoir trop de contacts avec les autres, qu'ils trouvent, bien malgré eux, épuisants.

La spiritualité. Le thème de la spiritualité entraîne une quête incessante de sérénité, de même qu'une constante recherche du sentiment d'être directement connecté à Dieu. Certains en font une carrière, comme spiritualistes, conférenciers, écrivains ou comme théologiens, pour qui religion et spiritualité sont synonymes. Dans leur recherche de réponses, ceux qui ont choisi le thème de la spiritualité découvrent toujours de nouvelles questions. Cela rend la recherche exaltante, certes, mais sa fin devient improbable. Lorsque le thème de la spiritualité est vécu dans sa quintessence, il inspire, informe et stimule ceux qu'il touche. Alors qu'à l'autre extrême, il peut créer des êtres égocentriques, supérieurs et enclins à critiquer les croyances d'autres personnes, ce qui contrevient au principe de base du thème de la spiritualité.

La survie. La vie de celui qui choisit le thème de la survie ressemble en quelque sorte à une longue épreuve d'endurance parsemée d'embûches. Ceux qui ont ce thème ont l'impression de devoir composer avec une suite interminable de crises qui ne sont, pour la majorité des gens, rien d'autre que les problèmes de la vie de tous les jours. Ils n'ont guère le sens de l'humour, et ils ont du mal à rire d'eux-mêmes, ce qui leur épargnerait beaucoup de désagréments étant donné leur façon d'aborder la vie. Ils se facilitent les choses le jour où ils cessent une bonne fois pour toutes de se défendre et choisissent d'investir leur énergie dans leur vie.

La tempérance. Le thème de la tempérance implique un désintéressement inné pour tout ce qui risque d'entraîner une dépendance. À vrai dire, les tempérants sont en général conscients qu'ils risquent de développer une dépendance quelconque. (Que ce soit envers une substance, un style de vie, une personne, une carrière ou encore envers le sexe ou l'argent.) C'est pourquoi ils travaillent constamment à ne pas s'y laisser prendre. Leur refus de devenir les victimes de leur vulnérabilité est souvent d'une grande inspiration. À l'inverse, ce refus peut prendre des proportions dramatiques et occasionner des comportements pathologiques ou entraîner un sérieux snobisme envers ceux qui ne démontrent pas un contrôle semblable.

La tolérance. Lorsque la tolérance est pratiquée avec discernement, ce thème peut être un exemple merveilleusement puissant pour la société. Cependant, les tolérants doivent se méfier de cette tendance naturelle qui les amène parfois à tolérer l'intolérable et l'inacceptable. Quand le stress associé à la pratique de la tolérance universelle devient trop grand, ceux qui n'ont pas appris à être sélectifs choisissent souvent de s'isoler dans le but de réduire la diversité des situations à vivre. En d'autres mots, même un thème en apparence aussi positif que la tolérance nécessite une approche relativement modérée.

La victime. Le thème de la victime n'est choisi que par les esprits les plus avancés. Au cours de leur incarnation, ces derniers se sacrifient pour le progrès de l'humanité. Ils sont les victimes de meurtre et d'abus de toutes sortes, particulièrement les enfants ; la cible des crimes de haine ; les morts de l'Holocauste, ses survivants aussi, qui vivent avec de terribles souvenirs ; les personnes condamnées ou exécutées pour un crime qu'elles n'ont pas commis ; et quiconque dont l'innocente infortune met en lumière, d'une façon ou d'une autre, les différentes tares et injustices sociales. Aussi navrantes les vies de ces victimes puissent-elles sembler, elles ne sont jamais gaspillées, elles sont d'ailleurs une inspiration pour les habitants de la terre comme pour ceux de L'AU-DELÀ.

Lorsque l'idée de ce livre a germé en moi pour la première fois, j'ai demandé à deux de mes pasteurs de la Novus Spiritus, Christina et Kirk Simonds, des artistes merveilleux, de collaborer à ce projet avec moi et avec Francine (par l'entremise de la transe). Leurs illustrations étayent mes descriptions, elles nous permettent d'entrevoir les lieux que nous fréquenterons dès notre retour à La Maison. Ces brillants artistes ont non seulement accepté mon invitation, mais ils l'ont fait avec grandeur en créant des images d'une grande justesse et d'une beauté si parfaite, qu'elles ont su faire remonter en moi des émotions que j'avais oubliées. Elles m'ont rappelé le lieu divin de mon origine, cette source vers laquelle nous retournerons tous un jour. J'espère que ces dessins vous apporteront autant de réconfort et de paix qu'ils m'en ont apporté.

LE SCANOGRAPHE

LE CENTRE D'ORIENTATION

LES TOURS

LE PALAIS DE LA SAGESSE

LE PALAIS DES ARCHIVES

LES JARDINS

À PROPOS DE L'AUTEURE

Sylvia Browne est l'auteure de *The Other Side and Back*, numéro 1 sur la liste des best-sellers du *New York Times* ainsi que de *Adventures of a Psychic*. Elle est médium professionnelle depuis plus de quarante ans. Mme Browne a été invitée à participer aux émissions de télévision suivantes : *The Montel Williams Show, Sally Jessy Raphael, Larry King Live (CNN)* et *Entertainment Tonight*. Pour en savoir plus au sujet de Sylvia Browne, visitez son site Web :

www.sylvia.org

Autres livres de Sylvia Browne aux Éditions AdA

Pour obtenir une copie
de notre catalogue
veuillez nous contacter :
AdA
1385, boul. Lionel-Boulet
Varennes, Québec
J3X 1P7
Fax : 450.929.0220
info@ada-inc.com
www.ada-inc.com